Inge Blatt (Hrsg.)

Fundgrube Deutsch

Die Herausgeberin und die Autorinnen

Prof. Dr. Inge Blatt: Professorin für Didaktik der deutschen Sprache und Literatur im Ruhestand; Beteiligung am „Nationalen Bildungspanel zu den Bildungsverläufen in Deutschland" für die Sekundarstufe I (NEPS); bis 2011 wissenschaftliche Beraterin für die Entwicklung von Vergleichsarbeiten in den Bereichen „Sprache und Sprachgebrauch untersuchen" und „Textschreiben" (VERA 6). Schwerpunkte: praxisorientierte Projekte zum Lesen und Schreiben mit neuen Medien; Entwicklung und Erprobung von Unterrichtskonzepten zum Schriftspracherwerb und zur Rechtschreibung.

Katrin Baier: Deutschlehrerin am Gymnasium; sie entwickelte Aufgaben für VERA 6 in den Bereichen „Lesen", „Schreiben" sowie „Sprache und Sprachgebrauch untersuchen".

Christina Hein: Deutschlehrerin für die Grund- und Mittelstufe; Sprachlernkoordinatorin; sie führt zurzeit eine wissenschaftliche Untersuchung zur Lese- und Schreibförderung durch.

Inge Blatt (Hrsg.)

Fundgrube Deutsch

Sekundarstufe I

Projektleitung: Dorothee Weylandt, Berlin
Redaktion: Peter Süß, München
Umschlaggestaltung: Magdalene Krumbeck, Wuppertal
Layout/technische Umsetzung: Fromm MediaDesign, Selters im Taunus

www.cornelsen.de

Nicht in allen Fällen war es uns möglich, die Rechteinhaber ausfindig zu machen.
Berechtigte Ansprüche werden selbstverständlich im Rahmen der üblichen Vereinbarungen
abgegolten. Wir bitten um Verständnis.

Die Links zu externen Webseiten Dritter, die in diesem Titel angegeben sind, wurden vor Drucklegung
sorgfältig auf ihre Aktualität geprüft. Der Verlag übernimmt keine Gewähr für die Aktualität und den
Inhalt dieser Seiten oder solcher, die mit ihnen verlinkt sind.

1. Auflage 2012

© 2012 Cornelsen Verlag, Berlin

Druck: CPI – Clausen & Bosse, Leck

ISBN 978-3-589-23335-9

 Inhalt gedruckt auf säurefreiem Papier aus nachhaltiger Forstwirtschaft.

Inhalt

Vorwort 9
Kompetenzorientierter Unterricht 10
Tipps für die Fachkonferenz 15

1 Texte verstehen und mit Medien umgehen 17
1.1 Auf Literatur einstimmen . . . . Klasse 5–10 17
1.2 Vorwissen zu Literatur sammeln . . . . Klasse 5–10 18

Fabeln, Märchen, Sagen und Legenden
1.3 Fabelmerkmale erarbeiten . . . . Klasse 5 20
1.4 Fabellehren verstehen . . . . Klasse 5 21
1.5 Fabellehren in Bezug zur Literaturepoche
    setzen . . . . Klasse 5/6 22
1.6 Legendenmerkmale erarbeiten . . . . Klasse 5/6 23
1.7 Märchenmerkmale erarbeiten . . . . Klasse 6 25
1.8 Sagenmerkmale erarbeiten . . . . Klasse 6/7 28
1.9 Eine Sage fortsetzen . . . . Klasse 6/7 30

Erzählungen und Kurzgeschichten
1.10 Eine Lügengeschichte kritisch reflektieren . . . . Klasse 5/6 31
1.11 Eine ungewöhnliche Geistergeschichte . . . . Klasse 7 32
1.12 Kurzgeschichte zum Vater-Tochter-Verhältnis . . . . . . Klasse 8/9 35
1.13 Spannungserzeugende Momente . . . . Klasse 8/9 36
1.14 Leben heißt arbeiten . . . . Klasse 8/9 37
1.15 Anekdote zur Senkung der Arbeitsmoral . . . . Klasse 8/9 38
1.16 Einer Autorin Fragen stellen . . . . Klasse 8/9 39
1.17 Kindheit in der Nachkriegszeit . . . . Klasse 8–10 41
1.18 Armut und Reichtum . . . . Klasse 8–10 42
1.19 Liebe in einer Notsituation . . . . Klasse 8–10 44
1.20 Verhalten in einer Grenzsituation . . . . Klasse 8–10 44
1.21 Entfremdung . . . . Klasse 9/10 45
1.22 Multitasking als Fortschritt? . . . . Klasse 9/10 46

Gedichte
1.23 Welche Gedichte gefallen mir, welche nicht? . . . . ab Klasse 5 48
1.24 Ein Gedicht ergänzen . . . . Klasse 5 52
1.25 Gedicht über Lüge, Wahrheit, Höflichkeit . . . . Klasse 5–7 53

1.26 Gedicht über Märchen . . . . Klasse 6 54
1.27 Gedicht über das Glück . . . . Klasse 9/10 55
1.28 Gedichte vergleichen und entschlüsseln . . . . Klasse 9/10 57

Unterrichtsprojekte Literatur
1.29 Lilly unter den Linden . . . . Klasse 8–10 59
1.30 Das Fräulein von Scuderi . . . . Klasse 9/10 70
1.31 Lyrik aus dem 17. und 18. Jahrhundert . . . . Klasse 10 71
1.32 Minna von Barnhelm . . . . Klasse 10 76

Sachtexte
1.33 Fledermäuse – mit den Ohren „sehen" . . . . Klasse 5–7 79
1.34 Die geheime Sprache der Tiere . . . . Klasse 6/7 81
1.35 Sind Hausaufgaben überflüssig? . . . . Klasse 8/9 84

2   Texte schreiben 85
2.1   Fingerübungen zum Textschreiben . . . . Klasse 5–10 85

Literarisches Schreiben
2.2   Ein Herbstgedicht umschreiben . . . . Klasse 5/6 86
2.3   Märchen zu vorgegebenen Motiven schreiben . . . . . . Klasse 5/6 87
2.4   Einen Text nach Vorgaben schreiben I . . . . Klasse 5/6 88
2.5   Eine Fabel schreiben I . . . . Klasse 5/6 89
2.6   Geburtstagsüberraschung . . . . Klasse 5/6 90
2.7   Einen Text nach Vorgaben schreiben II . . . . Klasse 6–8 91
2.8   Strophen zu einem Gedicht ergänzen . . . . Klasse 7–9 93
2.9   Vom Bericht zur spannenden Geschichte . . . . Klasse 7–9 94
2.10 Eine Fabel schreiben II . . . . Klasse 9/10 95
2.11 Eine Fabel schreiben III . . . . Klasse 9/10 97
2.12 Einen eigenen Text mit einem
         literarischen Text vergleichen . . . . Klasse 9/10 98
2.13 Einen Taugenichts-Text schreiben . . . . Klasse 9/10 100
2.14 Die Rolle der Frau im
         gesellschaftlichen Wandel . . . . Klasse 9/10 102
2.15 Einen Brief nach literarischen Vorlagen schreiben . . . Klasse 10 104
2.16 Einen Text zu den Buddenbrooks
         schreiben . . . . Klasse 10 106
2.17 Wertvorstellungen früher und heute . . . . Klasse 10 107

Schreiben von Sachtexten
2.18 Außerirdischen einen Computer beschreiben . . . . . . Klasse 5/6 109

2.19 Bericht über ein Sportereignis . . . . Klasse 5–7 111
2.20 Gegenstandsbeschreibung . . . . Klasse 6–8 112
2.21 Personenbeschreibung . . . . Klasse 6–8 112
2.22 Vorgangsbeschreibung . . . . Klasse 6–10 114
2.23 Bericht über eine Naturkatastrophe . . . . Klasse 7–9 117
2.24 Vom Berichten zum Schildern . . . . Klasse 7–9 117
2.25 Stellungnahme zu einem Zeitungsbericht . . . . Klasse 7–9 118
2.26 Alkoholprävention – eine Argumentation . . . . Klasse 7–9 120
2.27 Stehlen – eine Erörterung . . . . Klasse 7–9 121
2.28 Nein zu Drogen – ein Appell . . . . Klasse 7–9 121
2.29 Olympische Spiele – eine Argumentation . . . . Klasse 8–10 123
2.30 Pflichten von Mann und Frau –
     eine Argumentation . . . . Klasse 10 124

Schreibprojekte
2.31 Texte überarbeiten in einem Märchenprojekt . . . . Klasse 5/6 126
2.32 Recherchieren als Schreibvorbereitung . . . . Klasse 6/7 131
2.33 Die Stadt – ein Zeitungsprojekt . . . . Klasse 7–9 132
2.34 Minna von Barnhelm aktuell . . . . Klasse 10 135

Testaufgaben
2.35 Ratschläge erteilen . . . . Klasse 5/8 137
2.36 Eine Erzählung schreiben . . . . Klasse 7/8 138
2.37 Eine Erzählung weiterschreiben . . . . Klasse 8/9 140
2.38 Mit Literatur aufklären . . . . Klasse 10 141

3   Sprache und Sprachgebrauch untersuchen 143

Kommunikation
3.1 Mein Ohr . . . . Klasse 5/6 143
3.2 Interview – kurz und präzise antworten . . . . Klasse 5/6 144
3.3 Sprüche und Redewendungen . . . . Klasse 5/6 146
3.4 Montagsmaler . . . . Klasse 5/6 147
3.5 Übersetzungsbüro . . . . Klasse 5–7 148
3.6 Etwas genau beschreiben . . . . Klasse 5–7 149
3.7 Tabu . . . . Klasse 6/7 150

Hörverstehen
3.8 Mitschrift zu einem vorgelesenen Text . . . . Klasse 5/6 153
3.9 Informationen aus einem vorgelesenen Text
    entnehmen . . . . Klasse 5/6 156

Wortschatz

3.10 Wortteile zusammensetzen . . . . ab Klasse 5 159
3.11 Wörter bilden mit Präfixen . . . . ab Klasse 5 161
3.12 Wörter bilden mit Suffixen . . . . ab Klasse 5 163
3.13 Test: Wörter mit Prä- und Suffixen . . . . ab Klasse 5 166
3.14 Wörter zusammensetzen . . . . ab Klasse 5 170
3.15 Wortfamilien bilden . . . . ab Klasse 5 171
3.16 Test: Wortfamilien . . . . ab Klasse 5 173
3.17 Wortfelder . . . . ab Klasse 5 175
3.18 Ober- und Unterbegriffe . . . . ab Klasse 6 176
3.19 Test: Oberbegriffe . . . . ab Klasse 6 178

Wortschreibung

3.20 Lange und kurze Vokale . . . . Klasse 5/6 179
3.21 Gemischte Silbenaufgaben . . . . Klasse 5/6 183
3.22 Test: Silben . . . . Klasse 5/6 184
3.23 Wörter verlängern . . . . Klasse 5/6 186
3.24 Umlaute . . . . Klasse 5/6 186
3.25 Dehnungs-h . . . . Klasse 5–7 188
3.26 Test: lange Vokale . . . . Klasse 5–7 189

Der einfache Satz

3.27 Grammatische Proben . . . . Klasse 6/7 190
3.28 Test: grammatische Proben . . . . Klasse 6/7 194

Syntaxbezogene Großschreibung

3.29 Syntaxbezogene Großschreibung . . . . Klasse 6/7 194
3.30 Test: syntaxbezogene Großschreibung . . . . Klasse 6/7 196

Der zusammengesetzte Satz

3.31 Satzreihe und Satzgefüge . . . . Klasse 6–8 197
3.32 Test: Satzreihe und Satzgefüge . . . . Klasse 6–8 199
3.33 Relativsätze . . . . Klasse 6–8 199
3.34 dass-Sätze . . . . Klasse 6–8 201
3.35 Test: das oder dass? . . . . Klasse 6–8 202

Zeichensetzung

3.36 Kommasetzung . . . . Klasse 6–10 202
3.37 Test: Kommasetzung . . . . Klasse 8–10 205

Register 206

Vorwort

In seiner Laudatio auf einen erfolgreichen Unternehmer erklärte der Redner dessen Erfolgsgeheimnis mit dem Zauberwort „wokötu", das für „wollen, können, tun" steht. Dieses Wort lässt sich auf erfolgreiches Lernen und Lehren übertragen. Wollen ist die Triebfeder des Lernens: Wer etwas wissen und können will, der wird sich dafür anstrengen und die dazu nötige Ausdauer aufbringen. Im Idealfall folgen dem Wollen das Können und das Tun. Beim Tun festigen die Lernenden das Gelernte und erkennen seinen Nutzen.

Die Lehrenden müssen Bedingungen schaffen, unter denen die Lernenden ihre Ziele erreichen können. Das Wort „wokötu" macht deutlich, dass Lernen nicht nur eine Angelegenheit des Verstandes ist, sondern dass auch Wille, Gefühl und Tatkraft dafür nötig sind. Der Unterricht fordert den ganzen Menschen und wird dadurch sehr lebendig. Die vorliegende Fundgrube will dazu beitragen, dass Sie als Lehrer/in für diese herausfordernde Aufgabe neue Ideen bekommen. Dabei wird berücksichtigt, dass sich der Schulalltag in vielerlei Hinsicht und aus unterschiedlichen Gründen verändert. Eine weitreichende Veränderung besteht darin, dass sich der heutige Unterricht laut Bildungsstandards an Kompetenzen orientieren soll. Dies fordert nicht nur Berufsanfänger, sondern auch erfahrene Deutschlehrerinnen und Deutschlehrer heraus. Wie das Zauberwort „wokötu" zeigt, bedeutet dies aber keineswegs, dass der Unterricht wie eine Lernmaschine funktioniert – ganz im Gegenteil.

Die Fundgrube bietet Unterstützung für den Deutschlehreralltag unter diesen neuen Bedingungen. Sie liefert Unterrichtsideen für die Kompetenzbereiche *Lesen/Medien*, *Textschreiben* und *Sprache/Sprachgebrauch reflektieren*. Weiterhin sind Tests enthalten, um lernbegleitend den Lernstand zu ermitteln und damit individualisiertes Lernen zu ermöglichen.

Die Unterrichtsideen decken die Anforderungsbereiche der Bildungsstandards *Wiedergeben (I)*, *Zusammenhänge herstellen (II)* und *Reflektieren und Beurteilen (III)* ab. Sie sind klar strukturiert. Der Kopfteil enthält alle notwendigen Informationen zur schnellen Orientierung. Die anschließenden Hinweise für den Unterricht sind je nach Inhalt unterschiedlich detailliert ausgeführt. Die Angaben zu den Klassenstufen sind als Anhaltspunkte zu verstehen, von denen je nach Leistungsstärke der Klasse abgewichen werden kann.

Kopiervorlagen und Webcode: Sie können die Kopiervorlagen aus dem Buch entnehmen oder aus dem Internet als PDF-Datei herunterladen. Zu den PDF-Dateien finden Sie eine Zahlenkombination jeweils unter der Kopiervorlage. Geben Sie diese unter www.cornelsen.de/webcodes ein. Achten Sie bitte darauf, dass beim Ausdrucken bei Seitenanpassung „In Druckbereich einpassen" aktiviert ist, damit Sie eine DIN-A4-Seite bekommen.

Kompetenzorientierter Unterricht

Kompetenzorientierter Unterricht strebt den Aufbau von Kompetenzen als ein längerfristiges Bildungsziel an. Dazu sollen die in den einzelnen Unterrichtsstunden verfolgten Lernziele einen Beitrag leisten. Zentral für diesen Unterricht ist die Lernbeobachtung als Grundlage für eine lernförderliche, individualisierte Begleitung.

Lese- und Schreibkompetenz entwickeln sich, wenn die Lernenden die zum Verstehen und Schreiben von Texten notwendigen Prozesse zunehmend routiniert ausführen. Kompetenzorientierter Lese- und Schreibunterricht ist daher auch prozessorientiert.

Der **Leseprozess** umfasst fünf Teilprozesse: das Dekodieren, das Lesen und Analysieren von Sätzen, das Verknüpfen von Sätzen auf Absatzebene, das Erfassen des Gesamttextes und das Elaborieren des Gelesenen. Geleitet wird der Leseprozess durch den Einsatz von Lesestrategien.

Für das Textverstehen grundlegend sind die elaborativen Prozesse: Vorhersagen zum Text treffen, Vorstellungsbilder entwickeln, den Text analysieren und beurteilen sowie emotional auf den Text reagieren. Elaborative Prozesse können beispielsweise durch herausfordernde Einstiegsaufgaben angeregt werden, die einen motivierenden Blick auf die Lektüre eröffnen und das Lesen zum Problemlösen werden lassen. Oder es können aufgrund des Titels, des Autors, des ersten Satzes oder der Textgattung Vorhersagen zum Text getroffen werden, wobei auch Vorwissen herangezogen werden soll. Zudem können emotionale und wertende Reaktionen geäußert werden – seien sie positiv oder negativ. Auf diese Weise bauen die Leser ein Vorverständnis und eine Beziehung zum Text auf, die sie auf der Satz-, Absatz- und Ganztextebene bestätigen oder verwerfen können. Dazu brauchen sie eine Dekodierfähigkeit sowie vielfältiges Wissen: Weltwissen zum Thema, Sprachwissen bezogen auf Wortschatz und Grammatik, Testsortenwissen, das ihnen hilft, einen „roten Faden" durch den Text zu legen, und Strategiewissen. Die Nutzung von Strategien stellt eine den Leseprozess begleitende Tätigkeit dar. Strategien dienen dem Überwachen und Steuern des Verstehensprozesses und sind nicht gleichzusetzen mit Methoden: Der Einsatz von Strategien verlangt ein zielgerichtetes Handeln, während Methoden auch rein mechanisch angewandt werden können.

Die Ausführung des Leseprozesses hängt vom **Lesekompetenzniveau** ab, das sich im Anschluss an PISA und die Bildungsstandards wie folgt einteilen lässt:

	I. Wiedergeben	II. Zusammenhänge herstellen	III. Reflektieren und Beurteilen
Kompetenzniveau	Explizit angegebene Informationen wiedergeben	Einfache (a) und komplexe (b) Schlussfolgerungen ziehen	Über Form, Sprache, Inhalt reflektieren und begründet urteilen

Das Wiedergeben explizit angegebener Informationen zeigt, dass ein Leser zumindest elementar dekodieren kann und Informationen auf Satzebene erkennt. Zusammenhänge herzustellen kann unterschiedlich gut gelingen, je nachdem, ob es sich um Zusammenhänge zwischen Sätzen, Absätzen oder im gesamten Text handelt bzw. wie viel Interpretationsleistung das Aufdecken der Zusammenhänge erfordert. Es kann dabei um das Erkennen von satzverbindenden Pronomen oder Konjunktionen gehen oder darum, den Grund einer Handlung oder das Motiv eines Handelnden zu erschließen. Zur Interpretation müssen neben Weltwissen reflektierende und beurteilende Prozesse eingesetzt werden. Sie beziehen sich darauf, den Gesamttext zu verstehen, die zugrunde liegenden Handlungszusammenhänge, Motive und Wertvorstellungen zu erkennen und begründete Urteile zu fällen.

Im **Schreibprozess** fallen unterschiedliche Tätigkeiten an:

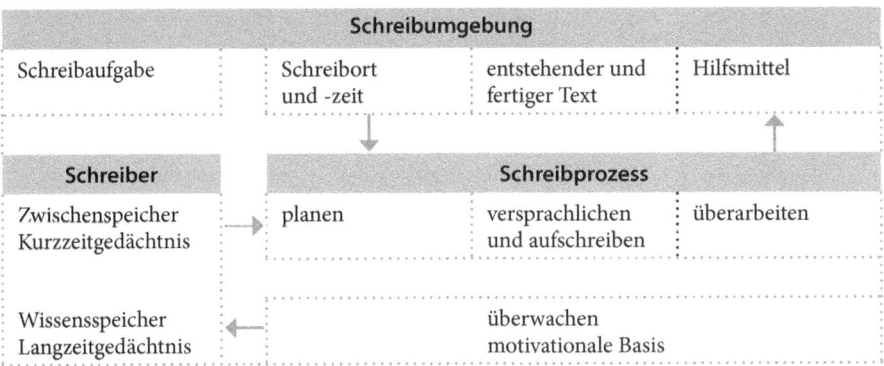

Schreibumgebung			
Schreibaufgabe	Schreibort und -zeit	entstehender und fertiger Text	Hilfsmittel

Schreiber	Schreibprozess		
Zwischenspeicher Kurzzeitgedächtnis	planen	versprachlichen und aufschreiben	überarbeiten
Wissensspeicher Langzeitgedächtnis		überwachen motivationale Basis	

Planen, Versprachlichen, Aufschreiben und Überarbeiten sind aber keine aufeinanderfolgenden Phasen, sondern sie sind ineinander verwoben. Ein guter Schreiber überwacht sich beim Schreiben und arbeitet wie ein Jongleur. Er entwickelt beim Schreiben seine Schreibideen weiter und nutzt dazu die erkenntnisfördernde (epistemische) Funktion des Schreibens. Weniger gute Schreiber glauben, dass sie sich den ganzen Text bereits im Vorweg zurechtgelegt haben müssen. Gute Schreiber integrieren dagegen die Überarbeitung in den Schreibprozess. Sie lesen ihren Text im Schreibprozess mit den Augen eines Lesers und mit selbstkritischen Augen, bewerten ihn im Hinblick auf Verständlichkeit und nehmen unterschiedlich komplexe Überarbeitungen vor: Sie korrigieren nicht nur Fehler, sondern überarbeiten auch den sprachlichen Ausdruck und Stil, verändern Textteile bzw. Abschnitte oder fassen den Text neu.

Schreiber benötigen Wissen zum Schreibthema, zur Textsorte und zur Beurteilung der Textqualität, zur Ausübung des Schreibprozesses und zur Lösung von auftretenden Problemen, wie etwa fehlenden Ideen oder „Sprachnot". Dieses Wissen kann ein lernbereichsübergreifender Deutschunterricht vermitteln. Im Literaturunterricht erwerben die Schüler Wissen über Textsorten und lernen, Texte mit den Augen eines Lesers zu lesen, sie zu analysieren und zu beurteilen. Im Sprachunterricht werden Ausdrucksvermögen, Rechtschreibung, Zeichensetzung und Grammatik geschult.

Im Lernbereich *Schreiben* kommt es vor allem darauf an, die Schreibumgebung lernförderlich zu gestalten. Das betrifft in erster Linie die Konzipierung der Schreibaufgaben, den sozialen Schreibkontext mit Schreibberatung sowie den Umgang mit den Schülertexten und deren Beurteilung. Hierzu werden vielfältige Unterrichtsideen zu literarischen, sachbezogenen, untersuchenden und formalisierten Schreibformen geliefert. Auch bei der Schreibkompetenz gibt es drei Anforderungsbereiche:

	I. Wiedergeben	II. Zusammenhänge herstellen	III. Reflektieren und Beurteilen
Anforderungsbereich	**Assoziatives Schreiben**	**Leserbezogenes und textgestaltendes Schreiben**	**Epistemisches Schreiben**
	Wissen wiedergeben	Wissen zielgerichtet auswählen, verknüpfen und stimmig darstellen	Beim Schreiben zu neuen Erkenntnissen kommen
	Ideengenerierung und -versprachlichung	**Wissenstransformation**	**Reflexion und Urteilsbildung**
	Wissen assoziativ beim Schreiben einsetzen	Wissen gezielt auswählen, strukturieren, zusammenfassen, interpretieren, in neue Zusammenhänge bringen	Kritische Bewertung des entstehenden Textes und begründete Überarbeitung im Hinblick auf die Textqualität (Kriterien: Thema, Textsorte, Schreibziel, Leser)
		Den Text unter Berücksichtigung des Lesers mit textsortenbezogenen Mitteln gestalten	

In den Bildungsstandards wird dem Lernbereich *Sprache und Sprachgebrauch untersuchen* eine besondere Stellung eingeräumt, da er in Bezug zu jedem der übrigen Bereiche steht und für das Lesen, Schreiben und Sprechen grundlegende Kenntnisse vermittelt.

Die **Sprachkompetenz** umfasst die Wort-, Satz- und Textebene, wie in der Tabelle auf Seite 13 dargestellt. Sprachunterricht ist dann lernförderlich, wenn die Schüler ihre erworbenen Kenntnisse beim Lesen, Schreiben und Sprechen auch anwenden, damit sie den Sinn von Rechtschreibung und Grammatik erkennen können. Die Unterrichtsideen geben dazu Hinweise.

Sprachkompetenz	Inhalte
Wortebene Struktur und Funktion der Wortschreibung und Wortbildung erfassen und einen umfassenden Wortschatz ausbilden	• Rechtschreibung: Wortschreibung, Großschreibung nach Wortarten • Wortbildung und -bedeutung: Ableitung, Komposition, Wortarten, Wortfamilien, Wortfelder
Satzebene Satzstruktur erfassen und ein Satzverständnis aufbauen; dazu gehören die satzbezogene Großschreibung, die Ermittlung von Satzgliedern, Gliedsätzen, Satzverknüpfungen und die Zeichensetzung.	• Großschreibung im Satzzusammenhang • grammatische Proben zur Ermittlung der Satzglieder: Umstell-, Erweiterungs-, Weglass- und Ersatzprobe • Prädikat/Konjugation • Subjekt-Prädikat-Kongruenz • Satzreihe und Satzgefüge • Zeitenbildung • Satzzeichen • Satzverknüpfungen: Konjunktionen, Relativanschluss
Textebene Sätze durch sprachliche Mittel sinnvoll zu einem Text verknüpfen und die Wirkung reflektieren	Mittel zur Textverknüpfung: Pronomen, Adverbien, Konjunktionen, sinnverwandte Wörter, Ober- und Unterbegriffe

Die im Deutschunterricht zu erwerbende **Medienkompetenz** beinhaltet, Computer und Internet für das Textschreiben und die Informationsrecherche kompetent, kritisch-reflektiert und verantwortungsvoll zu nutzen. Das Textschreiben bezieht sich sowohl darauf, Textverarbeitung und Schreibhilfen im Schreib- und Überarbeitungsprozess gewinnbringend einzusetzen, als auch darauf, sich an der Netzkommunikation (Mail, Chat, Foren) leserbezogen und verantwortlich zu beteiligen und diese kritisch zu beurteilen. Die Medienkompetenz wird in vielen Unterrichtsideen berücksichtigt.

Neben der inhaltlichen Ausrichtung eines kompetenzorientierten Unterrichts stellt sich die Frage nach geeigneten Unterrichtsformen. Die gängige Opposition zwischen der negativen Variante „Frontalunterricht" und der positiven Seite „offener Unterricht" greift zu kurz. Es muss vielmehr die Frage gestellt werden, wie die Lehr-/Lernformen den Lernzielen und Bedürfnissen der Schüler angepasst werden können. Oberstes Ziel muss sein, dass die Klasse zu einer lernenden Gemeinschaft wird, die miteinander und voneinander lernt und in der selbstständiges, entdeckendes und individualisiertes Lernen gefördert wird.

Das gelingt, wenn die didaktischen Funktionen der beiden Unterrichtsformen berücksichtigt werden. Nach Herbert Gudjons (Frontalunterricht – neu entdeckt. Integration in offene Unterrichtsformen. Bad Heilbrunn 2003) soll Frontalunterricht für folgende Zwecke eingesetzt und in offene Unterrichtsformen integriert werden:

- Informieren und Darbieten
- Lernstoff erarbeiten, Lernen vernetzen
- Lernstrategien und Arbeitsmethoden vermitteln
- Entdecken und Problemlösen
- Üben und Wiederholen
- Planen, Koordinieren, Auswerten
- Klassengemeinschaft fördern

Herkömmlich wird Frontalunterricht mit Informieren und Darbieten gleichgesetzt. Beschränkt er sich darauf, dass die Lehrkraft aus einer frontalen Position im Vortragsstil Wissen darbietet und Lösungswege demonstriert, so ist das Potenzial des gemeinsamen Lernens im Klassenverband keinesfalls ausgeschöpft. In gemeinsamen Lern- und Arbeitsphasen muss vielmehr der Grundstock gelegt werden für selbstständiges Lernen und Üben in Einzel-, Partner oder Gruppenarbeit. Die Schüler können nur dann entdeckend und problemlösend lernen, wenn sie wissen, wie sie vorgehen sollen. Dazu gehört, dass sie Strategien und Methoden kennen, um sich Lernstoff zu erarbeiten, dass sie im gemeinsamen Unterrichtsgespräch das neu Gelernte mit ihrem bisherigen Wissen verbinden. Sie können nur dann das Gelernte festigen und anwenden, wenn sie es in geeigneter Weise wiederholen und üben. Dazu müssen sie Formen des mechanischen und elaborierenden Übens kennenlernen und wissen, für welche Zwecke sie nützlich sind. Während sich mechanisches Üben beispielsweise für das Einprägen von Merkwörtern eignet, geht es beim elaborierenden Üben um die Anwendung von Gelerntem auf neue Fälle.

Die Bereiche Planen, Koordinieren und Auswerten gehören zu einem Unterricht, in dem die Schüler das Lernen mitgestalten und mitverantworten. Die dazu erforderlichen Vorgehensweisen bedürfen ebenfalls der Einführung im Klassenverband.

In all diesen Funktionen ist der Lehrer nicht automatisch der Hauptakteur und Alleinunterhalter. Er kann die Klasse durch geeignete Aufgaben und Arbeitsaufträge zur gemeinsamen Erarbeitung anleiten. Ferner können vorbereitete Schüler Lernthemen einführen.

Tipps für die Fachkonferenz

Um Unterrichtsideen, für die eine bestimmte Lektüre erforderlich ist, problemlos umsetzen zu können, werden unterschiedliche Wege genutzt.

- Literatur von Autoren, die mindestens 70 Jahre tot sind, ist nicht lizenzpflichtig und in großer Auswahl im Internet abrufbar: http://gutenberg.spiegel.de.
- Bei neuerer, lizenzpflichtiger Literatur erhalten Sie in diesem Buch Angaben zu preiswerten Anthologien oder Einzelausgaben. Darüber hinaus werden Texte auch als Vorlage geliefert.

Kurzprosa

- BELLMANN, WERNER (Hrsg.): Klassische deutsche Kurzgeschichten. Reclam: Stuttgart 2004 (Reclams UB 18251); darin die Texte *Das Brot* → 1.19 und *Nachts schlafen die Ratten doch* von WOLFGANG BORCHERT → 1.17, *Die rote Katze* von LUISE RINSER → 1.16 sowie *Die Nacht im Hotel* von SIEGFRIED LENZ → 1.13.
- FRIELING, SIMONE (Hrsg.): Deutsche Meistererzählungen von Goethe bis zur Gegenwart. Anaconda: Köln 2008; darin der Text *Grausiges Erlebnis eines venezianischen Ofensetzers* von ALFRED ANDERSCH → 1.20.
- GREGOR-DELLIN, MARTIN (Hrsg.): Das Gespenst im Aktenschrank. Geistergeschichten aus aller Welt. dtv: München 1972; darin der Text *Das Gespenst im Aktenschrank* von CHARLES DICKENS → 1.11.
- HAAS, GERHARD: Legenden. Reclam: Stuttgart 1999 (Reclams UB 9597).
- JOLLES, ANDRÉ: Märchen als einfache Form. In: SCHÖDEL, SIEGFRIED (Hrsg.): Märchenanalysen. Reclam: Stuttgart 1986, S. 38–47.
- KANTELHARDT, ARNHILD/MENSCHIK, KAT: Von einem, der auszog, das Fürchten zu lernen. Das Hausbuch der Gespenster- und Gruselgeschichten. Gerstenberg: Hildesheim 2005.
- LANGE, GÜNTER (HRSG.): Deutsche Kurzgeschichten II. 5.–6. Schuljahr. Reclam: Stuttgart 1988 (Reclams UB 15007); darin der Text *Die rote Katze* von LUISE RINSER → 1.16.
- LÜTHI, MAX: Wesenszüge des europäischen Volksmärchens. In: SCHÖDEL, SIEGFRIED (Hrsg.): Märchenanalysen. Reclam: Stuttgart 1986, S. 47–55.
- PETZOLD, LEANDER (Hrsg.): Deutsche Sagen. Reclam: Stuttgart 1986 (Reclams UB 9535); darin ein Schaubild zur Verbreitung und Wanderung der Sage *Traum vom Schatz auf der Brücke* → 1.8.
- POSER, THERESE (Hrsg.): Fabeln. Reclam: Stuttgart 1986 (Reclams UB 9519).
- SCHÖDEL, SIEGFRIED (Hrsg.): Märchenanalysen. Reclam: Stuttgart 1986 (Reclams UB 9532).
- ULRICH, WINFRIED (Hrsg.): Deutsche Kurzgeschichten. 9.–10. Schuljahr. Reclam: Stuttgart 1986 (Reclams UB 9507); darin der Text *Anekdote zur Senkung der Arbeitsmoral* von HEINRICH BÖLL → 1.15.

- WIESE, BENNO VON (Hrsg.): Deutschland erzählt. Von Arthur Schnitzler bis Uwe Johnson. Fischer: Frankfurt am Main 1995; darin die Texte *Grausiges Erlebnis eines venezianischen Ofensetzers* von ALFRED ANDERSCH → 1.20, *Es wird etwas geschehen* von HEINRICH BÖLL, *Nachts schlafen die Ratten doch* von WOLFGANG BORCHERT → 1.17 sowie *Die rote Katze* von LUISE RINSER → 1.16.
- WUNBERG, GOTTHART (Hrsg.): Die Wiener Moderne: Literatur, Kunst und Musik zwischen 1890 und 1910. Reclam: Stuttgart 2000 (Reclams UB 7742); darin der Text *Im Volksgarten* von PETER ALTENBERG → 1.18.

Lyrik

- RABAUKEN-REIME, Grafik: Andrea Steffen, Residenz Verlag, St. Pölten 2011 → 1.23, 1.24.
- HAGESTEDT, LUTZ (Hrsg.): Die Lieblingsgedichte der Deutschen. Piper: München 2003 → 1.27, 1.31.
- Die Lieblingsgedichte der Deutschen. 100 Gedichte. 2 Audio-CDs. Patmos audio: Düsseldorf 2003 → 1.27, 1.31.

Internet-Links

- http://www.balladen.de
- http://www.gedichte.eu
- http://www.gedichte-lyrik-poesie.de
- http://www.gedichteportal.de
- http://gutenberg.spiegel.de
- http://www.leselupe.de
- http://www.lettern.de
- http://www.literaturwelt.com
- http://www.maerchen.com

1 Texte verstehen und mit Medien umgehen

1.1 Auf Literatur einstimmen

Lernziele	über die eigene Lesesozialisation und den schulischen Literaturunterricht nachdenken; sich emotional, reflexiv und metakognitiv auf den Literaturunterricht einstimmen
Klassenstufe	Klasse 5–10
Material	Arbeitsblatt mit Autorennamen
Methode	Unterrichtsgespräch
Sozialform	Einzelarbeit und Plenum
Dauer	1 Stunde
Inhaltliche Kompetenzen	Lesevorlieben, -erwartungen und -erfahrungen bewusstmachen

- **Schritt 1:** Die Schüler erhalten ein Arbeitsblatt mit Autorennamen, die vom Lehrer den Klassenstufen entsprechend ausgewählt werden, wobei jeweils ein breites Spektrum von klassischen und aktuellen Kinder- und Jugendbuchautoren bis zu Erwachsenenautoren vertreten sein soll. Auf dem Arbeitsblatt soll außerdem ein freies Feld in Form eines Dreiecks gezeichnet sein; in dieses Feld schreiben die Schüler einen ihnen wichtigen Autorennamen, der noch nicht auf dem Blatt steht.

- **Schritt 2:** Die Schüler erhalten die folgenden schriftlichen Aufgaben: Welche der Autorinnen und Autoren auf dem Arbeitsblatt kennst du dem Namen nach? – Kennst du Werke, die diese Autorinnen und Autoren geschrieben haben? Welche? – Welche davon hast du schon gelesen? Wie haben sie dir gefallen? – Von welchen Autorinnen und Autoren möchtest du gern etwas lesen, und zwar zu Hause und/oder in der Schule? – Schreibe in das Dreieck eine dir wichtige Autorin/einen dir wichtigen Autor, die/der nicht erwähnt ist.

- **Schritt 3:** Im Unterrichtsgespräch wird auf die Lesesozialisation der Schüler und auf Zusammenhänge bzw. Unterschiede von schulischem und privatem Lesen eingegangen. Die Schüler sollen darüber nachdenken, ob sich die von ihnen genannten Lieblingsautoren für die Besprechung im Unterricht eignen und wie sie sich – auch vor dem Hintergrund ihrer bisherigen Unterrichtserfahrungen – einen Literaturunterricht vorstellen, der sie zum Lesen animiert.

In einer 9. Klasse wurde Stephen King häufig als Lieblingsautor genannt. Nach der Lektüre von Stephen Kings Erzählung *Ich bin das Tor* im Unterricht kam die Klasse einstimmig zu dem Schluss, dass sie sich nicht für Unterrichtszwecke eignete, da sich schulisches und privates Lesen unterschieden. Bei Stephen King wolle man sich nur fesseln lassen und nichts denken. Für den Unterricht dagegen eigneten sich Lektüren, die Gesprächsanlässe für den Austausch mit anderen böten. Als solche wurden beispielsweise Erzählungen von Altenberg, Andersch, Böll, Borchert, Rinser und Kaschnitz eingestuft.

→ 1.14–1.22

1.2 Vorwissen zu Literatur sammeln

Lernziele	Wissen über Literatur zusammentragen; sich über literarische Interessen austauschen; über Literatur im Internet recherchieren und Ergebnisse auf einem Plakat präsentieren
Klassenstufe	Klasse 5–10
Material	Arbeitsblatt mit Namen von literarischen Figuren und Werktiteln; Plakatkarton oder Flipchart, Buntstifte, Kleber, Computer mit Internetzugang
Methode	Unterrichtsgespräch, Internetrecherche, Plakatgestaltung
Sozialform	Einzel-, Partnerarbeit und Plenum
Dauer	2 Stunden
Inhaltliche Kompetenzen	Leseerwartungen und -erfahrungen bewusstmachen; Informationsquellen gezielt nutzen, Arbeitsergebnisse präsentieren

- **Schritt 1:** Die Schüler erhalten ein Arbeitsblatt mit Namen von literarischen Figuren und Werktiteln, die vom Lehrer den Klassenstufen entsprechend ausgewählt werden. Auf dem Arbeitsblatt soll außerdem ein freies Feld in Form eines Dreiecks gezeichnet sein; in dieses Feld schreiben die Schüler einen ihnen wichtigen Werktitel oder den Namen einer literarischen Figur, sofern er noch nicht auf dem Blatt steht. Auf dem Arbeitsblatt für Klasse 5/6 werden noch keine Dramen berücksichtigt, in höheren Klassen dagegen schon. Erfahrung mit Dramen gewinnen Schüler außerhalb der Schule nicht durch Lesen, sondern über das Theater. Jüngere Schüler kennen in erster Linie Theateraufführungen zu Kinder- und Jugendliteratur oder Literaturverfilmungen. Diese Erfahrungen können aber ins Unterrichtsgespräch einbezogen werden.

- **Schritt 2:** Die Schüler erhalten die folgenden schriftlichen Aufgaben: Welche der Titel bzw. literarischen Figuren auf dem Arbeitsblatt kennst du dem Namen nach? – Handelt es sich dabei um Gedichte/Balladen, Erzählungen/Märchen oder Romane? – Welche Autorinnen/Autoren haben die Texte geschrieben? – Welche davon hast du schon gelesen? Wie haben sie dir gefallen? – Schreibe in das Dreieck eine dir wichtige literarische Figur/einen dir wichtigen Titel, die/der nicht erwähnt ist.

- **Schritt 3:** Im Unterrichtsgespräch wird das Wissen der Klasse zusammengetragen und auf einem Plakat/Flipchart festgehalten. Die der Klasse bekannten Titel/Figuren werden in drei Spalten geschrieben: „Lyrik", „Kurzprosa", „Roman". In höheren Klassen kommt als vierte Spalte „Drama" hinzu. Beim Aufschreiben wird jeweils so viel Platz gelassen, dass darüber der Autor ergänzt und darunter ein kurzer Text aufgeklebt werden kann. Anschließend werden die den Schülern bekannten Autornamen aufgeschrieben. Zum Schluss werden die im Dreieck hinzugefügten Titel mit Autornamen auf dem Plakat ergänzt.

- **Schritt 4:** Im folgenden literarischen Gespräch tauschen sich die Schüler über ihre literarischen Erfahrungen und Interessen im Hinblick auf die zusammengetragene Literatur aus. Dabei wird die Veränderung des literarischen Interesses vom Kindes- zum Jugendalter thematisiert. Abschließend wird die Weiterarbeit besprochen. Die Internetrecherche erfolgt in der nächsten Stunde. Bei fehlender Medienausstattung wird sie als Hausaufgabe aufgegeben. Die Klasse geht arbeitsteilig vor: Eine Gruppe übernimmt die Titel, die zweite Gruppe die Figuren.

- **Schritt 5:** Rechercheaufgabe für den Unterricht oder als Hausaufgabe: Finde Informationen zu den Titeln/Figuren, die du zu bearbeiten hast. Ergänze dabei den Namen des Autors/der Autorin, falls er noch fehlt. Als Rechercheadressen eignen sich Suchmaschinen, Wikipedia und das *Projekt Gutenberg* (http://gutenberg.spiegel.de). Kopiere deine Ergebnisse in eine Datei und stelle daraus einen Kurztext mit Figur, Autor und Werk zusammen. Drucke den Text so breit aus, dass er auf das Plakat unter den Werktitel passt.

> **Beispiel für ein Rechercheergebnis**
> Pippi Langstrumpf ist eine berühmte literarische Figur, die die schwedische Autorin Astrid Lindgren (1907–2002) geschaffen hat. Es gibt drei Bücher: *Pippi Langstrumpf* (1945), *Pippi Langstrumpf geht an Bord* (1946) und *Pippi in Taca-Tuca-Land* (1948). Pippi ist neun Jahre alt, hat rote Haare und Sommersprossen, lebt zusammen mit einem Pferd und dem Affen Nilsson in der Villa Kunterbunt, ist ungeheuer stark, hilft schwachen Menschen, macht, was sie will und hat die braven Geschwister Thomas und Annika als Freunde.

- **Schritt 6:** Die Kurztexte werden von den Schülern auf das Plakat geklebt, vorgestellt und mit der Klasse besprochen. Das Plakat bleibt im Klassenzimmer hängen. Abschließend wird mit der Klasse die Lektüre bis zu den nächsten Ferien ausgewählt.

Alternativen

Die Aufgabenblätter können abgewandelt werden. So können etwa bekannte Zitate, der erste Satz eines Werks oder Dichterporträts ausgewählt werden, die ebenfalls im Internet recherchiert werden sollen. Zu den Porträts müssen einige knappe Hinweise, wie Lebensdaten oder Epoche, angegeben werden, um eine erfolgreiche Suche zu ermöglichen. Ein solches Arbeitsblatt eignet sich beispielsweise als Einführung in den Literaturunterricht einer Epoche.

1.3   Fabelmerkmale erarbeiten

Lernziele	Textverständnis und Fabelmerkmale erarbeiten
Klassenstufe	Klasse 5
Material	Kopiervorlage mit der Fabel *Der Löwe und die Stiere* von Johann Gottfried Herder; bei Bedarf Informationstext zur Fabel → 2.10
Methode	Textanalyse und produktive Verfahren
Sozialform	Einzelarbeit und Plenum
Dauer	1 Stunde
Inhaltliche Kompetenzen	Lehre eines Fabeltextes verstehen und Rückschlüsse von einer Fabel auf die Merkmale der Gattung ziehen

- **Schritt 1:** Die Fabel wird laut vorgelesen und anschließend in Kopie verteilt. Impulse und Aufgaben für das folgende Unterrichtsgespräch: Was passiert in dem Text? – Was kann man daraus lernen? – Kann man die Lehre auch auf Menschen übertragen? – Der Text ist eine Fabel: Welche Merkmale hat eine Fabel?

- **Schritt 2:** Es schließt sich folgende Schreibaufgabe an (eventuell als Hausaufgabe): Übertrage den Fabeltext auf eine menschliche Situation.

Der Löwe und die Stiere

Zwei Ackerstiere ging der Löw' einst an,
Sie standen zwei für einen Mann;
Da ward nichts draus,
Er ging nach Haus,
Bis er sie, jeden einzeln, fand
Und überwand.

1.4 Fabellehren verstehen

Lernziele	Lehre einer Fabel verstehen
Klassenstufe	Klasse 5
Material	Kopiervorlage mit der Fabel *Die junge Schwalbe* von GOTTHOLD EPHRAIM LESSING
Methode	Textanalyse und produktive Verfahren
Sozialform	Einzelarbeit und Plenum
Dauer	1 Stunde
Inhaltliche Kompetenzen	Aussage und Inhalt eines Textes verstehen

- **Schritt 1:** Die Fabel wird laut vorgelesen und anschließend in Kopie verteilt. Arbeitsauftrag: Formuliere schriftlich, welche Lehre die Fabel enthält und wer sie erteilt.

- **Schritt 2:** Die „Lehren" werden vorgestellt und auf ihre Relevanz hin geprüft. Dabei soll herausgearbeitet und diskutiert werden, dass die Lehre von der Mutter an das Kind erteilt wird und zwei Aspekte enthält. Zum einen die Botschaft des Sprichwortes: Wenn zwei dasselbe tun, ist es nicht dasselbe. Und zum anderen, dass eine gewisse Arroganz in der Lehre enthalten ist nach dem Motto: Schwalben sind etwas Besseres als die geschäftigen Ameisen. Übertragen auf den Menschen wird damit ausgedrückt, dass sich die Ameisen wie ängstliche Menschen verhalten, die sich nur um den Alltag sorgen und nichts Höheres kennen. Anders dagegen die Schwalben, die sich hoch in die Luft erheben und weit herumkommen.

Die junge Schwalbe

„Was macht ihr da?", fragte eine junge Schwalbe die geschäftigen Ameisen.
„Wir sammeln Vorrat für den Winter", war die Antwort.
„Das ist klug", sagte die Schwalbe, „das will ich auch tun."
Und gleich fing sie an, eine Menge toter Spinnen und Fliegen in ihr Nest zu tragen.
„Aber wozu soll das?", fragte endlich ihre Mutter.
„Wozu? Das ist Vorrat für den bösen Winter, liebe Mutter. Sammle doch auch! Die Ameisen haben mich diese Vorsicht gelehrt."
„Lass nur die Ameisen!", versetzte die Mutter. „Uns Schwalben hat die Natur ein schöneres Los bereitet. Wenn der reiche Sommer sich wendet, dann ziehen wir fort von hier."

1.5 Fabellehren in Bezug zur Literaturepoche setzen

Lernziele	Lehre einer Fabel verstehen und den Bezug zu Autor und Epoche herstellen
Klassenstufe	Klasse 5/6
Material	Kopiervorlage mit der Fabel *Der hungrige Fuchs* von GOTTHOLD EPHRAIM LESSING und dem Informationstext
Methode	Textanalyse und Literaturgeschichte
Sozialform	Einzelarbeit und Plenum
Dauer	1 Stunde
Inhaltliche Kompetenzen	zentrale Textaussage erschließen; einen wichtigen Autor kennenlernen

- **Schritt 1:** Die Fabel wird laut vorgelesen und anschließend in Kopie verteilt. Die Fragen (auf der Kopiervorlage unter dem Text abgedruckt) sollen schriftlich bearbeitet werden.

- **Schritt 2:** Im Unterrichtsgespräch sollen die Unterschiede im Menschenbild des jungen und des alten Fuchses herausgearbeitet werden: Der junge Fuchs macht das Schicksal für seinen Misserfolg verantwortlich, der alte Fuchs analysiert das Problem und findet mithilfe seines Verstandes eine Lösung. Der junge Fuchs schiebt die Verantwortung von sich, der alte Fuchs zeigt ihm, wie man selbstverantwortlich handeln kann.

- **Schritt 3:** Anschließend erhalten die Schüler den Informationstext (siehe Kopiervorlage). Der Text wird besprochen und der Bezug zur Lehre der Fabel hergestellt.

Impuls für das Unterrichtsgespräch
Wir hören es oft oder sagen es selbst: „Das mache ich aus dem Bauch heraus." Was würde Lessing wohl dazu sagen?

Der hungrige Fuchs

„Ich bin zu einer unglücklichen Stunde geboren!" So klagte ein junger Fuchs einem alten. „Fast keiner von meinen Anschlägen will mir gelingen."

„Deine Anschläge", sagte der ältere Fuchs, „werden ohne Zweifel doch klug sein. Lass doch hören, wann machst du deine Anschläge?"

„Wann ich sie mache? Wann anders, als wenn mich hungert?"

„Wenn dich hungert?", fuhr der alte Fuchs fort. „Ja! Da haben wir es! Hunger und Überlegung sind nie beisammen. Mache sie künftig, wenn du satt bist, und sie werden besser ausfallen."

Aufgaben

1. Welches Problem hat der junge Fuchs?
2. Worauf führt er es zurück?
3. Welchen Rat gibt ihm der alte Fuchs?
4. Wie begründet er seinen Rat?

Lessing – Aufklärung – Fabel

Gotthold Ephraim Lessing lebte im 18. Jahrhundert. Das war das Zeitalter der Aufklärung, für das der Wahlspruch galt: „Habe Mut, dich deines eigenen Verstandes zu bedienen." Die Dichter setzten sich zum Ziel, die Menschen mit ihrer Literatur darüber „aufzuklären", dass sie frei und gleich geboren sind und dass sie die Welt mithilfe ihres Verstandes erkunden und gestalten können.

Die Fabel war zur Zeit der Aufklärung sehr beliebt, da man darin gesellschaftliche Missstände indirekt kritisieren und die Leser belehren konnte. Fabeln gab es schon im Altertum. Der bekannteste Fabeldichter war der griechische Sklave Äsop, der 600 v. Chr. lebte. Lessing bearbeitete alte Fabeln neu, um damit die Ideen der Aufklärung zu verbreiten.

Webcode: FD233359-001

1.6   Legendenmerkmale erarbeiten

Lernziele	Bedeutungsvarianten der Begriffe *Legende/legendär* kennenlernen; Textverständnis und Merkmale einer Legende erarbeiten
Klassenstufe	Klasse 5/6
Material	Kopiervorlage mit dem Text *Kieran und der Wolf* von Erika Dühnfort; als Weiterführung die Texte *Der Heilige Franziskus und der Wolf* von Rudolf G. Binding (abgedruckt im Buch von Gerhard Haas, siehe Literaturangaben S. 14) und *Das Muttergottesgläschen* der Brüder Grimm (siehe Kopiervorlage)
Methode	analytische und produktive Verfahren
Sozialform	Einzelarbeit und Plenum
Dauer	1 Stunde
Inhaltliche Kompetenzen	epische Kleinformen sowie ihre Merkmale kennen und diese Texte verstehen

- **Schritt 1:** Als vorbereitende Hausaufgabe für die Unterrichtsstunde erhalten die Schüler folgende Arbeitsaufträge: Informiere dich in einem Lexikon oder im Internet darüber, was eine Legende ist. – In welchem Zusammenhang werden heute die Begriffe „legendär" und „Legende" auch verwendet?

- **Schritt 2:** Zu Beginn der Stunde wird die Hausaufgabe vorgelesen und besprochen. Dabei soll darauf eingegangen werden, dass eine Legende im Gegensatz zu den mündlich überlieferten literarischen Formen Märchen und Sage ein geschriebener (= zu lesender) Text ist, in dem Wunder aus dem Leben von Heiligen erzählt werden. Legenden wurden häufig im Gottesdienst am Gedenktag von Heiligen vorgelesen. Heute wird der Begriff auch für Menschen und Ereignisse verwendet, die als herausragend angesehen werden.

- **Schritt 3:** Anschließend wird die Legende *Kieran und der Wolf* vorgelesen. Als Einstieg ins Unterrichtsgespräch dient folgender Impuls: Kieran war ein irischer Heiliger. Wie unterscheidet er sich von einem Märchenhelden?

Folgende Unterschiede sollen herausgearbeitet werden:

- Das Wunder ist ein „echtes" Wunder, während das Wunderbare im Märchen auf derselben Ebene liegt wie reale Begebenheiten.
- Kieran kann ein Wunder bewirken, weil er heilig ist. Dem Märchenhelden helfen meist übernatürliche Mächte, um seine Proben zu bestehen.
- Der Wolf wird als hungrige und erbarmungswürdige Kreatur dargestellt, während er im Märchen das Symbol für das Böse ist.
- Im Märchen kann der Mensch bzw. das Tier nur böse oder gut sein. In der Legende gibt es dagegen Schattierungen. Der Wolf frisst das Kalb, weil er hungrig ist, und Kieran erlaubt es, weil er Mitleid mit dem Wolf hat. Das gute Ende wird durch ein Wunder herbeigeführt.

Ideen für die Weiterführung

- Die Legende *Der Heilige Franziskus und der Wolf* wird vorgelesen, um zu zeigen, dass Legendenstoffe in unterschiedlichen Zusammenhängen erzählt werden.
- Die Legende *Muttergottesgläschen* wird vorgelesen, damit die Schüler noch eine andere Art der Legende kennenlernen. Es handelt sich um eine sogenannte „Herkunftslegende", die eine Erklärung oder Begründung von Sachverhalten durch das Eingreifen von Heiligen liefert – in diesem Fall der Bezeichnung „Muttergottesgläschen" für die Ackerwinde im Zusammenhang mit einem von der Gottesmutter Maria vollbrachten Wunder.

Kieran und der Wolf

Einst war Kieran wieder mit dem Vieh draußen auf der Weide. Da nahte sich ihm ein elender und ausgehungerter Wolf. Bei diesem Anblick sprach Kieran die Worte, die man oft von ihm hören konnte: „Erbarmen komme über uns!" Und zum Wolf gewendet fuhr er fort: „Geh und friss das Kalb, aber lass all seine Knochen heil!" Das ließ sich der Wolf nicht zweimal sagen. – Die Kuh aber, als sie ihr Kalb nicht mehr fand, begann laut zu brüllen. Das hörte Kierans Mutter, sie eilte herbei und rief: „Kieran, du weißt sicher, wo das Kalb ist! Schaffe es wieder her, ob es lebendig ist oder tot!" Kieran ging zu dem Ort, wo der Wolf das Kalb verschlungen hatte, sammelte alle Knochen, die dort umherlagen, und trug sie vor die Kuh. Sogleich erhob sich das Kalb, so lebendig und unversehrt, wie es zuvor gewesen war.

Mit Fleiß und Sorgfalt hütete
Kieranus seines Vaters Vieh.
Doch Mitleid füllte ihn so sehr,
dass er dem wilden Wolf verzieh.

Aus: Erika Dühnfort: Am Rande von Atlantis. Von irischen Heiligen,
Helden und Druiden, Copyright: 1982 Verlag Freies Geistesleben, Stuttgart, S. 151

Muttergottesgläschen

Es hatte einmal ein Fuhrmann seinen Karren, der mit Wein schwer beladen war, festgefahren, sodass er ihn trotz aller Mühe nicht wieder losbringen konnte. Nun kam gerade die Mutter Gottes des Weges daher, und als sie die Not des armen Mannes sah, sprach sie zu ihm: „Ich bin müd und durstig, gib mir ein Glas Wein, und ich will dir deinen Wagen frei machen." „Gern," antwortete der Fuhrmann, „aber ich habe kein Glas, worin ich dir den Wein geben könnte." Da brach die Mutter Gottes ein weißes Blümchen mit roten Streifen ab, das Feldwinde heißt und einem Glase sehr ähnlich sieht, und reichte es dem Fuhrmann. Er füllte es mit Wein, und die Mutter Gottes trank ihn, und in dem Augenblick ward der Wagen frei und der Fuhrmann konnte weiterfahren. Das Blümchen heißt noch immer Muttergottesgläschen.

Webcode: FD233359-002

1.7 Märchenmerkmale erarbeiten

Lernziele	das Märchen *Fundevogel* verstehen; Märchenmerkmale erarbeiten
Klassenstufe	Klasse 6
Material	Kopiervorlage mit dem Text *Fundevogel* der Brüder Grimm
Methode	analytische und produktive Verfahren
Sozialform	Einzelarbeit und Plenum
Dauer	1 Stunde
Inhaltliche Kompetenzen	einen Text verstehen und typische Merkmale kennen → 1.26, 2.3, 2.31

- **Schritt 1:** Das Märchen *Fundevogel* wird erzählt bzw. vorgelesen, wobei eine Märchenerzählsituation geschaffen werden soll (Kreis, Erzählton). Der Lehrer informiert anschließend anschaulich darüber, dass Märchen in allen Völkern entstanden sind und mündlich tradiert wurden, dass in Deutschland die Brüder Jacob und Wilhelm Grimm Volksmärchen sammelten und aufschrieben.

- **Schritt 2:** Im Klassengespräch soll, ausgehend vom konkreten Märchen, der Frage nachgegangen werden, warum Märchen auch heute noch erzählt bzw. gelesen werden und welche Bedeutung das Erzählen im Alltag hat.

- **Schritt 3:** Anschließend sollen die typischen Märchenmerkmale herausgearbeitet werden: Aufbau (Ausgangssituation, Komplikation, Lösung, häufig drei Proben), Darstellung von Wirklichkeit und Zauberwelt auf einer Erzählebene, Herstellung der Gerechtigkeit durch den Sieg über das Böse, abstrakte Sprache (Grausamkeiten werden nur benannt, nicht ausgeschmückt), sprachliche Formeln (z. B. „es war einmal", „und wenn sie nicht gestorben sind", Wiederholungen).

Fundevogel

Es war einmal ein Förster, der ging in den Wald auf die Jagd, und wie er in den Wald kam, hörte er schreien, als ob's ein kleines Kind wäre. Er ging dem Schreien nach und kam endlich zu einem hohen Baum, und oben darauf saß ein kleines Kind. Es war aber die Mutter mit dem Kinde unter dem Baum eingeschlafen, und ein Raubvogel hatte das Kind in ihrem Schoße gesehen; da war er hinzugeflogen, hatte es mit seinem Schnabel weggenommen und auf den hohen Baum gesetzt.

Der Förster stieg hinauf, holte das Kind herunter und dachte: Du willst das Kind mit nach Haus nehmen und mit deinem Lenchen zusammen aufziehen. Er brachte es also heim, und die zwei Kinder wuchsen miteinander auf. Das aber, das auf dem Baum gefunden worden war, und weil es ein Vogel weggetragen hatte, wurde Fundevogel geheißen. Fundevogel und Lenchen hatten sich so lieb, nein, so lieb, und wenn eins das andere nicht sah, ward es traurig.

Der Förster hatte aber eine alte Köchin, die nahm eines Abends zwei Eimer und fing an, Wasser zu schleppen, und ging nicht einmal, sondern viele Mal hinaus an den Brunnen. Lenchen sah es und sprach: „Hör einmal, alte Sanne, was trägst du denn so viel Wasser zu?" „Wenn du's keinem Menschen wieder sagen willst, so will ich dir's wohl sagen." Da sagte Lenchen nein, sie wollte es keinem Menschen wieder sagen; so sprach die Köchin: „Morgen früh, wenn der Förster auf der Jagd ist, da koche ich das Wasser, und wenn's im Kessel siedet, werfe ich den Fundevogel hinein und will ihn darin kochen."

Des andern Morgens in aller Frühe stand der Förster auf und ging auf die Jagd, und als er weg war, lagen die Kinder noch im Bett. Da sprach Lenchen zum Fundevogel: „Verlässt du mich nicht, so verlass' ich dich auch nicht"; so sprach der Fundevogel: „Nun und nimmermehr." Da sprach Lenchen: „Ich will es dir nur sagen, die alte Sanne schleppte gestern Abend so viel Eimer Wasser ins Haus, da fragte ich sie, warum sie das täte, so sagte sie, wenn ich's keinem Menschen sagen wollte, so wollte sie es mir wohl sagen. Sprach ich, ich wollte es gewiss keinem Menschen sagen; da sagte sie, morgen früh, wenn der Vater auf der Jagd wäre, wollte sie den Kessel voll Wasser sieden, dich hineinwerfen und kochen. Wir wollen aber geschwind aufstehen, uns anziehen und zusammen fortgehen."

Also standen die beiden Kinder auf, zogen sich geschwind an und gingen fort. Wie nun das Wasser im Kessel kochte, ging die Köchin in die Schlafkammer, wollte den Fundevogel holen und ihn hineinwerfen. Aber als sie hineinkam und zu den Betten trat, waren die Kinder alle beide fort; da wurde ihr grausam angst, und sie sprach vor sich: „Was will ich nun sagen, wenn der Förster heimkommt und sieht, dass die Kinder weg sind? Geschwind hinten nach, dass wir sie wiederkriegen!"

Da schickte die Köchin drei Knechte nach, die sollten laufen und die Kinder einfangen. Die Kinder aber saßen vor dem Wald, und als sie die drei Knechte von weitem laufen sahen, sprach Lenchen zum Fundevogel: „Verlässt du mich nicht, so verlass' ich dich auch nicht." So sprach Fundevogel: „Nun und nimmermehr." Da sagte Lenchen: „Werde du zum Rosenstöckchen und ich zum Röschen darauf!"Wie nun die drei Knechte vor den Wald kamen, so war nichts da als ein Rosenstrauch und ein Röschen oben drauf, die Kinder aber nirgends. Da sprachen sie: „Hier ist nichts zu machen", und gingen heim und sagten der Köchin, sie hätten nichts in der Welt gesehen als nur ein Rosenstöckchen und ein Röschen oben darauf. Da schalt die alte Köchin: „Ihr Einfaltspinsel, ihr hättet das Rosenstöckchen sollen entzweischneiden und das Röschen abbrechen und mit nach Haus bringen, geschwind und tut's!« Sie mussten also zum zweiten Mal hinaus und suchen. Die Kinder sahen sie aber von weitem kommen; da sprach Lenchen: „Fundevogel, verlässt du mich nicht, so verlass' ich dich auch nicht." Fundevogel sagte: „Nun und nimmermehr." Sprach Lenchen: „So werde du eine Kirche und ich die Krone darin!" Wie nun die drei Knechte dahin kamen, war nichts da als eine Kirche und eine Krone darin. Sie sprachen also zueinander: „Was sollen wir hier machen? Lasst uns nach Hause gehen!" Wie sie nach Haus kamen, fragte die Köchin, ob sie nichts gefunden hätten. Da sagten sie: Nein, sie hätten nichts gefunden als eine Kirche, da wäre eine Krone darin gewesen. „Ihr Narren", schalt die Köchin, „warum habt ihr nicht die Kirche zerbrochen und die Krone mit heimgebracht?" Nun machte sich die alte Köchin selbst auf die Beine und ging mit den drei Knechten den Kindern nach. Die Kinder sahen aber die drei Knechte von weitem kommen, und die Köchin wackelte hinten nach. Da sprach Lenchen: „Fundevogel, verlässt du mich nicht, so verlass' ich dich auch nicht." Da sprach der Fundevogel: „Nun und nimmermehr." Sprach Lenchen: „Werde zum Teich und ich die Ente drauf!" Die Köchin aber kam herzu; und als sie den Teich sah, legte sie sich drüber hin und wollte ihn aussaufen. Aber die Ente kam schnell geschwommen, fasste sie mit ihrem Schnabel beim Kopf und zog sie ins Wasser hinein; da musste die alte Hexe ertrinken. Da gingen die Kinder zusammen nach Haus und waren herzlich froh; und wenn sie nicht gestorben sind, leben sie noch.

1.8   Sagenmerkmale erarbeiten

Lernziele	die Sage *Traum vom Schatz auf der Brücke* verstehen; Sagenmerkmale erarbeiten
Klassenstufe	Klasse 6/7
Material	Kopiervorlage mit der Sage *Traum vom Schatz auf der Brücke* und dem Informationstext; optional die Karte von der Wanderung des Sagenstoffes vom Orient nach Europa (abgedruckt im Buch von Leander Petzold auf Seite 95, siehe Literaturangaben S. 14)
Methode	analytische und produktive Verfahren
Sozialform	Einzelarbeit und Plenum
Dauer	1 Stunde
Inhaltliche Kompetenzen	wesentliche Merkmale einer Sage kennen und eine Textdeutung entwickeln

- **Schritt 1:** Die Sage *Traum vom Schatz auf der Brücke* wird vorgelesen und danach in Kopie verteilt.

- **Schritt 2:** Im anschließenden Unterrichtsgespräch geht es darum, dass Menschen schon immer und immer noch davon träumen, das große Glück an einem bestimmten Ort zu finden. Folgende Fragen können in den Mittelpunkt gestellt werden: In der Sage geht der Traum des Namenlosen und des Bäckerburschen in Erfüllung, der Traum des reichen Kaufmanns und des Bettlers nicht. Warum? – Es werden oft ähnliche Sagen mit unterschiedlichen Orten und Personen erzählt. Was könnte ein Grund dafür sein? – Kann man die Ereignisse in der Sage verallgemeinern? Kann man sie auf heute übertragen?
  Im Unterrichtsgespräch soll herausgearbeitet werden, dass es sich um eine Schatzsage handelt, die das Wunschdenken ausdrückt, dass jemand durch einen Glücksfall zu großem Reichtum gelangt. Wer jedoch nicht an seine glückverheißenden Träume glaubt bzw. zu bequem ist, dessen Träume gehen nicht in Erfüllung.
  Wie verbreitet dieses Wunschdenken ist, zeigt sich daran, dass ähnliche Sagen von unterschiedlichen Orten erzählt werden. Der Sagenstoff vom *Schatz auf der Brücke* kommt in der Zeit der Kreuzzüge vom Orient nach Europa. Auf die heutige Zeit übertragen geht das Wunschdenken vieler Menschen z. B. dahin, die sechs richtigen Lottozahlen zu träumen oder per Zufall zu finden. Eine Verbindung zu bestimmten Orten oder Zeiten wird heute jedoch nicht mehr hergestellt.

- **Schritt 3:** Die Merkmale einer Sage werden zum Schluss pointiert zusammengefasst (siehe Informationstext der Kopiervorlage).

Traum vom Schatz auf der Brücke

Es hat einmal einem geträumt, er solle nach Regensburg gehen auf die Brücke und dort reich werden. Er ist auch hingegangen, und da er einen Tag oder vierzehn immer hingegangen ist, ist ein reicher Kaufmann zu ihm kommen, der sich wunderte, was er alle Tag auf der Brücke mache und ihn fragte, was er da suche. Dieser antwortete. „Es hat mir geträumt, ich soll nach Regensburg auf die Brücke gehen, da würde ich reich werden." „Ach", sagte der Kaufmann, „was redest du von Träumen, Träume sind Schäume und Lügen; mir hat auch geträumt, dass unter jenem großen Baume (und zeigte ihm den Baum) ein großer Kessel mit Geld begraben sei, aber ich acht sein nicht, denn Träume sind Schäume." Da ging der andere hin, grub unter dem Baum ein Loch, fand einen großen Schatz, der ihn reich machte und sein Traum wurde ihm bestätigt.

Solche Geschichten werden auch von anderen Städten erzählt, wie von Lübeck, wo ein Bäckerknecht träumte, er werde einen Schatz auf der Brücke finden. Als er oft darauf hin und her geht, redet ihn ein Bettler an und fragt nach der Ursache, und sagt hernach, ihm habe geträumt, dass auf dem Kirchhof zu Mölln unter einer Linde ein Schatz liege, aber er wolle den weiten Weg nicht machen. Der Bäckerknecht antwortet: „Ja, es träumt einem oft närrisch Ding, ich will euch meinen Brückenschatz überlassen." Dann geht er hin und hebt den Schatz unter der Linde.

Was sind Sagen?

Sagen sind mündlich überlieferte, kurze Erzählungen. Sie spielen immer in einer bestimmten Region und handeln von fantastischen Ereignissen. Diese werden wie wahre Begebenheiten erzählt oder beruhen auf tatsächlichen Begebenheiten. Das können auffällige Orte, wichtige geschichtliche Anlässe oder Naturereignisse sein, die jedoch nicht realistisch wiedergegeben, sondern mit etwas Wunderbarem in Verbindung gebracht werden. Den Anlass bilden häufig merkwürdige Erscheinungen an bestimmten Orten, die man sich auf wunderbare Weise zu erklären versucht. Der Anlass für eine Schatzsage kann beispielsweise sein, dass jemand unverhofft reich geworden ist. In der Sage wird dafür eine wunderbare Erklärung gefunden. Die in der Sage genannten Zeiträume (7, 100, 1 000 Jahre) sind nicht real, sondern haben symbolische Bedeutung.

Webcode: FD233359-004

1.9   Eine Sage fortsetzen

Lernziele	eine Sage weiterschreiben; inhaltliche sowie formale Sagenmerkmale kennen und anwenden
Klassenstufe	Klasse 6/7
Material	Kopiervorlage mit der Sage *Die Höhle im Altkönig* sowie Informationstext zur Sage → 1.8; zur vorbereitenden Ergänzung das Buch von Leander Petzold (siehe Literaturangaben S. 14)
Methode	analytische und produktive Verfahren
Sozialform	Einzelarbeit und Plenum
Dauer	1 Stunde
Inhaltliche Kompetenzen	einen alten Text und seine überzeitliche Aussage verstehen

- **Schritt 1:** In einem kurzen Lehrervortrag wird über die Merkmale der Sage informiert.

- **Schritt 2:** Die Sage *Die Höhle im Altkönig* wird vorgelesen bis zur Stelle: „Frau, vergesst das Beste nicht!" Es schließt sich folgender Arbeitsauftrag an: Bei der Geschichte handelt es sich um eine Sage. Schreibe sie weiter und berücksichtige dabei die Merkmale einer Sage.

> Bei der Besprechung der Schülertexte soll herausgearbeitet werden:
>
> - Warum hat die Frau ihr „Bestes" trotz Warnung zurückgelassen? War ihr nicht klar, was mit dem „Besten" gemeint ist (was der Leser sofort weiß)? War sie von den Schätzen geblendet, sodass sie nicht zugehört oder die Warnung nicht ernst genommen hat?
> - Das Kind bleibt entsprechend einer Sagenhandlung im Berg zurück, da die Warnung ernst zu nehmen ist.
> - Die Frau bekommt ihr Kind aber auf wunderbare Weise wieder zurück.

- **Schritt 3:** Danach wird der Sagentext bis zum Ende gelesen. Vor dem Hintergrund der bisherigen Diskussion wird die überzeitliche Aussage herausgearbeitet, dass das Streben nach Reichtum Menschen verblenden kann, sodass sich ihre Wertmaßstäbe verschieben.

Die Höhle im Altkönig

Es ging eine Frau den Altkönig hinauf, die hatte Gras geschnitten, trug es in einem Korb auf dem Kopf und führte ihr Töchterlein an der Hand. Als sie fast oben war, sah sie im Berg eine bis dahin nie gesehene Tür, welche in eine Höhle führte, worin sieben greise Männer mit langen Bärten an einem Tisch saßen; übrigens war die Höhle ganz voll Gold und Silber. Die Frau trat kühn ein, leerte ohne Weiteres ihren Korb und füllte ihn mit den Schätzen. Als sie wieder heraustreten wollte, sprach einer der Männer: „Frau, vergesst das Beste nicht!" Sie hörte aber nicht darauf und ging; als sie kaum vor der Tür war, da schloss sich der Berg wieder unter gewaltigem Krachen und schloss das Kind mit ein, welches, mit dem roten Gold spielend, nicht gesehen hatte, dass die Mutter fortging. Da war die Sorge und Angst der Mutter groß. Sie lief jammernd zu einem Geistlichen und erzählte demselben die ganze Sache. Der aber sprach zu ihr, dass sie ihr Kind nicht vor sieben Jahren wiederbekomme; dann solle sie um dieselbe Stunde auf den Berg gehen. Sie habe aber Unrecht daran getan, den Korb ganz auszuleeren, denn unter dem Gras habe sich auch das Kraut gefunden, welches ihr die Bergeshöhle erschlossen habe. Nach sieben Jahren ging die Frau auf den Berg und siehe, da saß ihr Kind oben und schlief und war noch ebenso jung und blühend und frisch, als sie es verlassen hatte. Von der Tür und der Höhle aber war keine Spur mehr zu finden.

© Cornelsen Verlag, Berlin • FG Deutsch

1.10 Eine Lügengeschichte kritisch reflektieren

Lernziele	einen Text kritisch und reflektiert lesen; den Unterschied von Lüge, Wahrheit und Höflichkeit herausarbeiten
Klassenstufe	Klasse 5/6
Material	Text *Der Lügenbeutel* aus URSEL SCHEFFLER: Der Lügenbeutel. Unglaubliche Geschichten. München: Franz Schneider 1987, S. 53–56
Methode	Textanalyse
Sozialform	Einzelarbeit und Plenum
Dauer	1 Stunde
Inhaltliche Kompetenzen	die Aussage des Textes differenziert verstehen und kritisch bewerten

- **Schritt 1:** Zur Vorbereitung auf die Stunde wird der Text rechtzeitig in Kopie verteilt. Als schriftliche Hausaufgabe bearbeiten die Schüler folgende Fragen: Welche Folgen hat das Lügensammeln? – Sagen die zwei Frauen am Gemüsestand die Wahrheit? – Ist es eine Lüge, wenn man sich mit „Guten Tag" begrüßt?

- **Schritt 2:** Im Unterrichtsgespräch soll herausgearbeitet werden,
  - dass die Äußerungen der Frauen nicht zwangsläufig die „Wahrheit" über die andere ausdrücken; im Vordergrund steht die Wahrheit über ihr Verhältnis (sie mögen einander nicht) sowie über sich selbst (sie sind nicht sehr tolerant);

- dass zwischen Höflichkeit und Lüge ein Unterschied besteht;
- welche Motive hinter Lügen stehen können;
- was eine echte „Lüge" ausmacht, die wirklich Elend in die Welt bringt;
- dass die Welt nicht durch eine Zwangsmaßnahme zu verbessern ist, sondern nur durch ehrliches, vernünftiges, verantwortungsvolles und tolerantes Handeln, das einschließt, manchmal zu schweigen.

1.11 Eine ungewöhnliche Geistergeschichte

Lernziele	die Vertreibung eines Geistes durch rationales Verhalten als zentrale Aussage des Textes erkennen; die altertümliche Sprache verstehen
Klassenstufe	Klasse 7
Material	Kopiervorlage mit dem Text *Das Gespenst im Aktenschrank* von CHARLES DICKENS
Methode	Textanalyse
Sozialform	Plenum
Dauer	1 Stunde
Inhaltliche Kompetenzen	Deutung eines Textes entwickeln und am Text belegen

- **Schritt 1:** Zur Vorbereitung auf die Stunde wird der Text rechtzeitig in Kopie verteilt. Als schriftliche Hausaufgabe bearbeiten die Schüler folgendes Thema: Lies die Erzählung und schreibe auf, was dir beim ersten Lesen bei der Hauptfigur auffällt.

- **Schritt 2:** In der Unterrichtsstunde werden die Hausaufgaben besprochen. Dabei soll herausgearbeitet werden, dass die Hauptfigur ziemlich schnell ihr Gruseln überwindet und die Sache sehr rational angeht und löst. Da Gespenstergeschichten vom Gruseln leben, werden die Erwartungen des Lesers nicht erfüllt.

Weitere Methoden, Impulse und Arbeitsaufträge für die Arbeit im Unterricht:

- Analyse der Reaktion des Mannes: Sprachuntersuchung („fuhr zusammen", „erbleichend", „will sich mit Schüreisen wehren", „stammelte"). – Der Mann „sammelt sich" während der „prosaischen Erzählung": Was ist damit gemeint? – Was überrascht an seiner Reaktion? – Ist das Angebot an das Gespenst, in der Wohnung zu wohnen, ehrlich oder Teil eines ausgeheckten Plans, den Geist zu verunsichern?
- Interpretation: Worin liegt der Witz der Geschichte? (höflicher Umgangston, argumentativer Dialog; beides steht im Widerspruch zum Gegenstand der Unterhaltung und zur Situation, in der sie stattfindet; Dummheit des Geistes: Er wird reingelegt.) – Warum schreibt der Autor am Ende „noch merkwürdiger ist, er kam nicht wieder"?
- Reflexion: Wie beurteilst du die Hauptfigur? Hat sich deine Einschätzung geändert oder nicht? Warum?

Das Gespenst im Aktenschrank

Ich weiß einen Mann, der mietete vor etwa vierzig Jahren eine alte, dumpfe, verwahrloste Wohnung in einem der ältesten Viertel Londons, die seit Jahren verschlossen gewesen war und leer gestanden hatte. Man erzählte sich eine Menge Altweibergeschichten über die Wohnung und auf jeden Fall gehörte sie keineswegs zu den angenehmsten. Aber er war arm und die Zimmer waren billig, ein hinreichender Grund für ihn, sie zu mieten, auch wenn sie noch zehnmal schlimmer gewesen wären, als es wirklich der Fall war. Er musste einige wurmstichige Hausgeräte, die in den Zimmern standen, mit übernehmen, so auch einen großen, alten Papierschrank mit großen Glastüren und einen grünen Vorhang dahinter; ein ziemlich unnützes Ding für ihn, denn er hatte keine Papiere hineinzutun, und was seine Garderobe anbelangte, so trug er sie so ziemlich vollständig bei sich, ohne sich sonderlich dadurch beschwert zu fühlen. Er hatte jedoch seine ganze Habe herbeischaffen lassen – es war nicht einmal ganz ein Karren voll – und sie im Zimmer auf eine Art verteilt, dass seine vier Stühle so aussahen, als wären sie ein ganzes Dutzend. Abends saß er vor dem Feuer und trank das erste Glas von zwei Gallonen* Whisky, die er einstweilen auf Kredit genommen hatte, wobei er Betrachtungen anstellte, ob er sie jemals bezahlen könnte, und, wenn dieser Fall einträte, nach wie viel Jahren dies wohl möglich wäre, als seine Augen auf die Glastüren des Papierschranks fielen. „Ach", seufzte er, „wenn ich nicht genötigt gewesen wäre, dieses hässliche Ding da auf die Schätzung des alten Maklers hin anzunehmen, so hätte ich mir für das Geld was Ordentliches anschaffen können. Ich will dir was sagen, alter Kamerad", sprach er laut zu dem Schrank, bloß weil er sonst niemand hatte, mit dem er sprechen konnte, „wenn es nicht mehr kostete, dein altes Gerippe zu zerschlagen, als es hinterher überhaupt wert ist, so hätte ich im Nu Feuer aus dir gemacht."

Kaum hatte er diese Worte gesprochen, als aus dem Inneren des Kastens ein Laut hervorkam, der einem schwachen Ächzen glich. Zunächst fuhr er zusammen; aber nachdem er einen Augenblick nachgedacht hatte, bildete er sich ein, es müsste von irgendeinem jungen Mann im anstoßenden Zimmer herrühren, der vielleicht beim Mittagessen seinen Magen überladen hatte, und so stemmte er seinen Fuß gegen die Kaminplatte und nahm das Schüreisen zur Hand, um das Feuer anzufachen. In diesem Moment wiederholte sich der Laut. Eine von den Glastüren öffnete sich ganz langsam und eine blasse, abgemagerte Gestalt in einem schmutzigen, abgetragenen Anzuge, die aufrecht im Schranke stand, wurde sichtbar. Die Gestalt war groß und hager und das Gesicht drückte Gram und Angst aus; es lag etwas in der Hautfarbe und in dem fleischlosen, geisterhaften Aussehen der ganzen Erscheinung, was keinem Bewohner dieser Welt angehören könnte.

„Wer sind Sie?", fragte der neue Mietsmann erbleichend, indem er jedoch zugleich das Schüreisen in der Hand schwang und auf das Gesicht der Gestalt zielte. „Wer sind Sie?" „Wirf das Eisen nicht nach mir", erwiderte die Gestalt, „wenn du auch noch so richtig zielst, so würde es doch ohne Widerstand durch mich hindurch in die Wand hinter mir fahren. Ich bin ein Geist." „Und was wollen Sie denn hier?", stammelte der Mietsmann. „In diesem Zimmer", antwortete die Erscheinung, „wurde mein irdisches Glück vernichtet und ich und meine Kinder wurden hier zu Bettlern gemacht. In diesem Schranke wurden die Akten eines langen, endlosen Prozesses, die mit den Jahren immer mehr anwuchsen, zu hohen Stößen aufeinandergetürmt. In diesem Zimmer teilten, als ich vor Gram über fehlgeschlagene Hoffnungen gestorben war, zwei listige Harpyien* das Vermögen unter sich, um das ich während eines ganzen elenden Lebens gestritten hatte und von dem zuletzt nicht ein Pfenning für meine unglückliche Nachkommen übrigblieb. Ich jagte sie aus dieser Wohnung hinaus und besuche nun seit jenem Tag Nacht für Nacht – denn dies ist die einzige Zeit, in der es mir gestattet ist, auf die Erde zurückzukehren – den Schauplatz meines langen Elends. Dieses Zimmer gehört mir; überlass es mir."

„Wenn Sie sich's durchaus in den Kopf gesetzt haben, hier umzugehen", erwiderte der Mietsmann, der während dieser prosaischen Erzählung des Geistes Zeit gehabt hatte, sich zu sammeln, „so will ich mit dem größten Vergnügen Ihren Wünschen entsprechen. Wollen Sie aber wohl so gefällig sein, mir eine Frage zu erlauben?" „Sprich", sagte die Erscheinung ernst. „Wohlan denn", begann der Mietsmann. „Ich beziehe meine Bemerkung nicht persönlich auf Sie, weil sie auf alle Geister, von denen ich je gehört habe, in gleicher Weise passt; aber es will mich etwas sonderbar bedünken, dass ihr, da ihr doch Gelegenheit habt, die schönsten Plätze der Erde zu besuchen – wahrscheinlich bedeuten Entfernungen doch gar nichts für euch –, dass ihr, sage ich, immer wieder ausgerechnet an die Orte zurückkehrt, wo ihr am unglücklichsten gewesen seid?"

„Wahrhaftig, da hast du ganz Recht; daran habe ich noch nicht gedacht", versetzte der Geist. „Sie sehen", fuhr der Mietsmann fort, „das ist ein sehr unwohnliches Zimmer. Dem äußeren Anschein nach zu urteilen möchte ich behaupten, dass dieser Schrank nicht ganz frei von Wanzen ist, und ich meine wirklich, Sie könnten weit wohnlichere Aufenthaltsorte finden. Vom Londoner Klima will ich dabei noch nicht einmal reden, das doch wirklich außerordentlich ungesund ist." „Sie haben ganz Recht, Herr", sagte der Geist höflich, „das ist mir bis jetzt noch nicht eingefallen; doch will ich nun sogleich eine Luftveränderung vornehmen." Und wirklich begann seine Gestalt, während er noch sprach, zu verschwinden, und bald waren seine Beine unsichtbar geworden. „Und wenn Sie", rief ihm der Mietsmann nach, „wenn Sie die Güte haben wollten, auch die übrigen Damen und Herren, die in alten, leeren Häusern spuken, darauf aufmerksam zu machen, dass es für sie irgendwo anders viel angenehmer sein dürfte, so würden Sie der menschlichen Gesellschaft eine sehr große Wohltat erweisen." „Das will ich tun", erwiderte der Geist; „wir müssten doch wirklich Dummköpfe sein, wenn wir es nicht täten, und ich begreife gar nicht, wie wir überhaupt so töricht sein konnten." Mit diesen Worten verschwand der Geist und, was noch merkwürdiger ist, er kam nicht wieder.

Erläuterungen:

Gallone: englische Maßeinheit

Harpyien: Vogelartige Wesen aus der griechischen Sagenwelt, die auf Befehl des Göttervaters Zeus Seelen von Toten in die Unterwelt tragen oder Leute töten mussten, die seinen Zorn erregten.

1.12 Kurzgeschichte zum Vater-Tochter-Verhältnis

Lernziele	Textverständnis durch das Schreiben eines Paralleltextes erarbeiten und dabei Unterschiede in der Lebensauffassung zwischen Vater und heranwachsender Tochter und die sie bedingenden Faktoren sowie zeitbedingte Veränderungen verstehen
Klassenstufe	Klasse 8/9
Material	Text *Fünfzehn* aus REINER KUNZE: Die wunderbaren Jahre. Prosa. Frankfurt am Main: Fischer, 32. Auflage 2005
Methode	produktionsorientiertes Verfahren
Sozialform	Einzel-, Partnerarbeit und Plenum
Dauer	2 Stunden
Inhaltliche Kompetenzen	einen literarischen Text auf die Aktualität seiner Aussage hin untersuchen und bewerten; der Unterrichtsvorschlag stellt gehobene Anforderungen an die Klasse

- **Schritt 1:** Die Erzählung wird im Unterricht vorgelesen und anschließend in Kopie verteilt. Danach schreiben die Schüler ihre ersten Eindrücke auf ein Blatt Papier. Anschließend wird die Klasse in drei Gruppen aufgeteilt. Nach dem Austausch der Ersteindrücke bilden sich Tandems, die die Schreibaufgaben ihrer jeweiligen Gruppe bearbeiten.

  - Gruppe 1: Schreibe die Geschichte, die vor etwa 40 Jahren geschrieben wurde, so um, dass es der Situation einer heutigen Fünfzehnjährigen entspricht.
  - Gruppe 2: Schreibe die Geschichte so um, dass die Hauptfigur ein Junge ist.
  - Gruppe 3: Die Fünfzehnjährige hat den Text des Vaters gelesen. Schreibe auf, welche Gedanken ihr danach durch den Kopf gehen.

Tipp: Falls ein Computerraum zur Verfügung steht, sollten die Schüler die Texte am PC schreiben, da sich dabei die Erkenntnisse aus der schreibbegleitenden Diskussion besonders gut umsetzen lassen sowie die Texte entweder ausgedruckt und verteilt oder per Mail an die anderen verschickt werden können.

- **Schritt 2:** Gruppe 1 erhält die Texte von Gruppe 2, Gruppe 2 diejenigen von Gruppe 3 und Gruppe 3 die Texte von Gruppe 1 mit dem Arbeitsauftrag: Lest die Texte durch und fertigt eine Tabelle an, in der ihr die wichtigsten Gemeinsamkeiten und Unterschiede stichwortartig eintragt. – Falls noch Zeit ist, kann im Unterricht damit begonnen werden. Der Rest ist Hausaufgabe.

- **Schritt 3:** In der zweiten Stunde soll auf der Grundlage der Hausaufgabe im Unterrichtsgespräch herausgearbeitet werden,
  - womit die jeweilige heranwachsende Generation ihre Lebensauffassung ausdrückt und was dahintersteckt;

- welche Gemeinsamkeiten und Unterschiede zwischen Mädchen und Jungen in diesem Alter bestehen bzw. ob es überhaupt geschlechtsspezifische Muster gibt;
- wie Vater und Tochter in der Geschichte zueinander stehen und inwieweit dies typisch ist.

1.13 Spannungserzeugende Momente

Lernziele	spannungserzeugende Momente (retardierende Momente, „Kameraschwenks" und unheimliche Inhalte) herausarbeiten und bewerten
Klassenstufe	Klasse 8/9
Material	Text *Die Nacht im Hotel* von Siegfried Lenz (abgedruckt im Buch von Werner Bellmann, siehe Literaturangaben S. 14)
Methode	Textanalyse
Sozialform	Plenum
Dauer	1 Stunde
Inhaltliche Kompetenzen	grundlegende Gestaltungsmittel und ihre Wirkung erkennen

- **Schritt 1:** Zur Vorbereitung auf die Stunde wird der Text rechtzeitig in Kopie verteilt. Als schriftliche Hausaufgabe bearbeiten die Schüler folgende Themen: Auf welche Weise erzeugt der Autor beim Leser Spannung und wie erreicht er es, dass der Leser bis zum Schluss über den Ausgang der Geschichte im Ungewissen bleibt? – Teile die Geschichte in Handlungsabschnitte ein und notiere jeweils, welche Ereignisse bis zu diesem Zeitpunkt noch offene Fragen aufwerfen sowie wann und wie diese Fragen geklärt werden.

- **Schritt 2:** In der Unterrichtsstunde werden die Hausaufgaben nicht vorgelesen, sondern die Ergebnisse ins Unterrichtsgespräch eingebracht. Dazu gibt es folgende Fragen und Impulse:
  - Wie werden die beiden Figuren eingeführt?
  - Wodurch entsteht eine unheimliche Atmosphäre?
  - Wodurch wird der Überraschungseffekt am Ende erzielt?
  - Eine Schülerin beurteilt die Geschichte als sehr konstruiert und unglaubwürdig, da sie es nicht nachvollziehen könne, dass das ausbleibende Winken Selbstmordgedanken beim Kind auslöst. Welche Auffassung vertrittst du?
  - Gefällt dir die Geschichte? Würdest du sie auch außerhalb der Schule lesen? Begründe deine Meinung.

1.14 Leben heißt arbeiten

Lernziele	Lernunlust als Auslöser eines Familienkonflikts erkennen, aus unterschiedlichen Perspektiven beurteilen und einen Gegenentwurf erarbeiten
Klassenstufe	Klasse 8/9
Material	Text *Leben heißt arbeiten* aus Peter Weiss: Abschied von den Eltern. Erzählung. Frankfurt am Main: Suhrkamp 1961, S. 65–69
Methode	Textanalyse
Sozialform	Gruppenarbeit und Plenum
Dauer	2 Stunden
Inhaltliche Kompetenzen	Texte untersuchen und bewerten; den Ersteindruck mit einem entfalteten Textverständnis vergleichen; den Verstehensprozess reflektieren; eine Textalternative entwerfen

- **Schritt 1:** Zur Vorbereitung auf die erste Stunde wird der Text rechtzeitig in Kopie verteilt. Als schriftliche Hausaufgabe bearbeiten die Schüler folgendes Thema: Lies die Erzählung und schreibe deine ersten Eindrücke auf ein Blatt Papier.

- **Schritt 2:** In der ersten Stunde werden im Anschluss an das Vorlesen einiger Hausaufgaben Dreiergruppen gebildet, die folgenden Arbeitsauftrag erhalten: Teilt die Rolle von Mutter, Vater und Sohn untereinander auf. Jeder soll die Perspektive seiner Person einnehmen und deren Auffassung und Handlungsweise ergründen. Macht euch Notizen zu dem, was ihr herausgefunden habt. Tauscht euch anschließend aus mit dem Ziel, dass jede Figur die andere sowie sich selbst besser versteht. Fasst die Ergebnisse zusammen und stellt sie im Plenum vor. – Nach der Abschlussdiskussion erhalten die Schüler die Hausaufgabe: Fasse dein Verständnis der drei Hauptfiguren zusammen und vergleiche dein jetziges Textverständnis mit deinem Ersteindruck. Was hat sich verändert – und wodurch?

- **Schritt 3:** In der zweiten Stunde werden die Hausaufgaben mit dem Ziel besprochen, den Verstehensprozess zu reflektieren. Dabei sollen sowohl die Zeitgebundenheit als auch die überzeitliche Problematik der Erzählung herausgearbeitet werden:
  - Veraltete Mutter- und Vaterfigur: „Ich dulde keinen Widerspruch", „du darfst mir keine Schande machen", „musste sich hart machen und seinen festen Willen zeigen".
  - Überzeitliches Problem, dass Vorstellungen von Eltern und Heranwachsenden auseinanderdriften können, was bis zur Feindseligkeit führen kann.

- **Schritt 4:** Im Plenum wird erarbeitet, wie die Geschichte einen positiven Ausgang finden könnte. Dazu wird die Erzählung nochmals laut gelesen; an den zentralen Stellen der Auseinandersetzung wird gestoppt. Die Schüler sammeln Ideen, wie sich das Verhalten der Figuren verändern könnte, damit es zu einer Verständigung kommt, ohne dass eine Person sich einseitig unterwirft.

1.15   Anekdote zur Senkung der Arbeitsmoral

Lernziele	die in der Anekdote enthaltene Kritik am überzogenen Stellenwert der Arbeit herausarbeiten und beurteilen; die Anekdote als Textsorte und die Übertreibung als Stilmittel kennenlernen
Klassenstufe	Klasse 8/9
Material	Kopiervorlage mit dem Informationstext zur Anekdote; Text *Anekdote zur Senkung der Arbeitsmoral* aus HEINRICH BÖLL: Werke. Romane und Erzählungen 4. 1961–1970. Köln: Kiepenheuer & Witsch 1994, S. 267 ff.
Methode	Textanalyse
Sozialform	Plenum
Dauer	1 Stunde
Inhaltliche Kompetenzen	analytische Verfahren anwenden; Autorintention herausarbeiten

Die Erzählung wird im Unterricht laut gelesen. Anschließend wird der Informationstext „Anekdote" in Kopie verteilt und besprochen als Ausgangspunkt für das folgende Unterrichtsgespräch.

Folgende Fragen und Aufgaben stehen im Mittelpunkt des Unterrichtsgesprächs:

- Was wird in der Anekdote scharf charakterisiert?
- Ist der Fall in Heinrich Bölls Text typisch für die Textsorte „Anekdote"?
- Mit welchen Mitteln wird scharf charakterisiert?
- Welche Kritik wird geübt?
- Welche Lehre vermittelt die Anekdote – und wer soll belehrt werden?
- Heinrich Böll schrieb den Text für eine Sendung des Norddeutschen Rundfunks zum „Tag der Arbeit" am 1. Mai 1963. Auf welche Autorintention lässt das schließen?
- Ein Blogger schreibt 2008: „Ich liebe dieses Meisterstück schon seit langem, es ist absolut zeitlos und mir scheint, gerade zur Zeit aktueller denn je." Nehmt dazu begründet Stellung.

Anekdote

Eine Anekdote ist eine kurze, schmucklose Erzählung zur scharfen Charakterisierung einer historischen Persönlichkeit, einer merkwürdigen Begebenheit, einer Zeitepoche, einer Geisteshaltung oder von Verhaltensweisen in ihrer besonderen Eigenart in einem typischen Fall. Sie enthält oft eine Gesellschaftkritik und ist belehrend.

1.16 Einer Autorin Fragen stellen

Lernziele	Textverständnis erarbeiten
Klassenstufe	Klasse 8/9
Material	Kopiervorlage; Text *Die rote Katze* von Luise Rinser (abgedruckt im Buch von Werner Bellmann, siehe Literaturangaben S. 14) biografische Informationen über Luise Rinser
Methode	Textanalyse
Sozialform	Einzelarbeit und Plenum
Dauer	2 Stunden
Inhaltliche Kompetenzen	eigene Deutung des Textes entwickeln, am Text belegen, sich mit anderen darüber verständigen und mit der Deutung durch den Autor abgleichen

Didaktische Analyse der Erzählung: In der Ich-Erzählung kommen keine geschlechtsspezifischen Pronomina vor, die einen eindeutigen Hinweis zum Geschlecht des Ich-Erzählers liefern. Nur einmal wird dieser von einer Person als „Tierquäler" bezeichnet. Im Hinblick auf das Erscheinungsjahr der Erzählung (1981) könnte diese männliche Form aber auch die weibliche einschließen. Eventuell könnte auch der Ausdruck „Mütze" auf einen Jungen hinweisen. Um diese beiden Hinweise zu finden, muss der Text sehr genau gelesen werden. Auf inhaltlicher Ebene ist das Verhalten der Hauptfigur zwar eher jungentypisch, im Kontext des Ausnahmezustandes in der Geschichte könnte aber auch ein Mädchen aus Verantwortungsgefühl für die Familie die Tat vollbringen.

- **Schritt 1:** Zur Vorbereitung auf die erste Stunde wird der Text rechtzeitig in Kopie verteilt. Als schriftliche Hausaufgabe bearbeiten die Schüler folgende Frage: Wird die 1981 erschienene Geschichte von einem Jungen oder von einem Mädchen erzählt? Begründe deine Antwort.

- **Schritt 2:** In der ersten Stunde werden die Beiträge aus den Hausaufgaben gesammelt und die Antworten kategorisiert:
  - Grammatik-/Ausdrucksebene: Suchen von Begriffen und Wortformen, die auf das Geschlecht schließen lassen könnten (z. B. Tierquäler, Mütze).
  - Inhaltsebene: Ist das Verhalten mädchen- oder jungentypisch? Hierbei müssen Situation, Handlungsmotive und Figurencharakterisierung einbezogen werden.
  - Zusammenfassung der Argumente und Abstimmung in der Klasse.

- **Schritt 3:** Der Text der Kopiervorlage wird verteilt. Als Hausaufgabe lesen die Schüler das Material und sammeln schriftlich biografische Informationen über die Autorin Luise Rinser.

- **Schritt 4:** In der zweiten Stunde steht die vertiefende Weiterarbeit im Mittelpunkt. Fragen zur Strukturierung des Unterrichtsgesprächs:
  - Für Luise Rinser ist der Ich-Erzähler eindeutig ein Junge. Welche Argumente bringt sie dafür vor?
  - Nehmt Stellung zu Rinsers Argumenten. Wird die Klasse 9 b eurer Meinung nach von Rinsers Argumentation überzeugt gewesen sein? Bezieht dabei eure Recherchen zur Biografie Luise Rinsers mit ein.

– Kann der Leser einen Text anders interpretieren als die Autorin/der Autor – oder versteht er ihn dann falsch?

Tipp: In diesem Zusammenhang kann auch kritisch auf Luise Rinsers Selbstdarstellung zu ihrer Haltung im Dritten Reich eingegangen werden. So stellt José Sánchez de Murillo in seiner 2011 erschienenen Biographie *Luise Rinser – Ein Leben in Widersprüchen* richtig, dass sie entgegen ihren Behauptungen keine Widerstandskämpferin war.

Brief der Klasse 9 b einer Hamburger Schule an Luise Rinser (1991)

Liebe Luise Rinser,
wir haben Ihre Geschichte „Die rote Katze" im Unterricht gelesen und wir fanden sie unheimlich interessant und dicht geschrieben. Danach führten wir eine lebhafte Diskussion über die Frage, ob mit dem Ich-Erzähler ein Junge oder ein Mädchen gemeint ist. Einige von uns hatten sich schon beim Lesen ein Mädchen, andere einen Jungen vorgestellt. Ein Hauptargument der Mädchen-Befürworter war, dass die Geschichte von Ihnen selbst erlebt worden sein könnte. Dagegen meinten die anderen, dass ein Mädchen nie so eine grausame Tat begehen könne. Die Gegenseite argumentierte wiederum, dass die Tat zwar grausam, aber dennoch in dieser Situation verständlich sei. Da wir zu keinem Ergebnis kamen und die Frage auch nicht aus dem Text heraus beantworten konnten, möchten wir dieselbige an Sie stellen und würden uns sehr freuen, von Ihnen eine Antwort zu erhalten.

Antwort von Luise Rinser auf den Brief der Klasse 9 b

Webcode: FD233359-006

1.17 Kindheit in der Nachkriegszeit

Lernziele	Leerstellen in einer Erzählung ausfüllen und den Textsinn konstruieren; erkennen, dass verzögernde Momente als spannungserzeugende Mittel genutzt werden und dass aus der Innen- und Außenperspektive erzählt wird; diese formalen Aspekte zur Textdeutung heranziehen
Klassenstufe	Klasse 8–10
Material	Text *Nachts schlafen die Ratten doch* von WOLFGANG BORCHERT (abgedruckt im Buch von Werner Bellmann, siehe Literaturangaben S. 14)
Methode	analytische und produktive Verfahren
Sozialform	Partnerarbeit und Plenum
Dauer	2 Stunden
Inhaltliche Kompetenzen	einen literarischen Text deuten; die Deutung am Text belegen und mit anderen austauschen

- **Schritt 1:** Zur Vorbereitung auf die erste Stunde wird der Text von den Schülern gelesen. Im Unterricht gibt der Lehrer folgende Impulse zur Annäherung an den Text: Wie würdest du die Überschrift betonen und vortragen? Betonung auf „nachts" oder „schlafen"? Beschwichtigend? – Wer sagt diesen Satz und warum?

Aufgaben für die Textanalyse im Klassenverband und in Partnerarbeit:

- Wie wird der alte Mann eingeführt und wie wird er im Verlauf der Geschichte dargestellt?
- Wie entwickelt sich die Lage des Jungen im Verlauf der Geschichte? Vor wem hat er am Anfang Angst? Wer ist im Satz: „Jetzt haben sie mich" mit „sie" gemeint?
- Welche Informationen muss sich der Leser selbst erschließen? Auflistung dieser Informationen in Partnerarbeit.
- Wie könnte die Geschichte weitergehen?

- **Schritt 2:** Als Hausaufgabe erhalten die Schüler den Auftrag, die Geschichte weiterzuschreiben.

- **Schritt 3:** In der zweiten Stunde tauschen die Schüler ihre Hausaufgabentexte in Zweierteams aus und erhalten folgende Aufgabe: Lest den Text eures Partners und gebt euch gegenseitig Rückmeldung, inwieweit die weitergeführte Geschichte zur ursprünglichen Geschichte passt. Schreibt einen Brief an euren Partner aus der Sicht Wolfgang Borcherts. Die Arbeitsergebnisse werden im Plenum vorgestellt und diskutiert.

1.18 Armut und Reichtum

Lernziele	Handlungsmotive und Einstellungen in Abhängigkeit von der ökonomischen Erfahrung verstehen und beurteilen; die Entstehungszeit der 1914 geschriebenen Erzählung berücksichtigen
Klassenstufe	Klasse 8–10
Material	Kopiervorlage mit dem Text *Im Volksgarten* von Peter Altenberg
Methode	Textanalyse
Sozialform	Einzelarbeit und Plenum
Dauer	1 Stunde
Inhaltliche Kompetenzen	einen Text untersuchen; die Aussage herausarbeiten und beurteilen

- **Schritt 1:** Der Text wird ohne Angabe des Erscheinungsjahres vorgelesen. Es schließt sich eine kurze Stillarbeit an mit der Aufgabe: Die Geschichte spielt in Wien. Was will sie aussagen? Wann wurde sie geschrieben? Begründe deine Antwort. – Impulse für das Unterrichtsgespräch zum Einstieg:

> Eine Schülerin fasste die Aussage des Textes so zusammen:
>
> - Überfluss wird langweilig.
> - Der Mensch muss lernen, etwas loszulassen.
> - Wenn man nur eine Möglichkeit verwirklichen kann, denkt man, die Alternative wäre besser gewesen.
> - Durch Überfluss verlieren Dinge ihren Wert und Menschen die Freude daran.
>
> Vergleicht diese Aussagen mit euren Antworten.

Es werden vermutlich unterschiedliche Auffassungen geäußert, die in der folgenden Textanalyse geklärt werden sollen.

- **Schritt 2:** Zur Weiterführung bieten sich folgende Fragen an:

> - Wie handeln die beiden Mädchen? Warum tun sie das?
> - Wie beurteilst du ihr Handeln und ihre Motive?
> - Ist die Absicht des Onkels, das reiche Mädchen zum Abgeben zu erziehen, gelungen?
> - Was meint Tante Ida mit ihrer Bemerkung, dass das reiche Mädchen „für ihr Alter vorgeschritten" sei? Stimmst du dem zu?
> - Wäre das arme Mädchen glücklicher gewesen, wenn es den Ballon in die Luft hätte steigen lassen?
> - Sind die Aussagen heute noch aktuell?

- **Schritt 3:** Hausaufgabe für eine mögliche Weiterarbeit: Schreibe die Geschichte in die heutige Zeit um.

Im Volksgarten

„Ich möchte einen blauen Ballon haben! Einen blauen Ballon möchte ich haben!"
„Da hast du einen blauen Ballon, Rosamunde!"
Man erklärte ihr nun, dass darinnen ein Gas sich befände, leichter als die atmosphärische Luft, infolgedessen etc. etc.
„Ich möchte ihn auslassen", sagte sie einfach.
„Willst du ihn nicht lieber diesem armen Mäderl dort schenken?!?"
„Nein, ich will ihn auslassen!"
Sie lässt den Ballon aus, sieht ihm nach, bis er verschwindet in den blauen Himmel.
„Tut es dir nun nicht leid, dass du ihn nicht dem armen Mäderl geschenkt hast?!?"
„Ja, ich hätte ihn lieber dem armen Mäderl geschenkt!"
„Da hast du einen andern blauen Ballon, schenke ihr diesen!
„Nein, ich möchte den auch auslassen in den blauen Himmel!"
Sie tut es.
Man schenkt ihr einen dritten blauen Ballon.
Sie geht von selbst hin zu dem armen Mäderl, schenkt ihr diesen, sagt: „Du lasse ihn aus!"
„Nein", sagt das arme Mäderl, blickt den Ballon begeistert an.
Im Zimmer flog er an den Plafond, blieb drei Tage lang picken, wurde dunkler, schrumpfte ein, fiel tot herab als ein schwarzes Säckchen.
Da dachte das arme Mäderl: „Ich hätte ihn im Garten auslassen sollen, in den blauen Himmel, ich hätte ihm nachgeschaut, nachgeschaut!"
Währenddessen erhielt das reiche Mäderl noch zehn Ballons, und einmal kaufte ihr der Onkel Karl sogar alle dreißig Ballons auf einmal. Zwanzig ließ sie in den Himmel fliegen und zehn verschenkte sie an arme Kinder. Von da an hatten Ballons für sie überhaupt kein Interesse mehr.
„Die dummen Ballons", sagte sie.
Und Tante Ida fand infolgedessen, dass sie für ihr Alter ziemlich vorgeschritten sei.
Das arme Mäderl träumte: „Ich hätte ihn auslassen sollen, in den blauen Himmel, ich hätte ihm nachgeschaut und nachgeschaut!"

Webcode: FD233359-007

1.19 Liebe in einer Notsituation

Lernziele	Leerstellen in einer Kurzgeschichte ausfüllen; Sachverhalte sowie Motive, Gedanken und Gefühle der Personen erschließen und beurteilen; zu einer Textdeutung Stellung nehmen
Klassenstufe	Klasse 8–10
Material	Text *Das Brot* von Wolfgang Borchert (abgedruckt im Buch von Werner Bellmann, siehe Literaturangaben S. 14)
Methode	Textanalyse
Sozialform	Plenum
Dauer	1 Stunde
Inhaltliche Kompetenzen	eine Textdeutung entwickeln, am Text belegen und mit einer Expertendeutung vergleichen

Nach dem Vorlesen der Geschichte wird das Unterrichtsgespräch mit folgendem Impuls eingeleitet: Nach Heinrich Böll ist in der Erzählung *Das Brot* „das ganze Elend und die ganze Größe des Menschen mit aufgenommen". Nehmt Stellung zu dieser Aussage.

Fragen für die Erarbeitung des Textverständnisses:

- Warum isst der Mann heimlich ein Stück Brot und versucht, es vor seiner Frau zu verbergen? Steht das explizit in der Geschichte? Wenn nein: Wodurch und an welcher Stelle erfährt es der Leser?
- Warum geht die Frau auf das Täuschungsmanöver des Mannes ein?
- Warum gibt sie ihm am nächsten Tag ein Stück zusätzlich von ihrer Brotration?
- Worin könnte in der Geschichte „das ganze Elend und die ganze Größe des Menschen" ausgedrückt sein?

1.20 Verhalten in einer Grenzsituation

Lernziele	das rational geleitete Verhalten des Paters sowie formale Aspekte (Rahmenerzählung, spannungserzeugende Mittel) herausarbeiten
Klassenstufe	Klasse 8–10
Material	Text *Grausiges Erlebnis eines venezianischen Ofensetzers* von Alfred Andersch (abgedruckt im Buch von Simone Frieling, siehe Literaturangaben S. 14)
Methode	Textanalyse
Sozialform	Plenum
Dauer	1 Stunde
Inhaltliche Kompetenzen	Deutung eines Textes entwickeln und am Text belegen

- **Schritt 1:** Zur Vorbereitung auf die Stunde wird der Text von den Schülern gelesen. Sie sollen außerdem ihre ersten Eindrücke notieren.

- **Schritt 2:** Fragen für das Unterrichtsgespräch im Anschluss an die Hausaufgaben-besprechung: Wer erzählt? Wie erzählt er? Wodurch wird die Erzählung span-nend? – Reflexion: Was ist Spannung und wodurch wird Spannung erzeugt?

Zu erzielende Ergebnisse:

- Rahmenhandlung, in der die Ich-Erzählung kommentiert wird; anschauliche Sprache durch Vergleiche;
- Vordeutungen und Andeutungen, die erst allmählich im Verlauf der Geschich-te geklärt werden;
- verzögernde Momente, weil etwa der Erzähler nicht alles weiß bzw. zu erschüt-tert ist, um zügig zu erzählen, weil Rückblenden erfolgen, die Erzählzeit ge-dehnt wird, ein neuer Handlungsstrang eröffnet wird (insbesondere aufgrund der Rahmenhandlung);
- außergewöhnlicher Inhalt.

1.21 Entfremdung

Lernziele	sich in zwei entfremdete Menschengruppen hineinversetzen und den Grund für die Entfremdung sowie die Autorintention herausfinden
Klassenstufe	Klasse 9/10
Material	Text *Zu Hause* aus Marie Luise Kaschnitz: Steht noch dahin. Frankfurt am Main: Suhrkamp 1970, S. 55 f.; bei Bedarf Informationstext zum inneren Monolog → 2.12
Methode	analytische und produktive Verfahren
Sozialform	Einzelarbeit und Plenum
Dauer	2 Stunden
Inhaltliche Kompetenzen	Handlungen, Verhaltensweisen und -motive beschreiben und bewerten; pro-duktive Methoden anwenden

- **Schritt 1:** In der ersten Stunde trägt ein Schüler den Text gut betont vor. Danach folgt der schriftliche Arbeitsauftrag: Fasst in einem Satz zusammen, worum es in dem Text geht. Mögliche Lösungen sind: Menschen nehmen in einer neuen Umge-bung sehr schnell neue Gewohnheiten an; auch wenn wir über die äußeren Lebens-umstände von Menschen in anderen Regionen gut informiert sind, kennen wir nicht deren Wünsche und Gefühle; Menschen gehen immer von sich selber aus und wun-dern sich über unerwartete Reaktionen.

- **Schritt 2:** Der Text wird in Kopie verteilt; die Antworten werden verglichen und auf ihre Stichhaltigkeit hin überprüft, wobei bei Bedarf im Text nachgelesen wird. Mögliche Überprüfungsfragen: Über welche Personengruppen wird berichtet? Wer erzählt? Über welches Ereignis wird berichtet? Warum wird das Ereignis erzählt? Warum ist das Ereignis erzählenswert?

- **Schritt 3:** Nach dem Unterrichtsgespräch werden zwei Gruppen gebildet, die folgende Aufgaben erhalten:
  - Gruppe 1: Schreibe in einem inneren Monolog, was der Erzählperson durch den Kopf geht, als die Weltraumbewohner „höflich gelangweilt" herumstanden.
  - Gruppe 2: Schreibe einen inneren Monolog, was einem der Weltraumbewohner durch den Kopf geht, als er „höflich gelangweilt" herumstand.

  Aus jeder Gruppe bilden sich Zweiergruppen, die ihre Monologe austauschen und besprechen. Dabei soll auch darauf eingegangen werden, ob das, was die Gruppenmitglieder im inneren Monolog zu sich selbst sprechen, vom Mitglied der anderen Gruppe verstanden wird und daraus ein klärender Dialog werden könnte.

  Als Hausaufgabe bis zur zweiten Stunde bearbeiten die Gruppen folgende Themen:
  - Gruppe 1: Welche Intention verfolgt die Autorin mit der Kurzgeschichte? Begründe deine Antwort.
  - Gruppe 2: Informiere dich über die Autorin Marie Luise Kaschnitz.

- **Schritt 4:** In der zweiten Stunde bilden sich Zweiergruppen mit jeweils einem Partner aus Gruppe 1 und 2. Sie erhalten folgenden Arbeitsauftrag: Der Schüler aus Gruppe 1 liest seinem Partner die Hausaufgabe vor. Der Schüler aus Gruppe 2 beurteilt die Antwort und zieht dabei auch sein Wissen über die Autorin heran. Die Partner kommen entweder zu einer gemeinsamen Einschätzung der Intention und begründen diese oder formulieren abweichende Statements mit Begründungen. Die Arbeitsergebnisse werden anschließend im Klassengespräch ausgetauscht und diskutiert.

1.22　Multitasking als Fortschritt?

Lernziele	die in der Erzählung enthaltene Kritik am sinnentleerten Aktionismus herausarbeiten und beurteilen; die Textsorte Satire und das Stilmittel Übertreibung kennenlernen und zur Analyse heranziehen
Klassenstufe	Klasse 9/10
Material	Kopiervorlage mit dem Informationstext und dem Gedicht von WILHELM BUSCH; Text *Es wird etwas geschehen* aus HEINRICH BÖLL: Doktor Murkes gesammeltes Schweigen und andere Satiren. Köln: Kiepenheuer & Witsch 1958
Methode	Textanalyse
Sozialform	Plenum
Dauer	2 Stunden
Inhaltliche Kompetenzen	Textgestaltungsmittel in ihrer Wirkungsweise erkennen; einen Text im historischen Kontext deuten und die Aussage beurteilen

- **Schritt 1:** In der ersten Stunde wird der Text von Heinrich Böll (ohne Nennung des Autors) in Kopie verteilt und szenisch gelesen. Einstiegsfrage für das Unterrichtsgespräch: Wann könnte die Erzählung geschrieben worden sein und von wem?

> Impulse für das anschließende Unterrichtsgespräch:
>
> - Wogegen richtet sich die Kritik an der Arbeitswelt genau? Ist sie aus deiner Sicht aktuell? Könnte damit Multitasking gemeint sein?
> - Die „handlungsstarke Geschichte" hat dazu geführt, dass sich die Aussage am Beginn der Geschichte („denn Nachdenken bringt so wenig ein wie Nichtstun") am Ende als falsch herausstellt, da der Erzähler einen Beruf gefunden hat, „bei dem Nachdenklichkeit geradezu erwünscht und Nichtstun [seine] Pflicht ist." Ist diese Selbstverwirklichung durch Nachdenken und Nichtstun verallgemeinerbar?

- **Schritt 2:** Die Schüler erhalten folgende Information: Der Text entstammt Heinrich Bölls *Doktor Murkes gesammeltes Schweigen und andere Satiren* aus dem Jahr 1958. – Als Hausaufgabe bis zur zweiten Stunde bearbeiten die Schüler folgende Themen:
  - Informiere dich über die Kennzeichen einer Satire.
  - Arbeite heraus, was an Bölls Erzählung *Es wird etwas geschehen* typisch für eine Satire ist.

- **Schritt 3:** In der zweiten Stunde werden zunächst die Satiremerkmale zusammengetragen und gemeinsam überprüft. Anschließend werden die Ergebnisse zum zweiten Teil der Hausaufgabe ausgetauscht. Es sollen dabei insbesondere das Mittel der Übertreibung und die Intention der Satire, den „Missstand" des Aktionismus anzuprangern, herausgearbeitet werden. Zudem soll die Frage nach dem „Idealzustand" gestellt werden. Anschließend wird das Gedicht von Wilhelm Busch vorgelesen.

> Impulse für das anschließende Unterrichtsgespräch:
>
> - Wie unterscheidet sich der Aktionismus im Wilhelm-Busch-Gedicht vom Aktionismus in der Böll-Satire?
> - Was kann Menschen zum Aktionismus, in welcher Form auch immer, veranlassen?
> - In den beiden Texten sterben die beiden Aktionisten. Was soll damit ausgedrückt werden?

Multitasking

Der Begriff „Multitasking" bezeichnet die Fähigkeit eines Computer-Betriebssystems, mehrere Aufgaben parallel auszuführen. Er wurde auf die Fähigkeit eines Menschen übertragen, mehrere Tätigkeiten gleichzeitig oder abwechselnd in kurzen Zeitabschnitten durchzuführen, so z. B. eine E-Mail zu verfassen und gleichzeitig einem Bericht zuzuhören. Nach wissenschaftlichen Erkenntnissen sinkt die Effizienz beim Multitasking im Vergleich zu einer nacheinander stattfindenden Bearbeitung von Aufgaben. Weiterhin verringern sich Aufmerksamkeit und Reaktionsfähigkeit; verstärkter Stress kann die Folge sein.

Wilhelm Busch: Wirklich, er war unentbehrlich (1874)

Wirklich, er war unentbehrlich!
Überall, wo was geschah
Zu dem Wohle der Gemeinde,
er war tätig, er war da.

Schützenfest, Kasinobälle,
Pferderennen, Preisgericht,
Liedertafel, Spritzenprobe,
ohne ihn, da ging es nicht.

Ohne ihn war nichts zu machen,
keine Stunde hatt' er frei.
Gestern, als sie ihn begruben,
war er richtig auch dabei.

Webcode: FD233359-008

1.23 Welche Gedichte gefallen mir, welche nicht?

Lernziele	Nachdenken über die eigenen literarischen Vorlieben und Abneigungen; Interesse an Lyrik gewinnen
Klassenstufe	ab Klasse 5
Material	Texte für die Klassen 5 bis 7 (siehe Literaturangaben unten); Kopiervorlage für die Klassen 8 bis 10
Methode	leises Lesen; Gedichtvortrag; Austausch über Erstrezeption
Sozialform	Einzelarbeit und Plenum
Dauer	1 Stunde
Inhaltliche Kompetenzen	Reflexion der Leserrolle

Um Schüler für Gedichte zu interessieren, eignet sich zur Einführung ein Arbeitsblatt, auf dem unterschiedliche Gedichte in ansprechender Form zusammengestellt sind.

Klasse 5–7

Für Klassen 5–7 sind folgende Gedichte erprobt (abgedruckt im Buch von Hans-Joachim Gelberg, siehe Literaturangaben S. 15). Die Texte lassen sich gut in zwei Spalten auf einem DIN-A4-Blatt anordnen:

- Hans Manz: *Betthupferl*
- Huberta Zeevaert: *Der Freitag und der Donnerstag*
- Wolf Harranth: *Zoologie*
- Peter Hacks: *Der blaue Hund*
- Paul Maar: *Zukunft*
- Christoph Kuhn: *Die Made*
- Hubert Schirneck: *Windgedicht*
- Joachim Ringelnatz: *Die Ameisen*
- Michail Krausnick: *Pausenliebe*

- **Schritt 1:** Die Schüler erhalten das Textblatt mit folgendem Arbeitsauftrag: Lest die Gedichte leise und sucht euch ein Gedicht aus, das euch besonders gefällt und das ihr vortragen möchtet. – Die Schüler können anschließend ihr ausgewähltes Gedicht auf freiwilliger Basis vortragen. Dabei kann ein und dasselbe Gedicht auch von mehreren Schülern vorgetragen werden.

- **Schritt 2:** Wenn die Schüler im folgenden Klassengespräch ihre Wahl erläutern und begründen, so entwickelt sich daraus quasi von selbst ein Interpretationsgespräch über inhaltliche und formale Aspekte der ausgewählten Gedichte. Der Lehrer sollte sich dabei nur insoweit einschalten, als er die zum Sprechen über Gedichte wichtigen Begriffe wie „Strophe", „Reim", „Vers" bzw. „Rhythmus" in seinen Beiträgen benutzt, aber nur auf explizite Nachfrage kurz erklärt. Eine systematische Einführung der Begriffe erfolgt im Zusammenhang mit der Analyse von Gedichten.

- **Schritt 3:** Um auch über Gedichte zu sprechen, die niemandem besonders gefallen haben, wird die Frage gestellt: Warum hat dieses Gedicht niemandem gefallen? – Erfahrungsgemäß löst diese Frage noch engagiertere Diskussionen aus als das Gespräch über die bevorzugten Gedichte, da die Schüler damit Gelegenheit bekommen, ihren Unmut zu äußern.

- **Schritt 4:** Die auf dem Arbeitsblatt enthaltenen Gedichte sollten nach diesem Unterrichtsgespräch nicht mehr systematisch analysiert werden, da das Wecken von Interesse Unterrichtsziel ist. Als Anschluss eignet sich vielmehr das Schreiben eines eigenen Gedichts. Das kann im Zusammenhang mit einer Grammatikübung zu Reimwörtern geschehen (→ 3.10). Ein Schüler ist von sich aus auf die Idee gekommen, ein Gedicht „umzuschreiben", und zwar *Der blaue Hund* von Peter Hacks in *Die rosa Katze*. Solche Ideen sollten gewürdigt werden.

Klasse 8–10

Die Schüler erhalten das Textblatt mit folgendem Arbeitsauftrag: Lies alle Gedichte durch. Welches Gedicht gefällt dir am besten, welches überhaupt nicht? – In einer 10. Klasse stellten die Schüler zuerst die Frage, warum sie sich auch ein Gedicht aussuchen sollten, das sie nicht mögen. Daher wurde das Unterrichtsgespräch mit einem Gedicht begonnen, das von vielen abgelehnt wurde. Dabei stellte sich heraus, dass sie das Gedicht beim ersten Lesen überhaupt nicht verstehen konnten. Aus diesem Grund wurde der Text für eine systematische Analyse von Form und Inhalt in der folgenden Gedichteinheit ausgewählt. Nach intensiver Textarbeit änderte ein Teil der Klasse seine Einschätzung des Gedichts.

Hugo von Hofmannsthal: Die Beiden

Sie trug den Becher in der Hand –
Ihr Kinn und Mund glich seinem Rand –,
So leicht und sicher war ihr Gang,
Kein Tropfen aus dem Becher sprang.

So leicht und fest war seine Hand:
Er ritt auf einem jungen Pferde,
Und mit nachlässiger Gebärde
Erzwang er, dass es zitternd stand.

Jedoch, wenn er aus ihrer Hand
Den leichten Becher nehmen sollte,
So war es beiden allzu schwer:
Denn beide bebten sie so sehr,
Dass keine Hand die andre fand
Und dunkler Wein am Boden rollte.

Rainer Maria Rilke: Der Panther

Im Jardin des Plantes, Paris

Sein Blick ist vom Vorübergehn der Stäbe
so müd geworden, dass er nichts mehr hält.
Ihm ist, als ob es tausend Stäbe gäbe
und hinter tausend Stäben keine Welt.

Der weiche Gang geschmeidig starker Schritte,
der sich im allerkleinsten Kreise dreht,
ist wie ein Tanz von Kraft um eine Mitte,
in der betäubt ein großer Wille steht.

Nur manchmal schiebt der Vorhang der Pupille
sich lautlos auf –. Dann geht ein Bild hinein,
geht durch der Glieder angespannte Stille –
und hört im Herzen auf zu sein.

Rainer Maria Rilke: Herbst

Die Blätter fallen, fallen wie von weit,
als welkten in den Himmeln ferne Gärten;
sie fallen mit verneinender Gebärde.
Und in den Nächten fällt die schwere Erde
aus allen Sternen in die Einsamkeit.
Wir alle fallen. Diese Hand da fällt.
Und sieh dir andre an: es ist in allen.
Und doch ist Einer, welcher dieses Fallen
unendlich sanft in seinen Händen hält.

Wilhelm Busch: Selbstkritik

Die Selbstkritik hat viel für sich.
Gesetzt den Fall, ich tadle mich,
So hab' ich erstens den Gewinn,
Dass ich so hübsch bescheiden bin;

Zum zweiten denken sich die Leut',
Der Mann ist lauter Redlichkeit;
Auch schnapp' ich drittens diesen Bissen
Vorweg den andren Kritiküssen;

Zum vierten hoff' ich außerdem
Auf Widerspruch, der mir genehm.
So kommt es dann zuletzt heraus,
Dass ich ein ganz famoses Haus.

Joseph von Eichendorff: Wünschelrute

Schläft ein Lied in allen Dingen,
Die da träumen fort und fort,
Und die Welt hebt an zu singen,
Triffst du nur das Zauberwort.

© Cornelsen Verlag, Berlin • FG Deutsch

Conrad Ferdinand Meyer: Der römische Brunnen

Aufsteigt der Strahl und fallend gießt
Er voll der Marmorschale Rund,
Die, sich verschleiernd, überfließt
In einer zweiten Schale Grund;
Die zweite gibt, sie wird zu reich,
Der dritten wallend ihre Flut,
Und jede nimmt und gibt zugleich
Und strömt und ruht.

Marie von Ebner-Eschenbach: Ein kleines Lied

Ein kleines Lied, wie geht's nur an,
Dass man so lieb es haben kann,
Was liegt darin? Erzähle!
Es liegt darin ein wenig Klang,
Ein wenig Wohllaut und Gesang
Und eine ganze Seele.

Eduard Mörike: Septembermorgen

Im Nebel ruhet noch die Welt,
Noch träumen Wald und Wiesen:
Bald siehst du, wenn der Schleier fällt,
Den blauen Himmel unverstellt,
Herbstkräftig die gedämpfte Welt
In warmem Golde fließen.

Webcode: FD233359-009

1.24 Ein Gedicht ergänzen

Lernziele	eine Lücke im Gedicht auf der Grundlage genauen Lesens ergänzen
Klassenstufe	Klasse 5
Material	Kopiervorlage mit dem Gedicht *Die Zeit* von GERALD JATZEK (abgedruckt im Buch Rabauken-Reime, siehe Literaturangaben S. 15)
Methode	verzögertes Lesen
Sozialform	Einzelarbeit und Plenum
Dauer	1 Stunde
Inhaltliche Kompetenzen	produktive Methoden anwenden

Die Schüler erhalten das Arbeitsblatt, bearbeiten die Aufgabe allein und besprechen ihre Lösungen im Anschluss. Dabei ist es besonders wichtig, die eigene Lösung mit Zitaten aus dem Gedicht zu belegen. Dabei ergeben sich von selbst Ansätze zur Interpretation des Gedichts. – Die Lösungen lauten: Überschrift *Die Zeit*; Lückenwort *Zeit*.

Im folgenden Gedicht fehlen die Überschrift und ein Wort in der vorletzten Zeile. Ergänze das Gedicht.

_____

Man kann sie nicht riechen,
man kann sie nicht schmecken,
man kann sie einfach
nirgends entdecken.

Man kann sie vergeuden,
man kann sie vergessen,
doch was man versäumt hat,
kann man nicht messen.

Man kann sie nicht kaufen,
man kann sie nicht borgen,
man sucht das Gestern,
schon ist es morgen.

Man kann sie gut nutzen
und jemandem schenken

und wenn man _____ hat,
an sie denken.

Gerald Jatzek

Webcode: FD233359-010

1.25 Gedicht über Lüge, Wahrheit, Höflichkeit

Lernziele	Aussage eines Gedichts formal-inhaltlich herausarbeiten und gesellschaftliche Konventionen reflektieren
Klassenstufe	Klasse 5–7
Material	Gedicht *Das Ferngespräch* aus EUGEN ROTH: Ein Mensch. Heitere Verse. Weimar: Duncker 1935
Methode	produktive und analytische Verfahren
Sozialform	Einzelarbeit und Plenum
Dauer	1 Stunde
Inhaltliche Kompetenzen	mit Texten produktiv umgehen und sie analysieren; Textaussagen beurteilen

- **Schritt 1:** Zur Vorbereitung auf die Stunde erhalten die Schüler folgenden Arbeitsauftrag: Schreibe einen Text, in dem zwei Menschen höflich miteinander telefonieren und übereinander schimpfen, nachdem sie den Hörer aufgelegt haben.

- **Schritt 2:** In der Stunde wird nach dem Vorlesen von Hausaufgabentexten das Gedicht von Eugen Roth vorgetragen. Die Schüler sollen vor dem Hintergrund ihrer Texte auf inhaltliche Unterschiede eingehen sowie herausarbeiten, wie die lyrische Form die Aussage verdichtet, d. h., wie Form und Inhalt im Gedicht aufeinander bezogen sind.

  In nur fünf Reimpaaren stellt Eugen Roth eine Alltagssituation dar, aus der er im sechsten und letzten Reimpaar eine verallgemeinerbare Schlussfolgerung zieht. Im Zusammenhang damit werden gesellschaftliche Konventionen reflektiert, wobei besonders auf das Verhältnis zwischen Höflichkeit, Lüge und Wahrheit eingegangen wird. → 1.10

1.26 Gedicht über Märchen

Lernziele	das zum Verständnis des Gedichts notwendige Wissen über Märchen erarbeiten; den Unterschied von Volks- und Kunstmärchen herausarbeiten; die Arbeit der Brüder Grimm beurteilen lernen; Informationen zum Kunstmärchendichter Hans Christian Andersen sammeln
Klassenstufe	Klasse 6
Material	Gedicht *Der alte Wolf* von Heinz Erhardt; die Märchentexte *Rotkäppchen, Schneewittchen, Die sieben Raben* und *Aschenputtel* der Brüder Grimm (siehe unter http://www.maerchen.com) sowie Text des Märchens *Die Prinzessin auf der Erbse* (siehe unter http://www.1000-maerchen.de)
Methode	produktive Verfahren
Sozialform	Einzelarbeit und Plenum
Dauer	2 Stunden
Inhaltliche Kompetenzen	auf Wissen basierendes Textverständnis

Während man in der Regel wenig Sachwissen braucht, um ein Gedicht zu verstehen, ist dies beim Gedicht *Der alte Wolf* anders. Man kann es erst verstehen und sich darüber amüsieren, wenn man Wissen über Märchen hat. Daher werden Wissensaneignung zur Gattung Märchen und Texterschließung miteinander verbunden.

- **Schritt 1:** Zur Vorbereitung auf die erste Stunde erhalten die Schüler folgenden Arbeitsauftrag: Lies das Gedicht *Der alte Wolf* und untersuche, welche Märchen der alte Wolf durcheinanderbringt. Finde heraus, welches der Märchen, auf die der Wolf anspielt, nicht aus der Sammlung der Brüder Grimm ist.

- **Schritt 2:** Die Hausaufgabenfragen werden im Unterricht mithilfe der Schülerantworten geklärt. Anschließend werden die vier Märchen der Brüder Grimm in vier

Gruppen im Unterricht gelesen, wobei jeweils ein Schüler das Märchen vorliest. Danach stellt jede Gruppe ihr Märchen im Plenum zusammenfassend vor. Zum Schluss werden die Kennzeichen eines Volksmärchens herausgearbeitet. Die Fragestellungen lauten:

– Was ist ein Märchen?
– Welche Inhalte kommen darin vor?
– Wie sind Märchen aufgebaut?
– Was ist für die Märchensprache typisch?
– Was meint der Wolf, wenn er sagt: „Das sind doch alles Märchen"?

• **Schritt 3:** Als Hausaufgabe bis zur zweiten Stunde erhalten die Schüler folgenden Arbeitsauftrag: Informiere dich über die Brüder Grimm und über Hans Christian Andersen. Schreibe auf, was du herausgefunden hast.

• **Schritt 4:** Die Ergebnisse werden ins Unterrichtsgespräch der zweiten Stunde eingebracht. Es soll herausgearbeitet werden, dass die Volksmärchen eine lange Erzähltradition hatten, bis sie von den Brüdern Grimm gesammelt und aufgeschrieben wurden, während Kunstmärchen von einem Autor verfasst werden. Anschließend wird das Märchen *Die Prinzessin auf der Erbse* vorgelesen. Zum Schluss werden Unterschiede zwischen Volks- und Kunstmärchen herausgearbeitet.

1.27 Gedicht über das Glück

Lernziele	das im Gedicht ausgedrückte Vergnügen an der Innen- und Außenwelt verstehen; Informationen zur Autorin gewinnen und in Zusammenhang mit dem Gedicht bringen
Klassenstufe	Klasse 9/10
Material	Kopiervorlage mit dem Informationstext über Mascha Kaleko; Gedicht *Sozusagen grundlos vergnügt* (abgedruckt im Buch von Lutz Hagestedt, siehe Literaturangaben S. 15; Hörfassung auf der dazugehörigen CD-Ausgabe); biografische Informationen über Mascha Kaleko (siehe unter http://www.kaleko.ch)
Methode	Textanalyse; literarisches Gespräch
Sozialform	Einzelarbeit und Plenum
Dauer	1 Stunde
Inhaltliche Kompetenzen	Text untersuchen, verstehen und Zusammenhang mit dem Leben der Autorin herstellen

• **Schritt 1:** Der Lehrer kündigt an, dass das Gedicht *Sozusagen grundlos vergnügt* heute im Unterricht gelesen und besprochen wird. Die Schüler sollen aufschreiben, was sie vom Gedicht aufgrund der Überschrift erwarten. Anschließend wird das Gedicht ohne Nennung des Autorennamens vorgetragen und/oder die Fassung der Audio-CD vorgespielt.

- **Schritt 2:** Das literarische Gespräch wird mit folgenden Fragen eingeleitet: Entspricht das Gedicht eurer Erwartung – oder habt ihr etwas ganz anderes erwartet? Wie wirkt das Gedicht auf euch?
Ausgehend vom Austausch der Erwartungshaltung und des Ersteindrucks wird ein vertieftes Textverständnis durch eine formal-inhaltliche Textanalyse erarbeitet.

Impulse:

- Worüber freut sich das lyrische Ich?
- Ist es grundlos vergnügt oder gibt es einen tieferen Grund dafür, dass es sich freut?
- Will das Gedicht eine Botschaft vermitteln?
- Welche sprachlichen Mittel werden eingesetzt? Was bewirken sie beim Leser?
- Hat sich euer Verständnis des Gedichts im Verhältnis zum ersten Eindruck durch unser literarisches Gespräch verändert? Wenn ja, wie?
- Stellt Vermutungen über den Autor/die Autorin an.

Im Gespräch soll das Lebensgefühl des lyrischen Ich als tieferer Grund der Freude herausgearbeitet werden, und zwar, dass das Leben als Geschenk angesehen wird, die Schönheit der Natur und der dahinterstehende Sinn wahrgenommen werden, die Schöpfung als ständig neues Wunder bestaunt wird sowie das häusliche und mitmenschliche Leben aus dieser Lebensfreude heraus gestaltet werden. Als sprachliche Mittel werden Wiederholung, Laut- und Farbmalerei sowie Verben der Empfindung und verallgemeinernde Schlussfolgerungen eingesetzt. Dadurch werden Bilder erzeugt und Botschaften transportiert.

- **Schritt 3:** Abschließend werden die Vermutungen der Klasse zur Autorin zusammengetragen. Der Lehrer gibt kurze biografische Hinweise, die in die Betrachtung des Gedichts einbezogen werden (siehe Informationstext). Die freiwillige Hausaufgabe dient dem Ziel, Interesse an der Autorin und an Lyrik allgemein zu fördern.

Freiwillige Hausaufgabe:

Mascha Kaleko ist im Internet sehr präsent. Hier drei Adressen:

- http://www.literaturforum.de
- http://www.podcast.de
- http://www.kaleko.ch

Ihr könnt euch unter diesen Internetadressen informieren bzw. auch mit eigenen Beiträgen an der Diskussion teilnehmen.

Mascha Kaleko

Mascha Kaleko wurde 1907 als Golda Malka Aufen im heutigen Polen geboren. Ihre jüdische Familie emigrierte im Ersten Weltkrieg nach Berlin, wo Mascha Schriftstellerin wurde, aber 1935 Berufsverbot erhielt. 1938 emigrierte sie nach Israel. 1956 kehrte sie nach Berlin zurück, lehnte 1959 den Fontane-Preis ab, weil ein ehemaliger SS-Mann Jurymitglied war. Mascha Kaleko kehrte 1959 nach Israel zurück. Sie starb 1975 auf einer Europareise in Zürich.

Das Gedicht „Sozusagen grundlos vergnügt" gehört zu den 100 beliebtesten deutschen Gedichten, die in einer groß angelegten Radio- und Internetumfrage ermittelt wurden.

1.28 Gedichte vergleichen und entschlüsseln

Lernziele	zwei Gedichtversionen vergleichen und herausfinden, ob das lyrische Ich eine Frau oder ein Mann ist
Klassenstufe	Klasse 9/10
Material	Kopiervorlage mit zwei Versionen von GOETHES *Gretchen am Spinnrad* aus dem ersten Teil von *Faust*
Methode	verzögertes Lesen
Sozialform	Einzelarbeit und Plenum
Dauer	1 Stunde
Inhaltliche Kompetenzen	produktive und analytische Methoden anwenden

Auf der Kopiervorlage befinden sich der Originaltext und eine Version, in der die männlichen Pronomen durch weibliche ersetzt wurden. Dadurch entsteht in der vorletzten und letzten Strophe eine Reimunregelmäßigkeit. Sie liefert einen formalen Hinweis darauf, dass es sich nicht um die Originalversion handelt. Sie ließe sich aber auch als formales Gestaltungsmittel erklären, um „sie" besonders zu betonen und die beiden Strophen dadurch eng miteinander zu verknüpfen.

- **Schritt 1:** Der Text der Kopiervorlage wird verteilt und gemeinsam gelesen. Anschließend wird die Zahl der Schüler an der Tafel notiert, die jeweils für eine der beiden Versionen votieren. Im folgenden Unterrichtsgespräch werden die Argumente ausgetauscht und die Begründungen auf ihre Stichhaltigkeit hin beurteilt.
  In einer 9. Klasse brachten die Schüler zunächst das formale Argument der unreinen Reime vor, worauf die Lehrerin mit dem Argument des bewussten Stilmittels konterte. Inhaltlich argumentierten die Schüler hauptsächlich mit geschlechtsspezifischen Rollenzuschreibungen, was aus ihrer Sicht für eine Frau sprach. Die Situation verglichen sie mit der intimen Situation beim Tagebuchschreiben. Damit waren sie nah an der Originalsituation.

- **Schritt 2:** Der Lehrer notiert anschließend die Zahl der Schüler, die durch das Gespräch ihre Meinung geändert haben. In der Regel entscheiden sich danach mehr für die Originalversion. Abschließend lüftet der Lehrer das Geheimnis und liefert Informationen zum Kontext des Monologs von *Gretchen am Spinnrad*. Die Schüler sollen auf *Faust I* neugierig gemacht werden.

Den Text hat ein deutscher Dichter um 1800 geschrieben. Neben der Originalversion findet ihr eine abgewandelte Version, wobei das lyrische Ich in der einen Version ein Mann und in der anderen eine Frau ist. Findet heraus, welche Version das Original ist. Begründet eure Meinung.

Hinweis: Der Sprachgebrauch war damals anders als heute: Das Wort „Busen" etwa war nicht auf Frauen beschränkt. Noch heute gibt es den Ausdruck „Busenfreund".

Meine Ruh ist hin,	Meine Ruh ist hin,
Mein Herz ist schwer,	Mein Herz ist schwer,
Ich finde sie nimmer	Ich finde sie nimmer
Und nimmermehr.	Und nimmermehr.
Wo ich sie nicht hab,	Wo ich ihn nicht hab,
Ist mir das Grab,	Ist mir das Grab,
Die ganze Welt	Die ganze Welt
Ist mir vergällt.	Ist mir vergällt.
Mein armer Kopf	Mein armer Kopf
Ist mir verrückt,	Ist mir verrückt,
Mein armer Sinn	Mein armer Sinn
Ist mir zerstückt.	Ist mir zerstückt.
Meine Ruh ist hin,	Meine Ruh ist hin,
Mein Herz ist schwer,	Mein Herz ist schwer,
Ich finde sie nimmer	Ich finde sie nimmer
Und nimmermehr.	Und nimmermehr.
Nach ihr nur schau ich	Nach ihm nur schau ich
Zum Fenster hinaus,	Zum Fenster hinaus,
Nach ihr nur geh ich	Nach ihm nur geh ich
Aus dem Haus.	Aus dem Haus.
Ihr hoher Gang,	Sein hoher Gang,
Ihr edle Gestalt,	Sein edle Gestalt,
Ihres Mundes Lächeln,	Seines Mundes Lächeln,
Ihrer Augen Gewalt,	Seiner Augen Gewalt,

© Cornelsen Verlag, Berlin • FG Deutsch

Und ihrer Rede	Und seiner Rede
Zauberfluss,	Zauberfluss,
Ihr Händedruck,	Sein Händedruck,
Und ach, ihr Kuss!	Und ach, sein Kuss!

Meine Ruh ist hin,	Meine Ruh ist hin,
Mein Herz ist schwer;	Mein Herz ist schwer;
Ich finde sie nimmer	Ich finde sie nimmer
Und nimmermehr.	Und nimmermehr.

Mein Busen drängt	Mein Busen drängt
Sich nach ihr hin:	Sich nach ihm hin:
Ach, dürft ich fassen	Ach, dürft ich fassen
Und halten sie	Und halten ihn

Und küssen sie,	Und küssen ihn,
So wie ich wollt,	So wie ich wollt,
An ihren Küssen	An seinen Küssen
Vergehen sollt!	Vergehen sollt!

Webcode: FD233359-011

Ideen für die Weiterführung

- Die Schüler schreiben ein Liebesgedicht. Die Gedichte können in Vierergruppen ausgetauscht und besprochen werden; aus jeder Gruppe wird ein Gedicht zum Vortrag in der Klasse ausgewählt. Alternativ können die Gedichte in einer Broschüre veröffentlicht werden.
- Zum Abschluss des Themas wird *Faust I* gelesen.

1.29 Lilly unter den Linden

Lernziele	den Inhalt des Jugendromans unter Heranziehung zeitgeschichtlicher Kenntnisse zur Teilung und Wiedervereinigung Deutschlands verstehen; die Auswirkungen auf eine Familie erkennen und nachempfinden können; formale Aspekte kennen (Prolog/Epilog, Ich-Erzählerin)
Klassenstufe	Klasse 8–10
Material	Kopiervorlage sowie Klassensatz des Buches von ANNE C. VOORHOEVE: *Lilly unter den Linden*. Ravensburg: Ravensburger 2011; bei Bedarf Informationstext zum inneren Monolog → 2.12
Methode	analytische und produktionsorientierte Verfahren
Sozialform	Einzel-, Partner-, Gruppenarbeit und Plenum
Dauer	4 bis 8 Stunden
Inhaltliche Kompetenzen	analytische und produktive Methoden anwenden; einen Roman formal-inhaltlich erschließen

Die Ganzschrift kann im Rahmen einer Unterrichtseinheit von 4 bis 8 Stunden unterschiedlich intensiv bearbeitet werden. Der Lehrer kann aus den vorgeschlagenen Aufgaben die für die eigene Klasse passenden auswählen. Es kann auch fachübergreifend in Kooperation mit dem Sozialkunde- bzw. Geschichtsunterricht gearbeitet werden.

Der Text wird abschnittweise zu Hause und in ausgewählten Teilen gemeinsam im Unterricht gelesen. Die Schüler erhalten dazu jeweils in Kopie die zeitgeschichtlichen Informationen (siehe Kopiervorlage).

Der folgende Überblick über die Unterrichtseinheit zeigt, wie die Schüler vom Ersteindruck bis zum entfalteten Textverständnis geführt werden können. Konkrete Fragen und Schreibaufgaben zur Texterschließung folgen in einer weiteren Übersicht. Die Fragen sind für das Klassengespräch gedacht, können aber auch einzeln oder in Teams bearbeitet werden. Zu den schriftlichen und mündlichen Aufgaben werden konkrete Hinweise geliefert. Aufgaben zur Sicherung des Textverständnisses schließen das Projekt ab.

Überblick über die Unterrichtseinheit

Ersteindruck
- Lesebegleitend Gedanken aufschreiben, eventuell mit Leitfragen
- Produktive Schreibaufgabe

Vergleich der Ersteindrücke auf der Grundlage der Schülerarbeiten; die zu erwartenden unterschiedlichen Sichtwesen werfen Fragen auf und liefern somit die Basis für die folgende vertiefende Analyse.

Entfaltetes Verständnis
- Analyse in mehreren Schritten: (textimmanent und wissensbasiert)
- Romanform: Rahmenhandlung (Prolog/Epilog)
- Handlungsebene der erzählten Handlung: Figuren (Haupt- und Nebenfiguren) – Handlungsabfolge – Orte – Zeit
- Darstellungsebene der erzählten Handlung: äußere Einteilung – Anordnung und Verknüpfung der Erzählphasen – Perspektive – Stil und Sprache
- Rahmenhandlung: Inhalt und Funktion
- Zusammenfassende Textdeutung

Reflexion: Vergleich Erstrezeption – entfaltete Rezeption
Die Fragen könne mündlich oder schriftlich beantwortet werden.
- Was sehe ich jetzt anders?
- Was habe ich jetzt verstanden?
- Was ist mir noch unklar?

Lektürebegleitende Fragen und Aufgaben zur Texterschließung

Titel
- Worauf spielt der Titel „Lilly unter den Linden" an?

Prolog
- Was ist ein Prolog? Wozu dient er?
- Wem erzählt Lilly ihre Geschichte?
- Wo ist Lilly aufgewachsen?
- Wo hat sie im Osten gelebt?
- In welchem Jahr spielt der Prolog? Wie viele Jahre sind zu diesem Zeitpunkt seit der Wiedervereinigung vergangen?

Kapitel 1: Rückblick der sterbenden Mutter auf die DDR-Flucht
- Wo haben Lillys Eltern sich regelmäßig getroffen, als sie jung waren?
- Warum haben die Eltern ihre Tochter „Lilly" genannt?
- Warum sagt die Mutter: „Mal die Mauer dazu. Das sind deine Wurzeln"?
- Warum ist die Mutter verbittert? Was soll Lilly niemals „normal" finden?

Kapitel 2: Lilly wird aus der Biologieunterricht gerufen
- Warum sagt Lilly: „Die Hand, die mir eben noch gehört hat" und „Meine ehemaligen Füße"?

Kapitel 3: Schock über den Tod der Mutter, Begegnung mit Tante Lena
- Warum hat Lilly das Gefühl, wieder zu leben, als sie ihre Tante sieht?

Kapitel 4: Die Mutter erzählt von früher
- Fasse die Vergangenheit der Mutter schriftlich zusammen.

Kapitel 5: Beerdigung der Mutter
- Wie verbringt und erlebt Lilly den Tag der Beerdigung ihrer Mutter?

Kapitel 6: Tag nach der Beerdigung mit Tante Lena und Pascal
- Wie verbringt und erlebt sie den folgenden Tag?
- Warum fällt ihr der Abschied von Lena so schwer?

Kapitel 7: Lilly will mit Lena zusammen sein
- Was geht in Lilly vor, als sie aus dem Englischunterricht wegläuft und zum Bahnhof rennt, wo Lena abfährt?

Kapitel 8: Lilly trinkt mit ihrer neuen Freundin Meggi Tee; Pascal zieht aus
- Weshalb reagiert Lilly so wütend darauf, das Pascal ausziehen will?

Kapitel 9: Ausräumen der Wohnung; Lilly findet eine Briefwechsel ihrer Mutter mit ihrer Schwester Lena
- Wie reagiert Lilly auf das Ausräumen der Wohnung?
- Was bedeutet für sie der Briefwechsel zwischen ihrer Mutter und Lena?

Kapitel 10: Lilly entwickelt Fluchtgedanken
- Warum beobachtet Lilly das Haus in der Nähe ihres Internats? Wie reagieren die Bewohner – und warum?
- Wann taucht in Lilly die Idee auf, in die DDR zu übersiedeln – und warum?
- Wie stellt Lilly sich die Übersiedlung in die DDR vor?

Kapitel 11: Lilly erzählt ihrer besten Freundin Meggi von ihrem Plan, in die DDR zu übersiedeln
- Wie reagiert Meggi auf den Plan Lillys und warum?
- Warum hilft Meggi Lilly doch und was macht sie?
- Welche Folgen hat die Mitteilung Frau Gublers, dass Lilly Weihnachten in eine Pflegefamilie kommt?
- Wen sucht sich Meggi als „Fluchthelfer" aus? Wie reagiert er?
  Die Klasse wird in zwei Gruppen aufgeteilt. Gruppe 1 sammelt Argumente für, Gruppe 2 Argumente gegen die Übersiedlung in die DDR. Die Schüler notieren ihre Argumente in Stichworten. Schüler aus jeder Gruppe versuchen, sich als Lilly bzw. Meggi gegenseitig zu überzeugen.

Kapitel 12: Frau Gubler erfährt, dass Lilly weg ist; Pascal fährt nach Berlin
- Schreibaufgabe: Fasse die Ereignisse kurz zusammen.

Kapitel 13: Berlin, Mauer und Abschied von Pascal; Zugfahrt nach Jena
- Schreibaufgabe: Fasse die Ereignisse kurz zusammen.

Kapitel 14: Lillys Ankunft bei Lena
- Wie hat Lilly sich ihre Ankunft vorgestellt?
- Was passierte stattdessen?
- Partnerarbeit: Stellt euch vor, dass Katrin die Tür nochmals öffnet und die beiden Mädchen miteinander sprechen. Sammelt Ideen dazu, was sie sich wohl zu sagen gehabt hätten, und notiert sie. – Je zwei Schüler spielen die Szene vor.

Kapitel 15: Lillys erster Morgen bei Lena
- Was ist auffällig am Verhalten der Eltern gegenüber Katrin?
- Was könnte der Grund dafür sein?

Kapitel 16: neue Umgebung
- Warum kann Lilly das, was sie sieht und erfährt, nicht verstehen:
  - Die Parteiplakate warnen vor den Imperialisten, zu denen sie gehört.
  - Lena und ihr Mann üben für einen Auftritt ein politisches Lied ein.
  - Lena musste wegen der Republikflucht ihrer Schwester den Lehrerberuf aufgeben und arbeitet nun in einer Buchhandlung.
  - Kusine Katrin wirft ihrer Mutter im Streit vor, sie hätte die ersten drei Jahre ausgelöscht.

Kapitel 17: Lena und Lilly durchforsten eine Kiste auf dem Boden; Lena gibt ein Konzert
- Schreibaufgabe: Fasse die Ereignisse kurz zusammen.

Kapitel 18: Informationen von Onkel Rolf
- Warum fühlt sich Lilly betrogen, als sie erfährt, dass Rolf einmal pro Jahr in Westdeutschland war?
- Was bedeutet, dass Onkel Rolf „eine Unterredung" hatte, als er sich einmal mit ihrer Mutter getroffen hatte?
- Was hätte es für ihn bedeutet, wenn er den Kontakt mit ihrer Mutter beibehalten hätte?

Kapitel 19: Lilly erfährt den Alltag in der DDR
Lilly kann ihre Erfahrungen nicht einordnen und ist verwirrt.
- Warum schleppt Till für Frau Giese Kohlen?
- Wer war Thälmann?
- Was ist ein Pionier?
- Was ist Propaganda?
- Wie wird die BRD im Ostfernsehen dargestellt?
- Wie unterscheidet sich das Einkaufen in der DDR vom Einkaufen im Westen?
- Was sind „Mangelware" und „Bückware"?
- Muss man vor Stasi-Leuten keine Angst haben? Wie soll man sich ihnen gegenüber verhalten?
- Was ist eine Zusammenrottung?
- Was soll man tun, wenn Stasi-Leute da sind?
- Durfte man sich mit Fremden unterhalten?
- Schreibaufgabe: Stell dir vor, du bist Lena. Schreibe Lilly einen Brief und erkläre ihr, was die Stasi ist und wie sie sich verhalten soll.

Kapitel 20: Lilly lernt Bernd Hillmer kennen und versöhnt sich mit Katrin
- Was meint Lena damit, dass Bernd Hillmer sich „für die andere Seite" entschieden hat?
- Warum mag sie ihn nicht mehr, wo Lilly ihn doch so sympathisch findet?

- Das Gespräch mit Katrin öffnet Lilly die Augen für die Folgen der Flucht ihrer Mutter für Lena und Katrin. Wie nimmt sie diese Mitteilungen auf?

Kapitel 21: Lillys vierte Nacht in Jena
- Nicht nur Lilly fühlt sich einsam, da sie keine Eltern mehr hat, sondern auch Katrin. Wieso?
- Unter welchen Zwängen leben Katrin und Lilly in der DDR?
- Weshalb wollten sie dennoch weiter dort leben?
- Was würde ihnen im Westen fehlen?
- Was bedeutet Demokratie, was Sozialismus im Alltag Lillys?

Epilog: Gregor überredet Lilly, zum Frühstück „nach Hause" zu fahren
- Fasse schriftlich zusammen:
  - Wie verlief die Wende, wie fing sie an?
  - Was sieht Lilly im Fernsehen?
  - Warum könnte es heute Menschen geben, die sich die Mauer zurücksehnen?
  - Was bedeutete die Wende beruflich für Lena und Rolf?

Textverständnis sichern
Die folgenden Schreibaufgaben können zur Lernkontrolle eingesetzt werden.

Bearbeite Schreibaufgabe I oder II. Tipps zur Vorbereitung der Schreibaufgaben findest du am Ende des Arbeitsblatts.

Schreibaufgabe I

In Kapitel 13 schreibt die Ich-Erzählerin: „Manchmal, wenn auch ganz selten, können wenige Sekunden, eine kleine Unachtsamkeit, ein kurzes Nicht-Aufpassen über das ganze weitere Leben entscheiden. Was wäre geschehen, wenn Pascal geahnt hätte, wie nahe er nach dem Abstecher zu dem Geisterbahnhof daran gewesen war, mich zur Umkehr zu bewegen?"

Die Erzählerin schildert danach, mit welchen gemischten Gefühlen sie ihre Entscheidung endgültig fällt, zu Tante Lena zu fahren. Sie wusste damals allerdings noch nicht, wie es in ihrem persönlichen Leben und in der Politik weitergehen würde.

Du hast das ganze Buch gelesen und weißt mehr als Lilly zum Zeitpunkt ihrer Entscheidung, in die DDR zu gehen. Versetze dich in die Situation Lillys kurz vor ihrem Grenzübertritt. Was hättest du ihr damals als guter Freund/gute Freundin geraten? Bedenke, dass du damals noch nicht wissen konntest, dass der DDR-Staat kurze Zeit später zusammenbrechen sollte, dass Lilly also womöglich immer hinter Mauer und Stacheldraht hätte leben müssen. Beziehe in deine Überlegungen auch alles ein, was du über Lillys Leben vor ihrer „Flucht" in die DDR erfahren hast: über ihre Familiensituation, ihre Persönlichkeit, ihr Umfeld.

Halte deine Überlegungen in einem Brief an Lilly fest, in dem du ihr deine Ratschläge mitteilst und sie begründest. Wie wichtig deine Ratschläge für Lilly sind, zeigt sich darin, dass sie deinen Brief an der Mauer in Berlin öffnet und aufmerksam durchliest, um sich definitiv Klarheit zu verschaffen, was sie tun soll.

Schreibaufgabe II

In Kapitel 14 wird Lilly von ihrer Kusine Katrin abgewiesen. Sie ist fassungslos, sucht sich eine Bleibe im Gartenhäuschen und lässt dann ihren „Gefühlen endlich freien Lauf". Später beschreibt sie nur noch kurz, wie sie sich vergeblich gegen die Kälte im Gartenhaus zu schützen versuchte: „Dass meine Zähne trotzdem weiter klapperten, konnte nur damit zusammenhängen, dass ich auch von innen unterkühlt war und unter einem gewissen Schock stand."

Die Ich-Erzählerin überlässt es also dem Leser, sich ihre Gefühle auszumalen. Schreibe in der Form eines inneren Monologs auf, was in der Zeit im Gartenhäuschen in Lilly vorgegangen sein könnte. Bedenke dabei ihre gesamte Situation. – Finde eine Erklärung dafür, warum die Ich-Erzählerin diese Situation nur so kurz schildert. Wie ging es dir beim Lesen? Hättest du mehr darüber erfahren wollen oder konntest du auch so gut mitfühlen?

Tipps zur Vorbereitung der Schreibaufgaben

Schreibaufgabe I: Brief
Fülle die Tabelle aus und gib sie mit deiner Arbeit ab. Stelle darin stichwortartig zusammen, was du im Buch über die vier Gesichtspunkte aus Lillys Sicht erfährst. Notiere auch, wenn du etwas anders einschätzt. Du weißt ja schon, wie es weitergeht und hast vielleicht andere Ansichten als Lilly.

Gesichtspunkt	aus Lillys Sicht	aus deiner Sicht als Leser
Politik (DDR-Staat/ Bundesrepublik)		
Familie (Eltern, Verwandte)		
privates Umfeld (Freunde, Schule, erwachsene Bezugspersonen)		
Persönlichkeit (Eigenschaften)		

Beim Schreiben des Briefes sollst du darauf achten, dass du deine Ratschläge zusammenhängend und verständlich vorbringst.

Schreibaufgabe II: innerer Monolog und Erklärung
Mach dir stichwortartige Notizen zu den Fragen und gib sie mit ab:
- Wie ist die äußere Situation Lillys? Welche Möglichkeiten hat sie?
- Wie ist ihre innere Situation (Hoffnungen/Ängste)?
- Wie ist ihr Wissensstand, um sich das mit der Kusine Erlebte erklären zu können?
Zwei Dinge sind bei dieser Aufgabe wichtig: Schreibe nur über Dinge, die Lilly zu diesem Zeitpunkt schon wissen kann. Drücke dich so aus, dass es zu Lilly passt.

Zeitgeschichtliche Erläuterungen

Abschnittsbevollmächtigter (ABV): Stadtteilpolizist in der DDR
Aktuelle Kamera: Nachrichtensendung des DDR-Fernsehens, die von der SED-Führung gesteuert und kontrolliert wurde. Sie diente in erster Linie der Propaganda, was zum Verschweigen bzw. Entstellen von Ereignissen führte.
Balaton: Ungarischer Name des Plattensees; er liegt im Westen Ungarns und ist der größte See Mitteleuropas.
Biermann, Wolf: Schriftsteller und Liedermacher, der 1953 von Westdeutschland in die DDR übersiedelte, wo er 1976 wegen antisozialistischer Anschauungen ausgebürgert wurde, was zu Protesten in Ost und West führte.
Blauhemd: Blaues Hemd, das von den Mitgliedern der Freien Deutschen Jugend getragen wurde.
BRD: Bundesrepublik Deutschland (Westdeutschland)
Bundesgrenzschutz (BGS): Sonderpolizei der Bundesrepublik zum Schutz der Grenzen
Bündnis 90: Politische Partei, die aus dem Zusammenschluss verschiedener Bürgerbewegungen in der DDR 1990 entstanden ist.
DDR: Deutsche Demokratische Republik (Ostdeutschland)
Demokratie: Politisches System, in dem das Volk die Herrschaft ausübt, entweder direkt durch Volksentscheide oder indirekt durch parlamentarische Wahlen.
Diktatur: Herrschaftsform, in der eine Person (Diktator) oder Gruppe die Macht im Staat uneingeschränkt ausübt.
Eiserner Vorhang: Ausdruck für die Abriegelung des Herrschafts- und Einflussbereichs der ehemaligen Sowjetunion gegenüber der westlichen Welt, 1946 von Winston Churchill geprägt.
Exodus: Abwanderung in großem Stil
Faschismus: Herrschaftsform, die nach dem Führerprinzip organisiert ist und nationalistisch, antidemokratisch, antisozialistisch und antikommunistisch ausgerichtet ist.
FDGB: Abkürzung für „Freier Deutscher Gewerkschaftsbund" (DDR)
Feindberührung: Der Ausdruck wurde in der DDR für ein Zusammentreffen mit einem Bürger der Bundesrepublik verwendet.

Freie Deutsche Jugend (FDJ): 1946 gegründete Organisation für Jugendliche ab 14 Jahren, deren Aufgabe es war, die Jugend in der DDR politisch zu organisieren, sie ideologisch zu erziehen und ihre Freizeit zu gestalten.

Genossenschaft: Zusammenschluss von Geschäftsleuten zu einem gemeinschaftlichen Betrieb

Glasnost: Der Begriff bedeutet „Offenheit", „Redefreiheit", „Informationsfreiheit" und bezeichnet die vom sowjetischen Politiker Michail Gorbatschow eingeleiteten Demokratisierungsbestrebungen in der ehemaligen Sowjetunion.

Gorbi: Bezeichnung für Michail Gorbatschow, der von 1985 bis 1991 Generalsekretär des Zentralkomitees der Kommunistischen Partei der Sowjetunion und von 1990 bis 1991 Präsident der Sowjetunion war. Er versuchte, durch umfangreiche Reformen die politische und wirtschaftliche Ordnung der Sowjetunion umzugestalten (siehe „Glasnost", „Perestroika"). Dies wirkte sich außenpolitisch in einer Annäherung an den Westen aus und ermöglichte die deutsche Wiedervereinigung. Vor allem dafür erhielt Gorbatschow 1990 den Friedensnobelpreis. Nach einem gegen ihn und seine Politik gerichteten Putsch trat er 1991 zurück.

Honecker, Erich: Staatsoberhaupt der DDR von 1976 bis 1989

Imperialismus: Bestreben von Staaten, ihren Machtbereich auf andere Staaten auszudehnen, entweder durch kriegerische Gewalt oder durch politische und wirtschaftliche Abhängigkeit.

Imperialist: Vertreter/Anhänger des Imperialismus

Intershop: Geschäft für den Verkauf von hochwertigen Waren aus dem zumeist westlichen Ausland und der DDR gegen ausländische Währung

Jugendweihe: Einführung von Jugendlichen in die Welt der Erwachsenen; bei Freireligiösen und Freidenkern ersetzt die Jugendweihe die Konfirmation bzw. Firmung. Die Jugendweihe wurde im Nationalsozialismus eingeführt und gefördert. In der DDR wurden die Schüler nach der 8. Klasse in einem feierlichen Akt in die sozialistische Gemeinschaft aufgenommen.

Kollektiv: Gruppe von Menschen, die zusammenarbeiten und gemeinsame Entscheidungen treffen.

Kommunismus: Wirtschafts- und Gesellschaftsordnung, in der die Produktionsmittel Eigentum der gesamten Gesellschaft und nicht einzelner Privatleute sind und alle Mitglieder sozial gleichgestellt sind.

Konsum: Staatliche Lebensmittelkette in der DDR

Landwirtschaftliche Produktionsgenossenschaft (LPG): Staatlich verordneter Zusammenschluss von Bauern und Landarbeitern zu einem gemeinschaftlichen Wirtschaftsbetrieb nach sowjetischem Vorbild

Marktwirtschaft: Wirtschaftsordnung, in der Art und Umfang der Produktion und Verteilung der Güter über den Markt durch Angebot und Nachfrage geregelt werden. Voraussetzungen sind Gewerbe- und Vertragsfreiheit, freie Berufs- und Arbeitsplatzwahl, freier Wettbewerb, freie Preisbildung und das Fehlen staatlicher Eingriffe in die Wirtschaft. Die Produktionsmittel sind im Privateigentum.

Mauer: Bezeichnung für die ehemalige innerdeutsche Grenze zwischen DDR und Bundesrepublik

„Nachdenken über Christa T.": 1968 erschienener Roman von Christa Wolf, einer in Ost- und Westdeutschland bekannten Schriftstellerin der DDR

NATO: Westliches Verteidigungsbündnis („North Atlantic Treaty Organization") mit Sitz in Brüssel

Neukölln: Bezirk in Berlin

Nichtsozialistisches Ausland: Bezeichnung für die kapitalistischen Länder des Westens (Bundesrepublik, Frankreich, England, USA usw.)

Ossi: Person, die aus der ehemaligen DDR stammt, den sogenannten „neuen Bundesländern".

Ostfernsehen: Fernsehen der DDR mit den beiden Sendern DDR 1 und DDR 2

Perestroika: Bedeutet „Umbau, Umgestaltung, Umstrukturierung" und bezeichnet den von Michail Gorbatschow ab Anfang 1986 eingeleiteten Prozess zum Umbau und zur Modernisierung des gesellschaftlichen, politischen und wirtschaftlichen Systems der Sowjetunion. So wurden ab 1987 erste Elemente der Marktwirtschaft eingeführt, indem Betriebe selbstständig Entscheidungen treffen konnten.

Pionierorganisation „Ernst Thälmann": 1948 gegründete Organisation für Schülerinnen und Schüler der Klassen 1 bis 7, die der FDJ angegliedert war; sie sollte die Kinder zu „jungen Sozialisten" erziehen.

Politbüro: Kurzwort für „Politisches Büro", das oberste Führungsorgan einer kommunistischen Partei

Prager Frühling: Aufstandsbewegung in der Tschechoslowakei von Januar bis August 1968 mit dem Ziel, einen „Sozialismus mit menschlichem Antlitz" zu schaffen. Sie wurden durch das militärische Eingreifen der UdSSR am 20./21.8.1968 gewaltsam niedergeschlagen (94 Todesopfer).

Propaganda: Systematische Verbreitung politischer, weltanschaulicher oder religiöser Ideen und Meinungen, um das allgemeine (politische) Bewusstsein in bestimmter Weise zu beeinflussen.

Reisekader: Personengruppen in der DDR und den anderen ehemaligen Ostblockstaaten, die wichtige Funktionen in Partei, Wirtschaft bzw. Staat hatten und ins (westliche) Ausland reisen durften.

Republikflucht: Illegales Verlassen des Staatsgebiets der DDR

SED: Abkürzung für Sozialistische Einheitspartei Deutschlands, der Staatspartei der DDR

Sozialismus: Politische Lehre, um soziale Gleichheit und Gerechtigkeit herzustellen; Gegenmodell zum Kapitalismus, der auf dem Privateigentum und auf der Steuerung der Wirtschaft durch den Markt beruht.

Sozialistischer Mensch: Er entspricht den Idealen des Sozialismus.

Staatsbürgerkunde: Schulfach in der DDR für die sozialistische Erziehung der Schülerinnen und Schüler

Stasi-Offizier: Offizier des Staatssicherheitsdienstes der DDR (Geheimpolizei)

Todesstreifen: Grenzgebiet, in dem auf jeden geschossen wurde, der aus der DDR fliehen wollte.

Trabi: Kurzbezeichnung für die DDR-Automarke „Trabant"

Transit: Verkehrsweg durch einen Staat; im Buch ist damit die Strecke von Westdeutschland durch die DDR nach Westberlin gemeint. Die Straße durfte nicht verlassen werden.

Unter den Linden: Bedeutendster Boulevard Berlins, der sich auf DDR-Gebiet befand und auf das Brandenburger Tor zuführt.

VEB: Abkürzung für „Volkseigener Betrieb", d.h., dass der Betrieb im staatlichen Eigentum war.

Volkspolizei: Polizei der DDR

Warschauer Pakt: Militärbündnis der Staaten Osteuropas

Wartburg: DDR-Automarke

Wende: Bezeichnung für die einschneidenden Veränderungen in der DDR zwischen Oktober 1989 und März 1990, die zum Ende der DDR führten.

Wessi: Person, die aus Westdeutschland stammt, den sogenannten „alten Bundesländern".

Westfernsehen: Der Begriff bezeichnete alle westlichen Fernsehsender, die in der DDR zu empfangen waren (z.B. die Sender ARD, ZDF). Politikern, Polizisten und Feuerwehrleuten war das Westfernsehen verboten. In der Bevölkerung war das Westfernsehen sehr beliebt, insbesondere Werbesendungen und Nachrichten.

Zentralkomitee (ZK): Führungsgremium in der kommunistischen Partei

Zone: Damit wurde im Westen die am 7.11.1949 gegründete DDR bezeichnet, die aus der Sowjetischen Besatzungszone hervorging. Deutschland war 1945 in vier Besatzungszonen aufgeteilt worden (sowjetisch, amerikanisch, englisch, französisch). Aus den westlichen Besatzungszonen entstand am 23.5.1949 die Bundesrepublik Deutschland. Der Begriff „Zone" für die DDR drückte aus, dass der Westen die DDR nicht als eigenen Staat anerkannte. Eine Anerkennung der DDR durch die Bundesrepublik erfolgte erst 1973.

Zwangsumtausch: Jeder westliche Besucher der DDR musste ab Dezember 1964 einen Mindestbetrag seiner Währung in DDR-Währung umtauschen. Die Umtauschrate von West- in Ostmark war 1 zu 1.

1.30   Das Fräulein von Scuderi

Lernziele	Inhalt der Erzählung im geschichtlichen Zusammenhang und im Hinblick auf seine überzeitliche Thematik verstehen; herausarbeiten, wie Inhalt und Aufbau zur Spannungserzeugung beitragen
Klassenstufe	Klasse 9/10
Material	Buchausgabe von E. T. A. HOFFMANN: *Das Fräulein von Scuderi. Erzählung aus dem Zeitalter Ludwig des Vierzehnten.* Stuttgart: Reclam 2002
Methode	analytische und produktionsorientierte Verfahren; Lesetagebuch
Sozialform	Einzel-, Partner-, Gruppenarbeit und Plenum
Dauer	4 Stunden
Inhaltliche Kompetenzen	analytische und produktive Methoden anwenden; wesentliche Merkmale einer längeren Erzählung kennen

- **Schritt 1:** In der ersten Stunde liest der Lehrer den Anfang der Erzählung *Das Fräulein von Scuderi* ohne Nennung des Autors bis zur Abgabe des Kästchens in Scuderis Haus vor. Im Anschluss daran wird mit den Schülern besprochen, dass sie ihre Vermutungen und Überlegungen in ein Lesetagebuch schreiben sollen. Die erste Aufgabe dafür ist: Was könnte in dem Kästchen sein? – Wann könnte die Geschichte spielen? – Wie kommst du zu deinen Vermutungen? Anschließend werden die Ergebnisse ausgetauscht. Es wird besprochen, wie plausibel die Vermutungen sind.

Die Schüler sollen lektürebegleitend Notizen zu folgenden Fragen in ihr Lesetagebuch machen:

- Stelle Vermutungen an, wer der junge Mann ist, der das Kästchen brachte.
- Stelle Vermutungen an, wer der Mörder der Liebhaber ist.
- Stelle Vermutungen an, wer der Mörder Cardillacs ist.
- Ist Olivier deiner Meinung nach schuldig?
- Notiere neue Vermutungen über den Inhalt des Kästchens, den jungen Mann, den Mörder der Liebhaber, den Mörder Cardillacs und die Schuld bzw. Unschuld Oliviers, wenn du neue Anhaltspunkte dafür findest.
- Halte fest, welche Hinweise im Text dich zu richtigen und welche dich zu falschen Vermutungen gebracht haben.

Die Erzählung wird bis zum Ende der Stunde weiter vorgelesen. Die Schüler erhalten folgende Hausaufgabe: Lies bis zu der Stelle, wo sich das Fräulein von Scuderi von der Marquise Maintenon nach dem Besuch des Meisters Cardillac verabschiedet (S. 29).

- **Schritt 2:** In der zweiten Stunde wird im Unterrichtsgespräch die Stimmigkeit der Vermutungen am Fortgang der Erzählung überprüft. Es wird überlegt, weshalb es zu falschen Vermutungen kam. Auf diese Weise sollen die Schüler entdecken, dass Andeutungen und Störungen im Erzählfluss als spannungserzeugende Mittel eingesetzt werden. Weiterhin werden Vermutungen über den Fortgang angestellt. Anschließend wird die Erzählung bis zum Ende der Stunde weitergelesen. Hausaufgabe: Lies bis zu der Stelle, wo das Fräulein von Scuderi Madelon wegbringen lässt (S. 42).

- **Schritt 3:** Der Ablauf der dritten Stunde verläuft wie in der zweiten Stunde. Hausaufgabe: Lies die Erzählung bis zum Ende.

- **Schritt 4:** Der Ablauf der vierten Stunde verläuft wie in der zweiten und dritten Stunde. Abschließend wird herausgearbeitet, wodurch die Erzählung spannend wird. Folgende Arbeitsergebnisse sollen erzielt werden:
  - Inhalt: Mord; unheimliche Begebenheiten; glanzvolle Welt; Aberglaube; das alte Fräulein als Heldin; der unheimliche Künstler als Mörder und Ermordeter; innerer Widerspruch im Angeklagten, der die Wahrheit aus Rücksicht auf die Geliebte nicht preisgibt.
  - Aufbau mit verzögernden Momenten: Die Giftmorde werden langatmig erzählt; auch das Fräulein von Scuderi zweifelt an der Unschuld Oliviers; der Anwalt will nicht helfen; der Offizier will nicht aussagen; der König wurde beim Bittgesuch Scuderis gestört.

1.31 Lyrik aus dem 17. und 18. Jahrhundert

Lernziele	Gedichte aus der Zeit heraus verstehen und ihre Gegenwartsbedeutung herausfinden
Klassenstufe	Klasse 10
Material	Die Lieblingsgedichte der Deutschen (CDs, siehe Literaturangaben S. 15); daraus die Hörfassung der Texte *An sich* von PAUL FLEMING, *Betrachtung der Zeit* von ANDREAS GRYPHIUS sowie *Abendlied* und *Die Sternseherin Lise* von MATTHIAS CLAUDIUS; Kopiervorlage
Methode	analytische und produktionsorientierte Verfahren; Literaturgeschichte
Sozialform	Einzel-, Partner- und Plenumsarbeit
Dauer	6 Stunden
Inhaltliche Kompetenzen	Zusammenhänge zwischen Text, Autor und Entstehungszeit herstellen

- **Schritt 1:** Um die „alten" Gedichte verstehen zu können, werden sprachliche Erläuterungen gegeben, Informationen zur Entstehungszeit recherchiert und produktionsorientierte Verfahren eingesetzt. Die Einheit wird durch folgende Hausaufgabe vorbereitet: Informiert euch über die Dichter Paul Fleming, Andreas Gryphius und Matthias Claudius in einem Literaturlexikon oder im Internet; macht euch Notizen zu ihrem Leben, ihrem Werk und zur Zeit, in der sie gelebt haben.

- **Schritt 2:** Die erste Stunde dient zum Einstieg ins Thema. Der Lehrer erläutert den thematischen Hintergrund: Im Jahr 2000 wurde in Deutschland eine Umfrage nach den beliebtesten Gedichten über Rundfunk, Handzettel und Internet durchgeführt.

Etwa 3 000 Menschen im Alter ab zwölf Jahren meldeten sich und nannten etwa 900 Gedichte von knapp 300 Autorinnen und Autoren. Unter den ausgewählten einhundert „Lieblingsgedichten der Deutschen" sind Texte aus dem 17. und 18. Jahrhundert. Vier Gedichte werden näher betrachtet. Zunächst werden die Gedichte nur angehört (CD), danach erhalten die Schüler die Texte als Kopie. Nach Klärung unbekannter Wörter bekommen die Schüler folgende Schreibaufgabe: Wähle eines der vier Gedichte aus und stelle dir vor, welcher „moderne" Mensch dieses Gedicht als Lieblingsgedicht angeben könnte. Versetze dich in diesen Menschen hinein und schreibe einen Brief an die Verantwortlichen der Umfrage. Teile ihnen mit, warum du das Gedicht gewählt hast und was dir so wichtig ist, dass du an der Befragung teilnimmst. Berücksichtige dabei auch deine Rechercheergebnisse zu Autor und Zeit. – Der Lehrer sammelt die Briefe am Ende der Stunde ein.

- **Schritt 3:** Der Lehrer wählt nach der Durchsicht einige Briefe für die Besprechung in der zweiten Stunde aus. Es sollten alle Gedichte vertreten sein. Die Briefe zu den einzelnen Gedichten werden vorgelesen und dienen als Einstieg in die Erarbeitung des Textverständnisses. Im Zusammenhang damit können die Gedichte auch nochmals von der CD abgespielt bzw. mehrmals gelesen werden. In der folgenden Übersicht sind die Inhalte zusammengestellt, die im weiteren Verlauf des Unterrichtsprojekts erarbeitet werden sollen.

Barock

- Literaturepoche des 17. Jahrhunderts; wichtiges Ereignis zu dieser Zeit: Dreißigjähriger Krieg (1618–1648).
- Menschen- und Weltbild: Der Mensch ist sowohl ein Geschöpf Gottes als auch ein Spielball im Kampf der Mächte des Himmels und der Hölle. Sein irdisches Leben ist vergänglich und sein Tun vergeblich („Vanitas"). Daraus ziehen Barockdichter eine gegensätzliche Konsequenz: Abkehr von der Welt auf der einen Seite und Genuss des Augenblicks („Carpe diem") auf der anderen Seite.
- Sonett: Gedichtform, bestehend aus 14 Zeilen, die in vier kurze Strophen eingeteilt sind: zwei Quartette und zwei Terzette. Das Metrum ist der fünfhebige Jambus. Das Sonett beginnt mit einer Behauptung und Gegenbehauptung in den Quartetten und endet mit einer Verknüpfung in den Terzetten. Mit dieser Form lässt sich das zwiespältige Lebensgefühl und das Streben nach Überwindung der Abgründe, denen der Mensch ausgesetzt ist, ausdrücken.
- Epigramm (Sinngedicht): Kurzes Gedicht, in dem die Aufmerksamkeit auf einen einzelnen Gegenstand gerichtet wird und eine überraschende Sinndeutung folgt.

Paul Fleming (1609–1640)

Er war Arzt und ein anerkannter Dichter des Barock; er machte große Reisen (Persien) und starb im Alter von 30 Jahren an einer Lungenentzündung.

Das Gedicht „An sich" ist ein Sonett. Darin spricht das überlegene Ich zum beunruhigten Ich. In den beiden Quartetten werden Ermahnungen im Imperativ ausgesprochen: Der Mensch soll über allen Widrigkeiten stehen, Freude und Leid gleichermaßen annehmen sowie die Hoffnung nicht aufgeben. Das erste Terzett beginnt mit einer rhetorischen Frage nach dem Grund allen Klagens. Die folgende Antwort besagt, dass das selbstgewisse Ich allem standhalten kann.

Andreas Gryphius (1616–1664)

Bekannter Dichter des Barock; er ist in Polen geboren und litt sehr unter dem Dreißigjährigen Krieg sowie den damit verbundenen Religionsverfolgungen. Daraus resultiert eine tiefe Friedenssehnsucht in seinen Texten.

Das Gedicht „Betrachtung der Zeit" ist ein Epigramm, in dem das Leben in der Zeit gedeutet wird. Auch wenn Gott die Lebensspanne jedes Menschen bestimmt, so kann der Mensch doch sein Leben und Gott gewinnen, wenn er ganz im Augenblick lebt.

Matthias Claudius (1740–1815)

Er war Dichter, Journalist und hatte Kontakt zu Vertretern der Aufklärung, der vorherrschenden Literaturepoche des 18. Jahrhunderts (Herder, Lessing). Mit der Aufklärung verband ihn der pädagogische Gedanke, dass Literatur belehren und unterhalten solle. Er lehnte aber die einseitige Hervorhebung des Verstandes ab und betonte dagegen die Bedeutung der Frömmigkeit und der persönlichen Gottesbeziehung (Pietismus), des Gefühls und der Naturnähe. Damit zählt er zur literarischen Strömung der Empfindsamkeit, die eine Ergänzung der auf Rationalität ausgerichteten Aufklärung darstellt.

Das Gedicht „Abendlied" wurde sehr bald als Volkslied berühmt, wobei in der Regel nur die erste, zweite und letzte Strophe gesungen wurden. Die anderen Strophen wurden oft weggelassen – und damit der Aspekt des Todes, der von Claudius im christlichen Sinn als Heimkehr zu Gott im Himmel verstanden wird und damit seinen Schrecken verliert. Das Gedicht wurde 1790 von Johann Abraham Peter Schulz vertont und wird als Kirchenlied auch heute noch gesungen, oft nach der Melodie von „Es ruhen alle Wälder". Im Gedicht wird die Größe Gottes, die in der Natur sichtbar wird, der Beschränktheit des menschlichen Geistes gegenübergestellt. Gott erscheint fürsorglich, kann aber auch strafen.

Im Gedicht „Die Sternseherin Lise" ist das lyrische Ich eine Frau, die um Mitternacht den Sternenhimmel betrachtet, wenn alle anderen im Haus schon schlafen. Sie ist von seiner Herrlichkeit überwältigt und „unterm Himmelszelt" gleichzeitig auch einbezogen in diese Schönheit. Das Schauen und Staunen berührt ihr Herz, es löst in ihr ein Nachdenken und eine Sehnsucht nach etwas Höherem aus, das über das Irdische hinausgeht. Herrlichkeit, Licht (Sterne, funkeln) und die Bilder (Lämmer, Perlen) deuten auf Gott hin, der diese Herrlichkeit geschaffen hat und dem die Sehnsucht Lises letztendlich gilt. Das Erleben wühlt Lise auf, sodass sie sich auf ihr „Lager" hinwirft und lange wachliegt. Es wird ein Gegensatz aufgebaut zwischen dem Haus als einem irdischen, menschlichen Ort und dem Himmelszelt als Abglanz Gottes. Der Höhepunkt des Gedichts liegt in der dritten Strophe, dem Wendepunkt vom Himmlischen zum Irdischen in der vierten Strophe. Die Form entspricht der Feierlichkeit des Gedichts. Auf einen vierfüßigen Jambus folgt jeweils ein dreifüßiger, wodurch ein ruhiger Duktus entsteht. Die Verwendung des Präsens macht das Geschehen gegenwärtig und bezieht den Leser mit ein. Der Kreuzreim gibt dem Gedicht einen Zusammenhalt.

Andreas Gryphius: Betrachtung der Zeit

Mein sind die Jahre nicht, die mir die Zeit genommen.
Mein sind die Jahre nicht, die etwa möchten kommen.
Der Augenblick ist mein, und nehm ich den in acht,
So ist der mein, der Jahr und Ewigkeit gemacht.

Paul Fleming: An sich

Sei dennoch unverzagt, gib dennoch unverloren,
Weich keinem Glücke nicht, steh höher als der Neid,
Vergnüge dich an dir und acht es für kein Leid,
Hat sich gleich wider dich Glück, Ort und Zeit verschworen.

Was dich betrübt und labt, halt alles für erkoren,
Nimm dein Verhängnis an, lass alles unbereut.
Tu, was getan muss sein, und eh man dir's gebeut.
Was du noch hoffen kannst, das wird noch stets geboren.

Was klagt, was lobt man doch? Sein Unglück und sein Glücke
Ist ihm ein jeder selbst. Schau alle Sachen an:
Dies alles ist in dir. Lass deinen eitlen Wahn,

Und eh du förder gehst, so geh in dich zurücke.
Wer sein selbst Meister ist und sich beherrschen kann,
Dem ist die weite Welt und alles untertan.

Z. 2: Glücke: Zufall; Z. 3: sich vergnügen: sich selbst genug sein; Z. 5 erkoren: selbst gewählt; Z. 6 Verhängnis: Schicksal; Z. 7 gebeut: gebietet; Z. 11: eitel: leer, nichtig; Z. 12 förder: vorwärts; Z. 13 sich beherrschen: über sich verfügen

Matthias Claudius: Abendlied

Der Mond ist aufgegangen,
Die goldnen Sternlein prangen
Am Himmel hell und klar;
Der Wald steht schwarz und schweiget,
Und aus den Wiesen steiget
Der weiße Nebel wunderbar.

Wie ist die Welt so stille,
Und in der Dämmrung Hülle
So traulich und so hold!
Als eine stille Kammer,
Wo ihr des Tages Jammer
Verschlafen und vergessen sollt.

Seht ihr den Mond dort stehen?
Er ist nur halb zu sehen,
Und ist doch rund und schön!
So sind wohl manche Sachen,
Die wir getrost belachen,
Weil unsre Augen sie nicht sehn.

Wir stolze Menschenkinder
Sind eitel arme Sünder
Und wissen gar nicht viel;
Wir spinnen Luftgespinste
Und suchen viele Künste
Und kommen weiter von dem Ziel.

Gott, lass uns dein Heil schauen,
Auf nichts Vergänglichs trauen,
Nicht Eitelkeit uns freun!
Lass uns einfältig werden
Und vor dir hier auf Erden
Wie Kinder fromm und fröhlich sein!

Wollst endlich sonder Grämen
Aus dieser Welt uns nehmen
Durch einen sanften Tod!
Und, wenn du uns genommen,
Lass uns in Himmel kommen,
Du unser Herr und unser Gott!

So legt euch denn, ihr Brüder,
In Gottes Namen nieder;
Kalt ist der Abendhauch.
Verschon uns, Gott! mit Strafen,
Und lass uns ruhig schlafen!
Und unsern kranken Nachbar auch!

Matthias Claudius:
Die Sternseherin Lise

Ich sehe oft um Mitternacht,
Wenn ich mein Werk getan
Und niemand mehr im Hause wacht,
Die Stern am Himmel an.

Sie gehn da, hin und her zerstreut
Als Lämmer auf der Flur;
In Rudeln auch und aufgereiht
Wie Perlen an der Schnur.

Und funkeln alle weit und breit,
Und funkeln rein und schön;
Ich seh die große Herrlichkeit,
Und kann mich satt nicht sehn …

Dann saget unterm Himmelszelt
Mein Herz mir in der Brust:
„Es gibt was Bessers in der Welt
Als all ihr Schmerz und Lust."

Ich werf mich auf mein Lager hin,
Und liege lange wach,
Und suche es in meinem Sinn,
Und sehne mich darnach.

1.32 Minna von Barnhelm

Lernziele	„Bessern durch Lachen" als das aufklärerische Ziel der Komödie herausarbeiten; den falschen Stolz als „Unart", die es zu bessern gilt, erkennen; den Aufbau der Komödie untersuchen (Parallelhandlungen Herrschaft/Dienerschaft)
Klassenstufe	Klasse 10
Material	Buchausgabe von GOTTHOLD EPHRAIM LESSING: *Minna von Barnhelm oder Das Soldatenglück. Ein Lustspiel in fünf Aufzügen.* Stuttgart: Reclam 1986; Kopiervorlage
Methode	analytische und produktionsorientierte Verfahren
Sozialform	Einzel-, Partner-, Gruppenarbeit und Plenum
Dauer	6 Stunden
Inhaltliche Kompetenzen	Zusammenhänge zwischen Text, Autor und Entstehungszeit herstellen

- **Schritt 1:** Zur Einstimmung informiert der Lehrer die Klasse, worum es in dem Lustspiel geht. Dabei soll nicht alles verraten werden, um so Interesse an der Lektüre zu wecken.

> Lessings Lustspiel *Minna von Barnhelm oder Das Soldatenglück* wurde erstmals am 30. September 1767 im Hamburger Nationaltheater gespielt. Es geht darin um die Liebe von Major von Tellheim und Minna von Barnhelm. Beide haben sich zur Zeit des Siebenjährigen Krieges, der von 1756 bis 1763 zwischen europäischen Staaten geführt wurde, als ebenbürtige Partner verlobt. Als sie sich nach Kriegsende wiedersehen, ist der Major von Tellheim nicht mehr derselbe Mann. Eine Kugel hat seinen rechten Arm gelähmt, ihm droht wegen angeblicher Bestechung der Prozess; er ist unehrenhaft aus der Armee entlassen worden. Er will Minna nicht mehr zur Frau nehmen, weil er sie nicht der Verachtung preisgeben möchte und sich dem „reichen, wohlanständigen Fräulein" nicht mehr ebenbürtig fühlt. Für ihn ist „Gleichheit das festeste Band der Liebe". Da Minna ihn aber noch liebt und sich durch eindeutige Zeichen auch seiner Liebe gewiss sein kann, lässt sie sich allerhand einfallen, sodass sie doch noch Hochzeit feiern.

- **Schritt 2:** Das Stück wird in Abschnitten zu Hause bzw. mit verteilten Rollen im Unterricht gelesen. Für die Schullektüre empfehlen sich der erste, dritte und fünfte Aufzug. Begleitend zur Lektüre werden zum Textverständnis notwendige Fragen geklärt. Produktive Schreibaufgaben werden für die Texterschließung bzw. für die Lernkontrolle eingesetzt. Den Schreibaufgaben geht eine Vorarbeit voraus. Die Schüler können entweder eine der vier Schreibaufgaben wählen – oder der Lehrer legt ein bis zwei Aufgaben für die Lernkontrolle fest. Die Schülertexte können vorgelesen oder szenisch dargestellt werden. Eine weitere Möglichkeit ist die Veröffentlichung als Broschüre oder in elektronischer Form.

Schreibaufgaben

1. Verfasse den Brief Tellheims an Minna, der im Drama nicht vorgelesen wird (dritter Aufzug, Auftritt 1 bis 10).
2. Verfasse einen Tagebucheintrag, den Franziska oder Minna am Abend nach dem glücklichen Ende schreibt.
3. Verfasse einen Dialog zwischen Franziska und Werner, die sich später noch einmal über das Geschehen unterhalten.
4. Lies den folgenden Auszug aus Lessings Ausführungen über die Komödie aus der „Hamburgischen Dramaturgie":

> „Die Komödie will durch Lachen bessern, aber nicht eben durch Verlachen; nicht gerade diejenigen Unarten, über die sie zu lachen macht, noch weniger bloß und allein die, an welchen sich diese lächerlichen Unarten finden. Ihr wahrer, allgemeiner Nutzen liegt in dem Lachen selbst, in der Übung unserer Fähigkeit, das Lächerliche zu bemerken, es unter allen Bemäntelungen der Leidenschaft und der Mode, es in allen Vermischungen mit noch schlimmeren oder mit guten Eigenschaften, sogar in den Runzeln des feierlichen Ernstes, leicht und geschwind zu bemerken."

Stell dir einen „aufgeklärten" und einen „nicht aufgeklärten" Zuschauer des Theaterstücks „Minna von Barnhelm oder Das Soldatenglück" vor und verfasse ein Streitgespräch im Anschluss an die Theateraufführung.

Vorarbeit zu den Schreibaufgaben

Für das Verständnis des Lustspiels ist der Dialog Tellheims und Minnas im fünften Aufzug (fünfter Auftritt) von besonderer Bedeutung, der durch das folgende Zitat abgeschlossen wird:

Tellheim: „So dacht ich, so sprach ich, als ich nicht wusste, was ich dachte und sprach. Ärgernis und verbissene Wut hatten meine ganze Seele vernebelt; die Liebe selbst in dem vollen Glanze des Glückes konnte sich darin nicht Tag schaffen. Aber sie sendet ihre Tochter, das Mitleid, die, mit dem finstern Schmerze vertrauter, die Nebel zerstreuet und alle Zugänge meiner Seele den Eindrücken der Zärtlichkeit wiederum öffnet. Der Trieb der Selbsterhaltung erwacht, da ich etwas Kostbareres zu erhalten habe als mich, und es durch mich zu erhalten habe. (…) Von diesem Augenblicke an will ich dem Unrechte, das mir hier widerfährt, nichts als Verachtung entgegensetzen. Ist dieses Land die Welt? Geht hier allein die Sonne auf?"

Fülle die Tabelle als Vorarbeit für die Schreibaufgabe aus.

Textanalyse	Ideensammlung für die ausgewählte Schreibaufgabe
Zusammenfassung der Aussage Tellheims:	
Gründe für seinen Sinneswandel:	
Bewertung des Sinneswandels aus „aufklärerischer" Sicht:	

Webcode: FD233359-014

1.33 Fledermäuse – mit den Ohren „sehen"

Lernziele	Informationen zur Wahrnehmung der Fledermäuse und deren Erforschung aus dem Sachtext entnehmen und wiedergeben; sich kreativ mit dem Text auseinandersetzen und Ergebnisse präsentieren
Klassenstufe	Klasse 5–7
Material	Kopiervorlage
Methode	Zeichnung; Gedankenexperiment; Interview; kreatives Schreiben; mündliches oder schriftliches Zusammenfassen
Sozialform	Einzel-, Partnerarbeit und Plenum
Dauer	1–2 Stunden
Inhaltliche Kompetenzen	Informationen zielgerichtet entnehmen, ordnen, vergleichen, prüfen und ergänzen; produktive Schreibformen nutzen; Ergebnisse präsentieren

Der Text der Kopiervorlage wird laut vorgelesen und anschließend an alle verteilt. Unbekannte Wörter werden gemeinsam oder mithilfe des Wörterbuchs geklärt. Die folgenden Arbeitsaufträge können einzeln, nacheinander, als Stationen oder für den Wochenplan verwendet werden. Je nach Leistungsstärke der Klasse kann Aufgabe 4 zu Beginn gemeinsam geklärt werden oder am Schluss zur Sicherung dienen.

Arbeitsaufträge:

1. Zeichne ein Bild der Studier- und Experimentierstube des Forschers Lazzaro Spallanzani.
2. Stellt euch vor, Lazzaro Spallanzani und Sven Dijkgraaf treffen sich. Sie unterhalten sich über ihre Experimente und Entdeckungen. Zu zweit belauscht ihr das Gespräch und schreibt es auf.
3. Stell dir vor, du bist eine Fledermaus. Ausgerüstet mit dem Echosehen fliegst du in die Nacht hinaus. Schreibe deine Erlebnisse auf.
4. Erkläre das „Betriebsgeheimnis" der Fledermäuse (wahlweise mündlich/in Stichworten/als Schaubild/schriftlich).

Wenn jeder Schüler alle Arbeitsaufträge bearbeiten soll, so werden die Arbeitsergebnisse Aufgabe für Aufgabe zunächst in Kleingruppen präsentiert. Die besten Bilder und Texte werden ausgewählt und im Plenum vorgestellt. Können die Schüler eine Aufgabe auswählen, so bilden sich parallel Expertengruppen, die aus ihrer Mitte ein gelungenes Produkt auswählen und im Plenum präsentieren.

Ideen zur Weiterarbeit oder für die Hausaufgabe
- Recherchiere weitere Informationen zu Fledermäusen (Bücherei, Internet).
- Informiere dich über die „Europäische Fledermausnacht".
- Gibt es Fledermaus-Projekte in eurer Nähe? Informiert euch – oder startet selbst ein Fledermaus-Projekt. Viele Ideen und Anregungen findet ihr auf der Internetseite des NABU (siehe http://www.nabu.de)

Das Geheimnis der Fledermäuse

Die Dämmerung bricht über das italienische Städtchen Pavia herein. Behände bewegt sich ein älterer Mann durch sein Arbeitszimmer und überprüft noch einmal die dünnen Drähte, die er vom Fußboden bis zur Decke aufgespannt hat. Überall in seiner Studierstube hat er diese Drähte platziert und kleine Glöckchen daran befestigt. Nachdem alles zu seiner Zufriedenheit vorbereitet ist, löscht er die Kerzen und gelangt mit einiger Mühe zu einem Käfig, der mit einem Tuch abgedeckt ist. Dort befreit er zunächst Fliegen, die er in einer Schachtel gesammelt hat. Dann öffnet er die Käfigtür. Einige Fledermäuse flattern heraus. Sie machen sich sofort auf die Jagd nach den brummenden Leckerbissen. Gespannt zieht sich der Mann in eine Ecke des Zimmers zurück und lauscht. Doch es bleibt still. Lautlos fangen die kleinen Tiere die Insekten, ohne auch nur ein einziges Mal einen Draht zu streifen und somit ein Glöckchen zum Bimmeln zu bringen.

Der Mann ist Professor Lazzaro Spallanzani. Er interessiert sich für die Natur und versucht, ihre Erscheinungen zu erforschen. Im Jahr 1793 möchte er herausfinden, wie sich Fledermäuse in der Dunkelheit orientieren. Mit der damals üblichen Erklärung seiner Mitmenschen ist er nicht zufrieden: Die glauben doch tatsächlich, dass die kleinen Nachtflieger den Teufel im Leib tragen und nur deshalb ohne Probleme in pechschwarzer Nacht herumkurven. Daher werden sie auch als „Vampire" bezeichnet. Um eine vernünftige Erklärung zu finden, hat sich Spallanzani das Experiment mit den glöckchenbehangenen Drähten ausgedacht.

Nachdem die „Vampire" die erste Flugprobe so fehlerfrei gemeistert haben, schaltet Spallanzani bei einigen Tieren die Sehfähigkeit aus und lässt sie blind durch den Glöckchenparcours fliegen. Anderen verschließt er die Nasenlöcher mit Wachs. Nichts geschieht, kein Glöckchen klingelt. Doch als die Fledermäuse mit Ohrenstöpseln aus Wachs auf Beutefang gehen sollen, ertönt in Spallanzanis Studierstube wildes Gebimmel. Die Tiere rauschen in die Drähte. Es ist vorbei mit dem eleganten Umkurven der Hindernisse. Da ist dem Naturforscher klar, dass Fledermäuse mit den Ohren „sehen". Wie das allerdings funktioniert, findet er zu seinem Leidwesen bis an sein Lebensende nicht heraus.

Erst 145 Jahre später kann das „Betriebsgeheimnis" der Fledermäuse gelüftet werden. Inzwischen sind Mikrofone entwickelt worden, die Töne aufnehmen, die unsere menschlichen Ohren aufgrund ihrer Höhe oder Tiefe nicht hören können. 1938 belauscht der amerikanische Zoologie-Professor Donald Griffin die Nachtflieger mithilfe eines solchen sensiblen Mikrofons und entdeckt, dass die Tiere keineswegs stumm sind. Sie stoßen Salven ganz hoher Ultraschall-Töne aus, die für uns nicht mehr hörbar sind. Kurze Zeit später stellt der niederländische Zoologe Sven Dijkgraaf fest, dass einige Fledermausarten auch tieffrequente Laute aussenden, die Menschen mit gutem Gehör sogar ohne technische Hilfsmittel wahrnehmen können.

Dijkgraaf setzt Spallanzanis Experimente fort: Er bastelt den Tieren kleine Maulkörbe aus Papier, die sich öffnen und schließen lassen. Mit geöffneten Maulkörben können sich die Fledermäuse problemlos orientieren. Mit geschlossenem Visier jedoch finden sie sich nicht mehr zurecht.

© Cornelsen Verlag, Berlin • FG Deutsch

Griffin und Dijkgraaf haben also das Geheimnis der Fledermäuse gelüftet. Sie stoßen durch ihr Maul Ultraschall-Laute aus, die von den Gegenständen ihrer Umgebung als Echo zurückgeworfen werden. Dieses Echo empfangen sie mit ihren empfindlichen Ohren und verarbeiten es zu einem Hörbild.

Das neue Wissen über die kleinen Nachtjäger haben findige Wissenschaftler und Techniker gleich gewinnbringend umgesetzt: Die Ultraschall-Echoortung der Fledermäuse wird in der Radartechnik nachgeahmt. So benutzen Fischer sie beispielsweise, um Fischschwärme aufzuspüren, auf U-Booten wird sie zur Navigation eingesetzt. Was Spallanzani wohl dazu sagen würde?

Webcode: FD233359-015

1.34 Die geheime Sprache der Tiere

Lernziele	Informationen aus einem Sachtext entnehmen; Interviewfragen zu den Textinformationen entwickeln und ein Interview durchführen
Klassenstufe	Klasse 6/7
Material	Kopiervorlage
Methode	analytische und produktionsorientierte Verfahren
Sozialform	Partner-, Gruppenarbeit und Plenum
Dauer	2 Stunden
Inhaltliche Kompetenzen	Informationen aus Sachtexten zielgerichtet entnehmen und produktiv verarbeiten; sich verständlich, sach- und situationsangemessen äußern

- **Schritt 1:** Der Text wird im Unterricht vorgelesen und anschließend in Kopie verteilt. Die Schüler bilden Tandems und erhalten die Aufgabe: Stellt euch vor, ihr bekommt die Möglichkeit, die Elefantenforscherin Katharine Payne zum Thema „Elefanten" zu interviewen. Überlegt euch Fragen, die ihr Frau Payne über die Verständigung der Elefanten stellen wollt. Überlegt euch auch, in welchem Rahmen das Interview stattfindet, welche Eigenarten die Forscherin und der Interviewer haben könnten. Notiert eure Fragen.

- **Schritt 2:** Anschließend überprüfen je zwei Tandems die entwickelten Fragen, indem sie sich gegenseitig interviewen. Ein Protokollant schreibt die Antworten mit. Gemeinsam werden die besten Fragen ausgewählt und die Formulierungen verbessert, sodass aus zwei Ausgangsinterviews ein überarbeitetes mit entsprechenden Antworten entsteht. Die folgenden Aufgaben schließen sich an:
  - Führt mit einem anderen Tandem eure Interviews durch. Zunächst übernimmt ein Schüler des einen Tandems die Rolle des Interviewers, einer aus dem anderen Tandem antwortet in der Rolle der Forscherin. Ein dritter schreibt die Antworten mit. Danach tauscht ihr die Rollen.

– Diskutiert, welche Fragen euch gefallen haben. Klärt, ob die Antworten richtig waren. Überarbeitet die Fragen, die nicht gelungen sind. Stellt daraus ein neues Interview mit Fragen und Antworten zusammen. Überprüft, ob alles richtig ist, indem ihr im Text nachlest.

– Vereinbart in der Viertergruppe, wer beim Vorspielen die Rolle des Interviewers und der Forscherin übernehmen soll.

- **Schritt 3:** Nun werden einige Interviews im Plenum durchgeführt. Hierbei sind mehrere Varianten möglich: Nachdem entsprechende Sitzgelegenheiten arrangiert wurden (zwei bzw. vier Stühle), entscheidet die Klasse, der Lehrer oder das Los über die Vortragenden. Die Viertergruppe entscheidet, ob sie ein oder zwei Interviewer und Forscherinnen entsenden will – je nach dem Sicherheitsbedürfnis der Schüler. Auch für das Interview selbst sind zwei Varianten möglich:

  – Jeweils eine Viertergruppe trägt ihr erarbeitetes Interview vor. Fragen und Antworten stehen fest, der Fokus liegt auf dem Vortrag. Das Risiko ist hier geringer.

  – Interviewer und Forscherin kommen aus unterschiedlichen Viertergruppen. Nur die Fragen stehen fest. Die Forscherin (eventuell doppelt besetzt) beantwortet die Fragen spontan. Der Interviewer (eventuell doppelt besetzt) reagiert auf das Gesagte und passt seine vorformulierten Fragen entsprechend an. Hier ist das Risiko höher.

- **Schritt 4:** Der Abschluss dient der inhaltlichen Sicherung (Was/wie nehmen Elefanten wahr …), dem Feedback zu den Interviews und der Reflexion (jeweils mit Begründung):

  – Was war besonders gelungen?

  – An welcher Stelle gibt es etwas zu verbessern?

  – Sind Interviewer und Forscherin angemessen aufeinander eingegangen?

  – Haben sie sich zugehört?

  – Waren die Fragen und Antworten passend?

Vier Hausaufgaben zur Wahl:

1. Schreibe eine Geschichte aus der Sicht eines Elefanten: Was könnte ihm widerfahren, wenn seine Fußsohlen verletzt sind oder er seine Stimme verloren hat?
2. Stell dir vor, dass die Forscherin Katharine Payne eine neue Tierart mit einer bisher unbekannten Sinneswahrnehmung entdeckt hat. Beschreibe das Tier.
3. Stell dich zu Hause vor die Haustür oder öffne ein Fenster. Lausche eine Weile. Notiere anschließend in Stichpunkten, was du gehört hast.
4. Recherchiere nach weiteren besonderen Sinnesleistungen von Tieren.

Die geheimnisvollen Gespräche der Elefanten

Wie schaffen es Elefanten, ihre verloren gegangenen Kinder wiederzufinden oder die Herde zusammenzurufen? Wie gelingt es ihnen, sich scheinbar ohne Lautäußerungen auf weite Entfernungen über Wasserlöcher zu informieren oder sich vor Gefahren zu warnen? Diesem Rätsel kam die amerikanische Wissenschaftlerin Katharine Payne auf die Spur.

Als sie sich 1984 im Zoo von Portland in den USA mit Elefanten beschäftigte, spürte sie etwas, das ihr wie die Druckwelle eines entfernten Gewitters oder der tiefe Ton einer Orgelpfeife vorkam. Payne fragte sich, was sie wohl wahrgenommen hatte. Sie baute Messgeräte im Elefantengehege auf, die Töne aufzeichnen können, die unsere Ohren nicht hören. Mithilfe dieser Messapparate lüftete sie das Geheimnis der Elefantenverständigung. Während die Forscherin nicht das kleinste Geräusch vernahm, schlugen die Messgeräte munter aus. Damit wurde angezeigt, dass sich die Elefanten mit Tönen unterhalten, die unterhalb der menschlichen Hörschwelle liegen.

Die Dickhäuter benutzen also ganz tiefe Töne. Diese Töne nennt man „Infraschall". Elefanten können Töne im Infraschall-Bereich von 14 bis 24 Hertz produzieren und diese über eine Entfernung von bis zu zehn Kilometern hören. Forscher bezeichnen diese tiefen Laute als „Rumbles", das bedeutet „Grollen".

Genau wie Menschenkinder müssen kleine Elefanten ihre Sprache erst lernen. Das laute Trompeten etwa beherrschen sie erst mit vier Monaten. Sie kommen sogar in den Stimmbruch. Die „Rumbles" lernen Elefanten erst spät. Weiterhin hat man herausgefunden, dass weibliche Tiere mehr „reden" als ihre männlichen Artgenossen.

Aber damit noch nicht genug. Einige Forscher vermuten, dass die Geheimsprache der Elefanten gleichzeitig noch auf eine andere Art und Weise funktioniert. Ihre gegrollten Botschaften schweben nicht nur durch die Luft und treffen so auf andere Elefantenohren. Wenn ein Elefant grollt, beginnt sein Körper auch zu vibrieren. Die Vibrationen übertragen sich über seine Füße auf den Boden. Im Boden pflanzen sich die Erschütterungen fort. Elefanten, die zehn Kilometer entfernt sind, spüren diese Schwingungen durch ihre empfindlichen Fußsohlen.

Das Rätsel der Elefantensprache ist also weitgehend gelöst. Trotzdem haben die Dickhäuter weiterhin Geheimnisse, die es zu erforschen gilt: Forscher untersuchen, ob sich die Tiere in verschiedenen „Dialekten" unterhalten, die von Herde zu Herde unterschiedlich sind. Weiterhin stellt sich die Frage, wie sie es schaffen, in einer ganzen Herde kommunizierender Elefanten einen ganz bestimmten wiederzuerkennen. Es gibt es also noch viel Spannendes für zukünftige Elefantenforscher zu entdecken.

© Cornelsen Verlag, Berlin • FG Deutsch

1.35   Sind Hausaufgaben überflüssig?

Lernziele	eine kontroverse schriftliche Debatte verstehen und beurteilen; einen Kommentar und Leitlinien für das „Erteilen von Hausaufgaben im Deutschunterricht" verfassen
Klassenstufe	Klasse 8/9
Material	behördliche Bestimmungen des jeweiligen Bundeslandes zum *Erteilen von Hausaufgaben* als Kopien im Klassensatz; Artikel *Sind Hausaufgaben überflüssig?* und Kommentare auf der Internetseite http://bildungsklick.de; Computer mit Internetzugang/interaktive Tafel oder Kopien der Texte
Methode	Textanalyse, Textproduktion, Argumentation
Sozialform	Einzel- und Plenumsarbeit
Dauer	2 Stunden
Inhaltliche Kompetenzen	Informationen aus Sachtexten zielgerichtet entnehmen und produktiv verarbeiten

- **Schritt 1:** Zur Vorbereitung auf die erste Stunde erhalten alle Schüler eine Kopie der behördlichen Bestimmungen zum Erteilen von Hausaufgaben. Sie sollen den Text unter folgenden Aspekten zusammenfassen:
  - Welchen Zweck haben Hausaufgaben?
  - Was zeichnet gute Hausaufgaben aus?
  - Welchen Umfang sollen Hausaufgaben haben?

- **Schritt 2:** In der ersten Stunde werden die Hausaufgaben der Schüler besprochen. Danach lesen die Schüler den Artikel *Sind Hausaufgaben überflüssig?*, je nach Medienausstattung am Computer/im Klassenverband auf der interaktiven Tafel oder auf verteilter Papierkopie. Im anschließenden Klassengespräch geht es um folgende Fragen: Was hat Professor Gängler in seiner Studie herausgefunden? – Wie hat er seine Studie durchgeführt? – Wie schätzt du die Studie und ihr Ergebnis ein? Beziehe dabei deine Hausaufgabenerfahrung und die behördlichen Bestimmungen ein. – Kannst du dir Hausaufgaben im Deutschunterricht vorstellen, die die in den behördlichen Bestimmungen genannten Zwecke erfüllen?

- **Schritt 3:** Als Hausaufgabe bis zur zweiten Stunde bearbeiten die Schüler den folgenden Arbeitsauftrag: Schreibe einen begründeten Kommentar zum Artikel *Sind Hausaufgaben überflüssig?* Lies die Kommentare auf der Internetseite http://bildungsklick.de und vergleiche deine Meinung mit den Kommentaren.

- **Schritt 4:** In der zweiten Stunde erhalten die Schüler nach dem Vorlesen und Besprechen der Arbeitsergebnisse die freiwillige Hausaufgabe, ihre Kommentare gegebenenfalls noch zu verändern und auf der Internetseite hochzuladen. Im Unterricht entwirft die Klasse einen Leitfaden für sinnvolle Hausaufgaben im Deutschunterricht, der in der Folgezeit beim Erteilen von Hausaufgaben berücksichtigt werden soll.

2 Texte schreiben

2.1 Fingerübungen zum Textschreiben

Lernziele	Teile des Schreibprozesses trainieren
Klassenstufe	Klasse 5–10
Material	Texte, Bilder, Internet
Methode	produktionsorientierte Verfahren
Sozialform	Einzel-, Partner-, Gruppenarbeit und Plenum
Dauer	jeweils 5 bis 10 Minuten
Inhaltliche Kompetenzen	Automatisierung von Teilprozessen; Sicherheit in der Ausübung des Schreibprozesses

Ideenentwicklung
- Fünf bis zehn Minuten zu einem vorgegebenen oder selbst gewählten Schreibthema notieren, was einem einfällt.
- Ein Cluster zum Thema anfertigen.
- Aus Literatur oder Kunst Ideen zum Thema entnehmen.
- Durch gezielte Recherche Ideen entwickeln.
- In Unterrichtsgesprächen Ideen entwickeln.

Auswahl und Strukturierung der Ideen
- Welche Ideen können für einen Leser besonders interessant sein?
- Welche Ideen sind dem Schreiber besonders wichtig?
- In welche Reihenfolge sollen die Ideen gebracht werden und wie ausführlich sollen sie dargestellt werden?

Sprachliche und stilistische Gestaltung
- Bei der Lektüre eines Textes Wörter und Formulierungen herausschreiben, die einem besonders gut gelungen erscheinen.
- Wortfelder zu bestimmten Themen anfertigen.
- Synonyme Wörter und Ausdrucksweisen sammeln.
- Einen Satz in unterschiedlichen Varianten formulieren.
- Stilmittel anwenden: wörtliche Rede, Wiederholungen, Ausschmückung durch Adjektive, Gebrauch von Metaphern und Vergleichen. Sprache und Stil sollen eine Passung zum Thema, zum Leser und zum Schreibziel aufweisen.

Überarbeitung
- Kriterien der Textqualität für eine Schreibaufgabe zu den Kategorien Inhalt, Aufbau und Sprache entwickeln.
- Für fremde Texte eine Rückmeldung liefern: Was hat mir gefallen, was habe ich nicht verstanden, was fand ich überflüssig, was hat mir gefehlt?

- Den eigenen Text selbstkritisch mit den Augen eines Lesers betrachten und eine Rückmeldung schreiben.

Konkrete Aufgaben zum Überarbeiten sind in diesem Buch im Zusammenhang mit Schreibaufgaben, insbesondere in Schreibprojekten und Testaufgaben, zu finden → 2.5, 2.18, 2.31, 2.36.

Schreibübungen zur Lektüre von Texten
- Einen Kommentar schreiben.
- Wörter und Formulierungen austauschen.
- Absätze umstrukturieren.
- Einen Text optimieren.
- Leerstellen ausfüllen.
- Einen Text mit „angelesenen" Informationen schreiben.

2.2 Ein Herbstgedicht umschreiben

Lernziele	ein Gedicht analog zu einem vorgegebenen Gedichttext schreiben; formales Wissen zum Gedicht erwerben und anwenden
Klassenstufe	Klasse 5/6
Material	Kopiervorlage
Methode	produktionsorientierte Verfahren
Sozialform	Einzel- und Plenumsarbeit
Dauer	1 Stunde
Inhaltliche Kompetenzen	gattungsspezifisches Schreiben

- **Schritt 1:** Die Schüler erhalten im Zusammenhang mit dem Thema „Gedichte im Literaturunterricht" (→ 1.23) den Text der Kopiervorlage mit der Schreibaufgabe.

Lies das Gedicht „Der Herbst" und schreibe ein Gedicht zu einer anderen Jahreszeit.

Der Herbst

Der Herbstwind weht durch das Geäst,
die Blätter sind verschwunden.
Im Frühling sind sie wieder da.
Wer hat sie nur gefunden?

- **Schritt 2:** Mehrere Vorschläge der Schüler werden vorgelesen. Im folgenden Unterrichtsgespräch wird herausgearbeitet, inwieweit diese Gedichte formal-inhaltliche Parallelen mit dem Ursprungsgedicht aufweisen. Dazu dienen folgende Fragestellungen:
  - Was ist witzig an dem Gedicht „Der Herbst"?
  - Welche Gedichte, die vorgelesen wurden, sind auch witzig?
  - Wodurch werden sie witzig?
  - Was ist an dem Herbst-Gedicht und an euren Gedichten typisch für ein Gedicht?

  Im Verlauf des Gesprächs werden die Begriffe „Strophe", „Vers", „Rhythmus" und „Reim" gefestigt.

2.3 Märchen zu vorgegebenen Motiven schreiben

Lernziele	ein Märchen mit gattungstypischen Merkmalen schreiben
Klassenstufe	Klasse 5/6
Material	Kopiervorlage
Methode	produktionsorientierte Verfahren
Sozialform	Einzel- und Plenumsarbeit
Dauer	1 Stunde
Inhaltliche Kompetenzen	gattungsspezifisches Schreiben

- **Schritt 1:** Die Schüler erhalten im Zusammenhang mit dem Thema „Lesen von Märchen" (→ 1.7) den Text der Kopiervorlage mit der Schreibaufgabe.

Schreibe ein Märchen und suche dir dazu eine der folgenden Dreiergruppen aus:

- goldener Ball – Dümmling – sprechendes Tier

- Riese – verzauberte Prinzessin – silberne Schlange

- drei Raben – Feen – großer Edelstein

- Königssohn – drei Wünsche – Tod der Hexe

- **Schritt 2:** Mehrere Märchen der Schüler werden vorgelesen. Im folgenden Unterrichtsgespräch wird herausgearbeitet, inwieweit die Texte typische Merkmale von Märchen aufweisen. Dazu dienen folgende Fragestellungen:

- Was ist an euren Geschichten typisch für ein Märchen?
- In welchen Märchen kommen die Motive eurer Schreibaufgaben vor?

Diese Arbeitsergebnisse sollen erreicht werden:
- Die Märchenfiguren sind Typen ohne Eigennamen.
- Wirklichkeit und Zauberwelt sind eins.
- Nach dem Einleitungsteil folgen eine Komplikation und danach immer ein gutes Ende.
- Metallische Farben und formelhafte Sprache sind typisch für das Märchen.

2.4   Einen Text nach Vorgaben schreiben I

Lernziele	einen Text nach literarischen Vorgaben produzieren und die Ideenfindung reflektieren
Klassenstufe	Klasse 5/6
Material	Kapitel *Habuh! Habuuuh!* aus der Schulausgabe von OTFRIED PREUSSLER: Der kleine Wassermann. Stuttgart: Thienemann 2007
Methode	produktionsorientierte Verfahren
Sozialform	Einzel-, Gruppenarbeit und Plenum
Dauer	2 Stunden
Inhaltliche Kompetenzen	literarisches Schreiben; Reflexion des Schreibprozesses

- **Schritt 1:** In der ersten Stunde bearbeiten die Schüler in Zweierteams die folgende Schreibaufgabe.

Schreibt eine Geschichte und verwendet dabei diese Vorgaben:

- Zwei Menschen sind miteinander befreundet.
- Sie sind unterschiedlich in Alter, Anschauungen und Temperament.
- Einer von ihnen sammelt Gegenstände, die der andere für nutzlos erklärt. Darüber ärgert sich sein Freund.
- Der andere kommt in eine Situation, die ihn sehr ärgert und sogar bedroht.
- In dieser Situation hilft ihm sein Freund und verwendet dabei die „nutzlosen" Gegenstände, die er gesammelt hat.
- Der andere ist sehr dankbar, sieht den Nutzen der Gegenstände ein und entschuldigt sich bei seinem Freund.
- Dieser ist darüber glücklich und macht seinem Freund ein tolles Geschenk.

- **Schritt 2:** Nach dem Schreiben wird im Plenum der Schreibprozess reflektiert:
  - Wie leicht oder schwer ist es euch gefallen, Ideen zu den Vorgaben zu entwickeln?
  - Worüber konntet ihr euch schnell einigen, worüber hattet ihr gegensätzliche Ansichten?

- Welche Vorgaben waren am leichtesten zu erfüllen – und warum?
- Welche Vorgaben waren am schwersten zu erfüllen – und warum?

Anschließend tauschen die Schüler ihre Geschichten in Vierergruppen aus und bestimmen je eine Geschichte zum Vorlesen in der nächsten Stunde.

- **Schritt 3:** In der zweiten Stunde liest der Lehrer das Kapitel *Habuh! Habuuuh!* aus Otfried Preußlers Buch *Der kleine Wassermann* gestaltend vor und stellt die Frage: Der kleine Wassermann hilft Cyprinus, obwohl er sich über ihn geärgert hat. Ist das selbstverständlich unter Freunden?

Anschließend werden die in der Vorstunde ausgewählten Geschichten vorgelesen und mit zentralen Aspekten des Ursprungstextes verglichen:

- Welche „Freunde" wurden in euren Geschichten gewählt?
- Welche Probleme sind entstanden?
- Ist es nachvollziehbar, dass der verärgerte Freund dem anderen sofort half und nicht beleidigt war?

2.5 Eine Fabel schreiben I

Lernziele	eine Fabel mit Lebensweltbezug schreiben, beurteilen und überarbeiten; eine Fabelbroschüre herstellen
Klassenstufe	Klasse 5/6
Material	Kopiervorlage; Computer für die Textverarbeitung
Methode	produktionsorientierte Verfahren
Sozialform	Einzelarbeit und Plenum
Dauer	2 Stunden
Inhaltliche Kompetenzen	literarisches Schreiben

- **Schritt 1:** In der ersten Stunde erhalten die Schüler den Text der Kopiervorlage und folgende Schreibaufgabe: Stell dir vor, du bist ein Fabeldichter. Schreibe eine Fabel mit einer Lehre, die du wichtig findest.

Die Fabel soll mit einem Textverarbeitungsprogramm geschrieben, gespeichert und ausgedruckt werden. Falls in der Schule nicht genügend Computer zur Verfügung stehen, kann die Schreibaufgabe als Hausaufgabe aufgegeben werden.

- **Schritt 2:** Die Texte werden in Schreibkonferenzen in Vierergruppen ausgetauscht. Dabei wird darauf geachtet, ob die Fabelmerkmale vorhanden sind. Die Autoren erhalten eine Rückmeldung für die Überarbeitung, die als Hausaufgabe aufgegeben wird: Überarbeite deinen Text am Computer und nutze dazu die Rückmeldung aus der Schreibkonferenz. Speichere ihn und drucke ihn aus. Die Texte sollen in einer Fabelbroschüre, eingebettet in einen Fabelwettstreit, veröffentlicht werden. Sammle Ideen für diese Rahmenhandlung.

- **Schritt 3:** In der zweiten Stunde trägt die Klasse Ideen für eine Rahmenhandlung zusammen und einigt sich auf einen Inhalt. Anschließend bereiten die Schüler die Veröffentlichung vor.

> Aufgaben für die vier Gruppen:
>
> 1. Formulierung der Rahmenhandlung
> 2. Festlegung der Reihenfolge der Fabeln
> 3. Gestaltung des Layouts (Titelblatt, Inhaltsverzeichnis, Schriftbild)
> 4. Illustration

Fabel

Eine Fabel ist ein Text in Prosa oder Versen mit belehrender Absicht. Die Handelnden sind Tiere, an deren Verhalten eine allgemein anerkannte Wahrheit oder eine moralische Lehre veranschaulicht wird. Dabei werden menschliche Verhältnisse, Sitten und Redeweisen auf die Tiere übertragen. Die Tiere haben bestimmte Eigenschaften (listiger Fuchs, majestätischer Löwe). Der Sinn einer Fabel liegt klar auf der Hand, da die Lehre am Ende ausgesprochen wird. Fabeln können witzig-satirisch oder moralisch-belehrend geschrieben sein.

Eine Fabel kann in eine Rahmenhandlung eingebettet werden. So kann beispielsweise eine Figur eine Fabel erzählen, um die anderen zu belehren, um bestimmte Phänomene zu erklären oder um indirekt Kritik zu äußern – oder es kann ein Fabelwettstreit stattfinden.

2.6   Geburtstagsüberraschung

Lernziele	sich eine Überraschung ausdenken und spannend erzählen
Klassenstufe	Klasse 5/6
Material	eventuell Computer mit Textverarbeitungsprogramm
Methode	produktionsorientierte Verfahren
Sozialform	Einzelarbeit und Plenum
Dauer	1 Stunde
Inhaltliche Kompetenzen	literarisches Schreiben

- **Schritt 1:** Die Schüler erhalten folgende Schreibaufgabe: Schreibe eine spannende Geschichte über eine Geburtstagsüberraschung.

- **Schritt 2:** Anschließend werden einige Texte vorgelesen und im Unterrichtsgespräch formal-inhaltliche Aspekte herausgearbeitet:
  - Was ist kennzeichnend dafür, dass es sich um eine Überraschung handelt?
  - Wie ist die Überraschung in euren Geschichten beim Geburtstagskind angekommen?
  - Welche Geschichten waren spannend? Wodurch wurden sie spannend?

2.7 Einen Text nach Vorgaben schreiben II

Lernziele	einen Text nach literarischen Vorgaben produzieren; die Ideenfindung reflektieren
Klassenstufe	Klasse 6–8
Material	Kopiervorlage mit dem Text *Herr von Ribbeck auf Ribbeck im Havelland* von THEODOR FONTANE
Methode	produktionsorientierte Verfahren
Sozialform	Einzelarbeit und Plenum
Dauer	2 Stunden
Inhaltliche Kompetenzen	literarisches Schreiben; Reflexion des Schreibprozesses

- **Schritt 1:** In der ersten Stunde bearbeiten die Schüler die folgende Schreibaufgabe.

> Schreibe einen Text und verwende dabei folgende Vorgaben:
>
> - Ein reicher Mann schenkt den Kindern in seiner Nachbarschaft jedes Jahr etwas Tolles.
> - Als er stirbt, sind alle Kinder traurig, weil sein Sohn ihnen nichts mehr gibt.
> - Der reiche Mann hat aber klug vorgesorgt, sodass nach einiger Zeit alle Kinder wieder beschenkt werden.

- **Schritt 2:** Nach dem Schreiben wird im Plenum der Schreibprozess reflektiert:
  - War es für euch leicht oder schwer, Ideen zu den einzelnen Vorgaben zu finden?
  - Woran könnte das gelegen haben?

  Danach lesen einige Schüler ihre Texte vor, die im Plenum besprochen werden:
  - Sind alle Vorgaben berücksichtigt?
  - Ist die Geschichte nachvollziehbar?

- **Schritt 3:** Abschließend wird die Ballade *Herr von Ribbeck auf Ribbeck im Havelland* von Theodor Fontane vorgelesen. Sie kann als Einstieg in eine Einheit „Ballade" dienen.

Herr von Ribbeck auf Ribbeck im Havelland

Herr von Ribbeck auf Ribbeck im Havelland,
Ein Birnbaum in seinem Garten stand,
Und kam die goldene Herbsteszeit
Und die Birnen leuchteten weit und breit,
Da stopfte, wenns Mittag vom Turme scholl,
Der von Ribbeck sich beide Taschen voll,
Und kam in Pantinen ein Junge daher,
So rief er: „Junge, wist 'ne Beer?"
Und kam ein Mädel, so rief er: „Lütt Dirn,
Kumm man röwer, ick hebb 'ne Birn."

So ging es viel Jahre, bis lobesam
Der von Ribbeck auf Ribbeck zu sterben kam.
Er fühlte sein Ende. 's war Herbsteszeit,
Wieder lachten die Birnen weit und breit,
Da sagte von Ribbeck: „Ich scheide nun ab.
Legt mir eine Birne mit ins Grab."
Und drei Tage drauf, aus dem Doppeldachhaus,
Trugen von Ribbeck sie hinaus,
Alle Bauern und Büdner mit Feiergesicht,
Sangen „Jesus meine Zuversicht",
Und die Kinder klagten, das Herze schwer:
„He is dod nu. Wer giwt uns nu 'ne Beer?"

So klagten die Kinder. Das war nicht recht.
Ach, sie kannten den alten Ribbeck schlecht,
Der *neue* freilich, der knausert und spart,
Hält Park und Birnbaum strenge verwahrt.
Aber der *alte*, vorahnend schon
Und voll Misstraun gegen den eigenen Sohn,
Der wusste genau, was damals er tat,
Als um eine Birn ins Grab er bat,
Und im dritten Jahr, aus dem stillen Haus
Ein Birnbaumsprössling sprosst heraus.

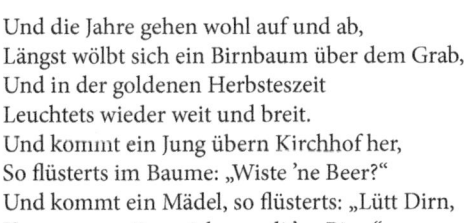

Und die Jahre gehen wohl auf und ab,
Längst wölbt sich ein Birnbaum über dem Grab,
Und in der goldenen Herbsteszeit
Leuchtets wieder weit und breit.
Und kommt ein Jung übern Kirchhof her,
So flüsterts im Baume: „Wiste 'ne Beer?"
Und kommt ein Mädel, so flüsterts: „Lütt Dirn,
Kumm man röwer, ick gew di 'ne Birn."

So spendet Segen noch immer die Hand
Des von Ribbeck auf Ribbeck im Havelland.

Webcode: FD233359-017

2.8 Strophen zu einem Gedicht ergänzen

Lernziele	ein Gedicht ergänzen; einen Gegenentwurf produzieren; eine Broschüre herstellen
Klassenstufe	Klasse 7–9
Material	Gedicht *Die Entwicklung der Menschheit* von Erich Kästner; eventuell Hörfassung des Gedichts und/oder vertonte Fassung von Holger Münzer; Computer mit Internetzugang und Textverarbeitungsprogramm; Schere, Kleber, Stift, Papier
Methode	produktionsorientierte Verfahren
Sozialform	Einzelarbeit und Plenum
Dauer	2 Stunden
Inhaltliche Kompetenzen	literarisches Schreiben

- **Schritt 1:** In der ersten Stunde wird, wenn die Voraussetzungen gegeben sind, die Lesung des Gedichts bzw. die vertonte Fassung von Holger Münzer vorgespielt; ansonsten wird das Gedicht vorgelesen. Der Gedichttext muss außerdem als Computerdatei zur Verfügung stehen. Die Schüler erhalten folgende Schreibaufgabe: Öffne die Datei mit dem Gedicht *Die Entwicklung der Menschheit* und schreibe mindestens drei weitere Strophen. Sie können beliebig platziert werden. Drucke das erweiterte Gedicht aus.
  Alternativ erhalten die Schüler eine Gedichtkopie, schreiben die Strophen mit der Hand und kleben das erweiterte Gedicht auf ein Blatt Papier.

- **Schritt 2:** Danach lesen drei Schüler das Gedicht mit ihren zusätzlichen Strophen vor. Fragen für das Unterrichtsgespräch:
  - Welche Inhalte wurden für die neuen Strophen gewählt? Passen sie zum Gedicht?

- Sind die neuen Strophen richtig platziert?
- Wird der Ton des Gedichts getroffen?
- Auf welche Vermögen wird der Mensch in Kästners Gedicht reduziert? Welche fehlen?
- Wie gebrauchen die Menschen ihre „menschlichen" Fähigkeiten?
- Was meint Kästner mit „bei Lichte betrachtet sind sie im Grund noch immer die alten Affen"?

Es soll herausgearbeitet werden, dass der Mensch mit seinen kognitiven und sprachlichen Fähigkeiten („Kopf und Mund") den „Fortschritt" geschaffen hat. Diese Fähigkeiten werden für das technisch Machbare eingesetzt. Es fehlt aber die Frage nach dem Sinn. Ausgeklammert sind Herz und Gefühl. Das Gedicht könnte so gedeutet werden, dass eine wirklich menschliche Welt nur entstehen kann, wenn der Mensch dafür Verstandes- und Gefühlskräfte einsetzt, mitmenschlich handelt und den Sinn des Machbaren hinterfragt. Die Pointe „noch immer die alten Affen" wertet nicht den „Affen" ab, sondern entlarvt den Menschen, der „Affe" als Schimpfwort benutzt.

- **Schritt 3:** Als Hausaufgabe sollen die Schüler ein Gegengedicht schreiben, in dem der Mensch „Menschliches" zustande bringt.

- **Schritt 4:** In der zweiten Stunde werden mehrere Gedichte der Schüler vorgelesen. Aus allen erweiterten Gedichten und den Gegenentwürfen erstellen die Schüler arbeitsteilig eine Broschüre.

> **Tipp:** Das Gedicht von Erich Kästner kann als Einstieg in eine literarische Unterrichtseinheit zum Thema „Satire" verwendet werden. → 1.22, 3.38

2.9   Vom Bericht zur spannenden Geschichte

Lernziele	einen kurzen Bericht zur spannenden Erzählung ausgestalten
Klassenstufe	Klasse 7–9
Material	Kopiervorlage; Computer mit Textverarbeitungsprogramm
Methode	produktionsorientierte Verfahren
Sozialform	Partnerarbeit und Plenum
Dauer	1 Stunde
Inhaltliche Kompetenzen	literarisches Schreiben

- **Schritt 1:** Der Lehrer verteilt den Text der Kopiervorlage. Die Schreibaufgabe soll in Partnerarbeit am Computer bearbeitet werden.

Schmückt den folgenden Bericht so aus, dass daraus eine spannende Erzählung wird, ohne den Inhalt zu verändern. Speichert den Text mit eurem Namenskürzel und druckt ihn aus.

Zwei Männer stehen auf der Straße. Sie beobachten den Eingang eines Hauses. Ein Ehepaar aus dem Nachbarhaus kommt an den Männern vorbei und schöpft Verdacht. Der Mann fragt einen der beiden Männer, ob er etwas suche. Dieser zeigt eine Dienstplakette der Kripo mit dem Hinweis, dass er Zivilfahnder im Einsatz sei. Zu Hause ruft das Ehepaar bei der Polizei an, die die Angaben des Zivilfahnders bestätigt.

Kurz darauf nehmen die Zivilfahnder einen Mann fest, der gerade vor dem Haus angekommen ist. Ein Polizeiauto fährt vor. Vier Polizisten befördern den Festgenommenen ins Auto. Danach ist die Straße wieder leer, als wenn nichts vorgefallen wäre. Nur im Haus, in dem eine Frau am Fenster gesessen hatte, gehen die Lichter an. Die Zivilfahnder durchsuchen es. Der Einsatz lohnt sich. Sie finden Heroin und Gegenstände aus Diebstählen.

- **Schritt 2:** Die fertigen Texte werden in Viererteams ausgetauscht und besprochen:
  - Ist der Text spannender geworden?
  - Wenn ja, wodurch? Durch inhaltliche Details, durch sprachliche Ausschmückungen?
  - Passt die Ausgestaltung zum Inhalt der Vorlage?

  Ein bis zwei Texte werden zum Vorlesen ausgewählt und vorgetragen. Die Ausdrucke werden ausgetauscht und zu Hause gelesen. Alternativ können alle Texte über einen Klassenmail-Verteiler verschickt werden, sodass jeder die Ergebnisse lesen kann, die ihn interessieren.

2.10 Eine Fabel schreiben II

Lernziele	zu Lessings Fabeln recherchieren und selbst eine Fabel schreiben
Klassenstufe	Klasse 9/10
Material	Kopiervorlage; Computer mit Internetzugang
Methode	textsortenbezogenes Schreiben
Sozialform	Partner- und Plenumsarbeit
Dauer	2 Stunden
Inhaltliche Kompetenzen	literarisches Schreiben

- **Schritt 1:** Der Lehrer verteilt den Text der Kopiervorlage. Der Informationstext zur Fabel wird gemeinsam gelesen; eventuelle Verständnisfragen werden geklärt. Die Aufgaben 1 bis 3 werden bearbeitet.

Fabel

Im 6. Jahrhundert vor Christus schrieb der griechische Sklave Äsop Fabeln. In jeder Fabel kommen Tiere mit bestimmten Eigenschaften vor (z. B. listiger Fuchs, dummes Schaf), die stellvertretend für bestimmte Menschengruppen stehen. So werden auf eine versteckte Weise Missstände aufgezeigt, die nicht offen kritisiert werden dürfen. Fabeln enthalten eine Lehre und sollen die Leser über schlimme Zustände und falsche Verhaltensweisen „aufklären", weswegen die Fabel in der Literaturepoche der „Aufklärung" ihren Höhepunkt erlebte: Zwischen 1730 und 1800 erschienen weit über 50 Fabelsammlungen, darunter Lessings „Fabeln. Drey Bücher", in denen er antike Fabeln aktualisierte.

Aufgaben

1. Suche zusammen mit einem Partner auf der Internetseite http://gutenberg.spiegel.de Fabeln von Gotthold Ephraim Lessing, in denen jeweils ein Fuchs, ein Rabe, ein Wolf und ein Schaf vorkommen.

2. Beantwortet die Fragen:
   – Welche Eigenschaften haben diese Tiere in Lessings Fabeln?
   – Welche Lehre wird in diesen Fabeln vermittelt?

3. Informiert euch überblicksartig über Gotthold Ephraim Lessing und die Epoche der Aufklärung. Fasst eure Ergebnisse stichwortartig zusammen.

Webcode: FD233359-018

- **Schritt 2:** Nach dem Besprechen der Arbeitsergebnisse erhalten die Schüler den Text der Kopiervorlage mit den Schreibhilfen zu Erzählung, Brief und Fabel. Bis zur nächsten Stunde bearbeiten sie schriftlich eine der Auswahlaufgaben.

Erzählung: In einer Erzählung geht es um die Darstellung eines bemerkenswerten Ereignisses. Dabei werden zuerst die Situation (Ort, Zeit, Personen), dann das Ereignis und die damit verbundenen Komplikationen sowie abschließend die Lösung/der Ausgang geschildert.

Brief: Ein Brief ist ein fortlaufender Text, der einen oder mehrere Adressaten anspricht. Beim Schreiben überlegt sich der Verfasser, was er sagen will, was er mit seinem Brief erreichen möchte und wie er sich verständlich mitteilen kann. Ein Brief enthält eine Orts- und Datumsangabe, eine Anrede und eine Schlussformel.

Fabel: Eine Fabel ist ein Text in Prosa oder Versen mit belehrender Absicht. Die Handelnden sind Tiere, an deren Verhalten eine allgemein anerkannte Wahrheit oder eine moralische Lehre veranschaulicht wird. Dabei werden menschliche Verhältnisse, Sitten und Redeweisen auf die Tiere übertragen. Die Tiere haben bestimmte Eigenschaften (listiger Fuchs, majestätischer Löwe). Der Sinn einer Fabel liegt klar auf der Hand, da die Lehre am Ende ausgesprochen wird. Fabeln können witzig-satirisch oder moralisch-belehrend geschrieben sein. In der Aufklärung sind die Fabeln kurze Prosatexte, in denen zugespitzte Art und Weise Zeitkritik geübt wird. Eine Fabel kann in eine Rahmenhandlung eingebettet werden. So kann z. B. eine Figur eine Fabel erzählen, um die anderen zu belehren, bestimmte Phänomene zu erklären oder um indirekt Kritik zu äußern – oder es kann ein Fabelwettstreit stattfinden.

Schreibaufgaben zur Auswahl

Zur Zeit Lessings trafen sich ein Fuchs, ein Rabe, ein Wolf und ein Schaf. Sie hatten alle Fabeln Lessings gelesen und wollten miteinander darüber sprechen. In ihrer Beratung ging es darum, welche Rolle sie in diesen Fabeln spielen und welchen Sinn diese Fabeln haben. Wähle eine der drei Aufgaben:
1. Schreibe eine Erzählung über die Beratung der Tiere.
2. Schreibe einen Brief an Lessing, in dem die vier Tiere das Ergebnis ihrer Beratung vorbringen.
3. Schreibe eine Fabel, in der die Tiere sich selbst eine Rolle zuschreiben, die ihnen gut gefällt.

Webcode: FD233359-018

- **Schritt 3:** In der zweiten Stunde werden Schülertexte zu den drei Aufgaben vorgelesen, jeweils für sich und abschließend aufeinander bezogen besprochen. Dabei werden die Rechercheergebnisse zu Lessing und zur Aufklärung einbezogen.

2.11 Eine Fabel schreiben III

Lernziele	Textsorte Fabel als „aufklärerisches" Medium verstehen und eine aktuelle Fabel schreiben
Klassenstufe	Klasse 9/10
Material	Informationstext und Schreibhilfe zur Fabel → 2.10
Methode	Textproduktion; Literaturgeschichte
Sozialform	Einzel-, Gruppenarbeit und Plenum
Dauer	1 Stunde
Inhaltliche Kompetenzen	literarisches Schreiben; Reflexion über die Wirkung von Literatur im Zusammenhang mit der Entstehungszeit

- **Schritt 1:** Das Schreiben der Fabel soll im Literaturunterricht vorbereitet werden. Die Schüler erhalten den Informationstext und die Schreibhilfe zur Fabel (Kopiervorlage → 2.10) mit folgender Hausaufgabe: Stell dir vor, du bist ein Fabeldichter.

Schreibe eine Fabel, in der du ein aktuelles Geschehen aufgreifst. Es kann aus Politik und Gesellschaft oder aus deinem persönlichen Leben sein. Es kann darin um moralische Werte wie Toleranz, Achtung, Ehrlichkeit oder Nächstenliebe gehen. Du kannst auch eine Rahmenhandlung erfinden.

- **Schritt 2:** Die Hausaufgabentexte werden in Vierergruppen ausgetauscht. Eine Liste mit den Themen und Lehren wird erstellt. Die Gruppenarbeitsergebnisse werden im Plenum zusammengetragen und besprochen. Dabei wird der Fokus vor allem auf vier Aspekte gelegt.
    - Welche Lehren in euren Fabeln sind für die Menschen und die Gesellschaft heute wichtig?
    - Braucht man in einer Demokratie überhaupt noch eine Fabel, da man Kritik offen äußern kann?
    - Worüber sollte die Öffentlichkeit heute „aufgeklärt" werden, damit „Missstände" abgeschafft werden können?
    - Welche Textsorten eignen sich dafür am besten?

2.12   Einen eigenen Text mit einem literarischen Text vergleichen

Lernziele	einen Text nach Vorgaben produzieren; den eigenen Text in Zusammenhang mit einem Abschnitt aus *Frau Jenny Treibel* von THEODOR FONTANE bringen; Unterschiede herausarbeiten
Klassenstufe	Klasse 9/10
Material	Kopiervorlage
Methode	produktionsorientierte Verfahren
Sozialform	Einzelarbeit und Plenum
Dauer	2 Stunden
Inhaltliche Kompetenzen	kommunikative und reflexive Schreibkompetenz

- **Schritt 1:** In der ersten Stunde erhalten die Schüler den Informationstext zum inneren Monolog (siehe Kopiervorlage) und bearbeiten eine der Schreibaufgaben (siehe Kasten).

- **Schritt 2:** Mehrere Texte werden vorgelesen und insbesondere im Hinblick auf die Unterschiede zwischen Brief und Mail/SMS unter Einbeziehung der Gedanken beim Schreiben der Mail/SMS besprochen.

- **Schritt 3:** In der zweiten Stunde wird das den Vorgaben zugrunde liegende Kapitel aus *Frau Jenny Treibel* von Theodor Fontane (Brief von Marcell an Corinna als Antwort auf ihren Trennungsbrief aus dem 16. Kapitel) gelesen und im Vergleich mit den Schülertexten diskutiert. Dabei wird auf die Entstehungszeit von Fontanes Roman (1892) und auf mögliche Veränderungen in den Beziehungen von Mann und Frau eingegangen.

Wähle eine der beiden Aufgaben und verwende beim Schreiben folgende Vorgaben:

- Ein Mann und eine Frau kennen sich schon lange und möchten heiraten.
- Die Frau entscheidet sich plötzlich für einen anderen Mann, der in jeder Hinsicht das Gegenteil ihres langjährigen Freundes ist.
- Sie revidiert nach einer gewissen Zeit jedoch ihre Entscheidung.
- Sie signalisiert ihrem langjährigen Freund, dass die Beziehung zum anderen Mann ein Irrtum war.
- Der Freund schreibt ihr einen Brief, in dem er seine Freude darüber zum Ausdruck bringt und ein Treffen vorschlägt.

1. Schreibe den Brief des langjährigen Freundes nach den Vorgaben.
2. Schreibe eine E-Mail/eine SMS und einen inneren Monolog des Freundes nach dem Abschicken der Mail/SMS.

Innerer Monolog: Ein innerer Monolog ist ein Erzähltext, in dem unausgesprochene Gedanken und Assoziationen oder Ahnungen in der Ich-Form wiedergegeben werden. Die literarische Figur spricht sich selbst direkt an, stellt sich Fragen, macht sich Vorwürfe, drückt Augenblicksregungen aus, wie sie ihr gerade in den Sinn kommen. Ein innerer Monolog ist in der Regel im Präsens verfasst.

Beispiel eines inneren Monologs zum Thema „Fahrerflucht"

Ich weiß jetzt gar nicht, was ich machen soll. In meinem Kopf geht alles durcheinander. Wenn ich wegen Fahrerflucht gesucht werde – ich glaube, ich habe Fieber! Soll ich zur Polizei? Aber vielleicht merkt es ja niemand – wer sagt denn, dass sie mich finden – wer könnte mir denn helfen? Mein Kopf tut mir weh – so eine blöde Kurzschlusshandlung! Was wird man von mir denken, wenn ich mich jetzt noch stelle?

Theodor Fontane: Auszug aus „Frau Jenny Treibel"

Liebe Corinna!
Der Papa hat gestern mit mir gesprochen und mich zu meiner innigsten Freude wissen lassen, dass, verzeih, es sind seine eignen Worte, „Vernunft wieder an zu sprechen fange". „Und", so setzte er hinzu, „die rechte Vernunft käme aus dem Herzen." Darf ich es glauben? Ist ein Wandel eingetreten, die Bekehrung, auf die ich gehofft? Der Papa wenigstens hat mich dessen versichert. Er war auch der Meinung, dass du bereit sein würdest, dies gegen mich auszusprechen, aber ich habe feierlichst dagegen protestiert, denn mir liegt gar nicht daran, Unrechts- oder Schuldgeständnisse zu hören; – das, was ich jetzt weiß,

© Cornelsen Verlag, Berlin · FG Deutsch

wenn auch noch nicht aus deinem Munde, genügt mir völlig, macht mich unendlich glücklich und löscht alle Bitterkeit aus meiner Seele. Manch einer würde mir in diesem Gefühl nicht folgen können, aber ich habe da, wo mein Herz spricht, nicht das Bedürfnis, zu einem Engel zu sprechen, im Gegenteil, mich bedrücken Vollkommenheiten, vielleicht weil ich nicht an sie glaube; Mängel, die ich menschlich begreife, sind mir sympathisch, auch dann noch, wenn ich unter ihnen leide. Was du mir damals sagtest, als ich dich an dem Mr.-Nelson-Abend von Treibels nach Hause begleitete, das weiß ich freilich noch alles, aber es lebt nur in meinem Ohr, nicht in meinem Herzen. In meinem Herzen steht nur das eine, das immer darin stand, von Anfang an, von Jugend auf.
Ich hoffe, dich heute noch zu sehen. Wie immer dein Marcell.

Webcode: FD233359-019

2.13   Einen Taugenichts-Text schreiben

Lernziele	einen literarischen Text zu den Themen „Vater-Sohn-Konflikt", „Normal-bürger – Aussteiger" nach Vorgaben aus *Aus dem Leben eines Taugenichts* von Joseph von Eichendorff schreiben
Klassenstufe	Klasse 9/10
Material	Kopiervorlage
Methode	produktionsorientierte Verfahren
Sozialform	Einzelarbeit und Plenum
Dauer	1 Stunde; Weiterarbeit im Literaturunterricht
Inhaltliche Kompetenzen	literarisches Schreiben

- **Schritt 1:** Als Vorbereitung bearbeiten die Schüler die folgende Schreibaufgabe.

Schreibe einen Text nach folgenden Vorgaben:

- Die Geschichte spielt an einem Morgen im Frühling.
- Ein junger Mann wird von seinem Vater aufgefordert, auszuziehen und seinen Unterhalt selbst zu verdienen.
- Vater und Sohn führen einen Dialog, in dem sie aneinander vorbeireden.
- Der Sohn geht aus eigenem Antrieb fort und nimmt einen Gegenstand mit.
- Der Sohn spricht gewählt.
- Er erzählt seine Geschichte in der Ich-Form.
- Auf seinem Weg gehen ihm Gedanken über Normalbürger und Aussteiger durch den Kopf.

Zusatzfrage: Aus welcher Literaturepoche könnte der Text stammen, dem die Vorgaben entnommen sind?

- **Schritt 2:** Im Unterricht werden einige Schülertexte vorgelesen und besprochen. Anschließend werden die Vermutungen der Schüler zum Originaltext ausgetauscht und diskutiert. Der Anfang der Novelle wird vorgelesen (siehe Kopiervorlage). Wenn die Schüler Autor und Titel dann noch nicht erraten, gibt sie der Lehrer bekannt.

Tipp: Die Novelle kann im Anschluss daran im Literaturunterricht als Einstieg in die Epoche der Romantik gelesen und analysiert werden.

Joseph von Eichendorff: „Aus dem Leben eines Taugenichts" (1826)

Erstes Kapitel

Das Rad an meines Vaters Mühle brauste und rauschte schon wieder recht lustig, der Schnee tröpfelte emsig vom Dache, die Sperlinge zwitscherten und tummelten sich dazwischen; ich saß auf der Türschwelle und wischte mir den Schlaf aus den Augen; mir war so recht wohl in dem warmen Sonnenscheine. Da trat der Vater aus dem Hause; er hatte schon seit Tagesanbruch in der Mühle rumort und die Schlafmütze schief auf dem Kopfe, der sagte zu mir: „Du Taugenichts! Da sonnst du dich schon wieder und dehnst und reckst dir die Knochen müde und lässt mich alle Arbeit allein tun. Ich kann dich hier nicht länger füttern. Der Frühling ist vor der Tür, geh auch einmal hinaus in die Welt und erwirb dir selber dein Brot." – „Nun", sagte ich, „wenn ich ein Taugenichts bin, so ist's gut, so will ich in die Welt gehen und mein Glück machen." Und eigentlich war mir das recht lieb, denn es war mir kurz vorher selber eingefallen, auf Reisen zu gehen, da ich die Goldammer, welche im Herbst und Winter immer betrübt an unserm Fenster sang: „Bauer, miet mich, Bauer, miet mich!" nun in der schönen Frühlingszeit wieder ganz stolz und lustig vom Baume rufen hörte: „Bauer, behalt deinen Dienst!"

Ich ging also in das Haus hinein und holte meine Geige, die ich recht artig spielte, von der Wand, mein Vater gab mir noch einige Groschen Geld mit auf den Weg, und so schlenderte ich durch das lange Dorf hinaus. Ich hatte recht meine heimliche Freude, als ich da alle meine alten Bekannten und Kameraden rechts und links, wie gestern und vorgestern und immerdar, zur Arbeit hinausziehen, graben und pflügen sah, während ich so in die freie Welt hinausstrich. Ich rief den armen Leuten nach allen Seiten stolz und zufrieden „Adjes" zu, aber es kümmerte sich eben keiner sehr darum. Mir war es wie ein ewiger Sonntag im Gemüte. Und als ich endlich ins freie Feld hinauskam, da nahm ich meine liebe Geige vor und spielte und sang, auf der Landstraße fortgehend:

Wem Gott will rechte Gunst erweisen,
Den schickt er in die weite Welt,
Dem will er seine Wunder weisen
In Berg und Wald und Strom und Feld.

Die Trägen, die zu Hause liegen,
Erquicket nicht das Morgenrot,
Sie wissen nur vom Kinderwiegen,
Von Sorgen, Last und Not um Brot.

Die Bächlein von den Bergen springen,
Die Lerchen schwirren hoch vor Lust,
Was sollt ich nicht mit ihnen singen
Aus voller Kehl und frischer Brust?

Den lieben Gott lass ich nur walten;
Der Bächlein, Lerchen, Wald und Feld
Und Erd' und Himmel will erhalten,
Hat auch mein Sach' aufs Best' bestellt!

Webcode: FD233359-020

2.14 Die Rolle der Frau im gesellschaftlichen Wandel

Lernziele	einen literarischen Text nach Vorgaben schreiben; Interesse an neuerer Literatur aus Lateinamerika wecken
Klassenstufe	Klasse 9/10
Material	Kopiervorlage; Buch von Gioconda Belli: Bewohnte Frau. München: dtv 1991 (darin der Beginn von Kapitel 3, S. 30 f.)
Methode	produktionsorientierte Verfahren
Sozialform	Einzelarbeit und Plenum
Dauer	1 Stunde; mögliche Weiterarbeit im Literaturunterricht
Inhaltliche Kompetenzen	literarisches Schreiben

- **Schritt 1:** Die Schüler erhalten den Informationstext zum inneren Monolog (siehe Kopiervorlage) und bearbeiten die folgende Schreibaufgabe.

Schreibe einen inneren Monolog, in dem du die Gedanken einer auf die Erde zurückgekehrten Frau wiedergibst:

- Eine Frau kommt nach Jahrhunderten zurück auf die Erde.
- Sie kommt als Lebewesen, das beobachten, fühlen, denken und verstehen, aber nicht sich fortbewegen und sprechen kann.
- Sie lebt im Haushalt einer alleinstehenden jungen Frau.
- Sie beobachtet das Leben der jungen Frau und vergleicht es mit dem Leben der Frauen zu ihrer Zeit.

- **Schritt 2:** Die Schülertexte werden zunächst in Viergruppen ausgetauscht, die Ideen werden kategorisiert (Welches Lebewesen? Welches Land? Welche Unterschiede?) und im Plenum ausgetauscht. Anschließend wird der Auszug aus dem Roman *Bewohnte Frau* (Beginn von Kapitel 3, S. 30 f.) der Schriftstellerin Gioconda Belli aus Nicaragua vorgelesen.

Mögliche Weiterarbeit

Eine Weiterarbeit kann mit unterschiedlicher Zielsetzung erfolgen: Der Roman kann im Anschluss als Ganzschrift gelesen bzw. im Rahmen einer Buchvorstellung präsentiert werden oder ein Lektüreangebot bei einem Vielleseverfahren darstellen. Alternativ kann der Lehrer eine Kurzzusammenfassung liefern (siehe Kopiervorlage), um Interesse an einer privaten Lektüre zu wecken.

Innerer Monolog: Ein innerer Monolog ist ein Erzähltext, in dem unausgesprochene Gedanken und Assoziationen oder Ahnungen in der Ich-Form wiedergegeben werden. Die literarische Figur spricht sich selbst direkt an, stellt sich Fragen, macht sich Vorwürfe, drückt Augenblicksregungen aus, wie sie ihr gerade in den Sinn kommen. Ein innerer Monolog ist in der Regel im Präsens verfasst.

Kurzzusammenfassung des Romans „Bewohnte Frau" von Gioconda Belli

Gioconda Bellis Roman „Bewohnte Frau" wird aus einer ungewöhnlichen Ich-Perspektive erzählt, einer Frau, die Jahrhunderte nach ihrem Tod als Orangenbaum wieder lebendig wird. Der Baum steht am Haus einer alleinstehenden jungen Frau aus Lateinamerika, einer Architektin, die Kontakte zur Widerstandsbewegung hat. Die den Orangenbaum bewohnende Frau beobachtet das Leben der jungen Frau und vergleicht es mit ihrem Leben. Dabei registriert sie vor allem die Veränderungen: Die Frau ist kein Mensch zweiten Ranges mehr, sondern eine eigenständige Person, die allein lebt, außerhalb des Hauses arbeitet und sogar Bedienstete hat. Zudem scheint es keine Verehrung der alten Götter mehr zu geben.

2.15 Einen Brief nach literarischen Vorlagen schreiben

Lernziele	einen Brief bzw. Mailkorrespondenz zu inhaltlichen Vorgaben schreiben; Texte im Zeitkontext der literarischen Vorlage reflektieren
Klassenstufe	Klasse 10
Material	Kopiervorlage mit dem Text aus *Die Leiden des jungen Werther* von JOHANN WOLFGANG VON GOETHE; Computer mit Textverarbeitungsprogramm
Methode	produktionsorientierte Verfahren
Sozialform	Einzel-, Partner-, Gruppenarbeit und Plenum
Dauer	2 Stunden; mögliche Weiterarbeit im Literaturunterricht
Inhaltliche Kompetenzen	kommunikatives Schreiben; Medien-Schreibkompetenz

- **Schritt 1:** In der ersten Stunde bearbeiten die Schüler am Computer eine der folgenden Schreibaufgaben.

> Lies die folgenden Vorgaben und bearbeite eine der beiden Schreibaufgaben:
>
> - Ein junger Mensch wechselt den Wohnort und schreibt Briefe/Mails über seine neuen Eindrücke an seine alte Freundin/seinen alten Freund.
> - Eines Tages hat er einen besonderen Ärger. Er ist bei einem neuen vornehmen Freund/einer neuen vornehmen Freundin zu Besuch und bleibt dort auch noch, als eine Party beginnt, zu der vornehme Gäste eingeladen sind. Er wird zuerst ignoriert und dann vom Gastgeber/von der Gastgeberin als ungeladener Gast aufgefordert, zu gehen.
> - Am meisten ärgert ihn aber, dass sich die Sache wie ein Lauffeuer verbreitet und alle seine Bekannten über ihn reden und ihn bemitleiden.
>
> Versetze dich in die Lage des jungen Menschen.
> 1. Schreibe nach dem „Hinauswurf" einen Brief an die alte Freundin/den alten Freund.
> 2. Schreibe mit einem Partner/einer Partnerin zusammen nach dem „Hinauswurf" eine Mailkorrespondenz zwischen dem jungen Mann und seinem alten Freund/seiner alten Freundin.
>
> Druckt eure Texte aus.

- **Schritt 2:** Nach dem Schreiben tauschen die Schüler ihre Texte in Vierergruppen aus. Als Hausaufgabe lesen sie die literarische Vorlage, den Wertherbrief vom 15. März 1772 aus J. W. von Goethes *Die Leiden der jungen Werther* (1774). Sie erhalten den Goethe-Text ohne Autornamen und sollen sich Gedanken darüber machen, aus welcher Zeit der Brief stammen könnte.

- **Schritt 3:** In der zweiten Stunde bearbeiten die Schüler schriftlich folgende Aufgabe: Vergleiche die Situation des Briefschreibers und die Gründe für seinen Hinauswurf im Originaltext mit der Darstellung in den Texten aus deiner Vierergruppe. – Im anschließenden Unterrichtsgespräch werden Gemeinsamkeiten und Unterschiede in der Problematik und den äußeren Umständen herausgearbeitet. Am Schluss wird das Geheimnis um Autor und Werk gelüftet, falls die Schüler noch nicht selbst darauf gekommen sind. Als Weiterführung kann der *Werther* als Ganzschrift im Literaturunterricht gelesen werden.

Den 15. März

Ich habe einen Verdruss gehabt, der mich von hier wegtreiben wird. Ich knirsche mit den Zähnen! Teufel! Er ist nicht zu ersetzen, und ihr seid doch allein schuld daran, die ihr mich sporntet und triebt und quältet, mich in einen Posten zu begeben, der nicht nach meinem Sinne war. Nun habe ich's! Nun habt ihr 's! Und dass du nicht wieder sagst, meine überspannten Ideen verdürben alles, so hast du hier, lieber Herr, eine Erzählung, plan und nett, wie ein Chronikenschreiber das aufzeichnen würde.

Der Graf von C… liebt mich, distinguiert mich, das ist bekannt, das habe ich dir schon hundertmal gesagt. Nun war ich gestern bei ihm zu Tafel, eben an dem Tage, da abends die noble Gesellschaft von Herren und Frauen bei ihm zusammenkommt, an die ich nie gedacht habe, auch mir nie aufgefallen ist, dass wir Subalternen nicht hineingehören. Gut. Ich speise bei dem Grafen, und nach Tische gehn wir in dem großen Saal auf und ab, ich rede mit ihm, mit dem Obristen B…, der dazukommt, und so rückt die Stunde der Gesellschaft heran. Ich denke, Gott weiß, an nichts. Da tritt herein die übergnädige Dame von S… mit ihrem Herrn Gemahl und wohl ausgebrüteten Gänslein Tochter mit der flachen Brust und niedlichem Schnürleibe, machen en passant ihre hergebrachten, hochadeligen Augen und Naslöcher, und wie mir die Nation von Herzen zuwider ist, wollte ich mich eben empfehlen und wartete nur, bis der Graf vom garstigen Gewäsche frei wäre, als mein Fräulein B… hereintrat. Da mir das Herz immer ein bisschen aufgeht, wenn ich sie sehe, blieb ich eben, stellte mich hinter ihren Stuhl und bemerkte erst nach einiger Zeit, dass sie mit weniger Offenheit als sonst, mit einiger Verlegenheit mit mir redete. Das fiel mir auf. Ist sie auch wie all das Volk, dacht' ich, und war angestochen und wollte gehen, und doch blieb ich, weil ich sie gerne entschuldigt hätte und es nicht glaubte und noch ein gut Wort von ihr hoffte und – was du willst. Unterdessen füllte sich die Gesellschaft. Der Baron F… mit der ganzen Garderobe von den Krönungszeiten Franz des Ersten her, der Hofrat R…, hier aber in qualitate Herr von R… genannt, mit seiner tauben Frau etc., den übel fournierten J… nicht zu vergessen, der die Lücken seiner altfränkischen Garderobe mit neumodischen Lappen ausflickt, das kommt zu Hauf, und ich rede mit einigen meiner Bekanntschaft, die alle sehr lakonisch sind. Ich dachte – und gab nur auf meine B… acht. Ich merkte nicht, dass die Weiber am Ende des Saales sich in die Ohren flüsterten, dass es auf die Männer zirkulierte, dass Frau von S… mit dem Grafen redete (das alles hat mir Fräulein B… nachher erzählt), bis endlich der Graf auf mich losging und mich in ein Fenster nahm. – „Sie wissen", sagt' er, „unsere wunderbaren Verhältnisse; die Gesellschaft ist unzufrieden, merkte ich, Sie hier zu sehn. Ich wollte nicht um alles" – „Ihro Exzellenz", fiel ich ein, „ich bitte tausendmal um Verzeihung; ich hätte eher dran denken sollen, und ich weiß, Sie vergeben mir diese Inkonsequenz; ich wollte schon vorhin mich empfehlen. Ein böser Genius hat mich zurückgehalten." Setzte ich lächelnd hinzu, indem ich mich neige. – Der Graf drückte meine Hände mit einer Empfindung, die alles sagte. Ich strich mich sacht aus der vornehmen Gesellschaft, ging, setzte mich in ein Kabriolett und fuhr nach M., dort vom Hügel die Sonne untergehen zu sehen und dabei in meinem Homer den herrlichen Gesang zu lesen, wie Ulyss von dem trefflichen Schweinehirten bewirtet wird. Das war alles gut.

Des Abends komm' ich zurück zu Tische, es waren noch wenige in der Gaststube; die würfelten auf einer Ecke, hatten das Tischtuch zurückgeschlagen. Da kommt der ehrliche Adelin hinein, legt seinen Hut nieder, indem er mich ansieht, tritt zu mir und sagt leise: „Du hast Verdruss gehabt?" – „Ich?", sagt' ich. – „Der Graf hat dich aus der Gesellschaft gewiesen." – „Hol' sie der Teufel!", sagt' ich, „mir war's lieb, dass ich in die freie Luft kam." – „Gut", sagt' er, „dass du's auf die leichte Achsel nimmst. Nur verdrießt mich's, es ist schon überall herum." – Da fing mich das Ding erst an zu wurmen. Alle, die zu Tisch kamen und mich ansahen, dachte ich, die sehen dich darum an! Das gab böses Blut.

Und da man nun heute gar, wo ich hintrete, mich bedauert, da ich höre, dass meine Neider nun triumphieren und sagen: da sähe man's, wo es mit den Übermütigen hinausginge, die sich ihres bisschen Kopfs überhöben und glaubten, sich darum über alle Verhältnisse hinaussetzen zu dürfen, und was des Hundegeschwätzes mehr ist – da möchte man sich ein Messer ins Herz bohren; denn man rede von Selbstständigkeit was man will, den will ich sehen, der dulden kann, dass Schurken über ihn reden, wenn sie einen Vorteil über ihn haben; wenn ihr Geschwätze leer ist, ach da kann man sie leicht lassen.

Webcode: FD233359-021

2.16 Einen Text zu den Buddenbrooks schreiben

Lernziele	einen literarischen Text nach Vorgaben produzieren; Interesse an „älterer" Literatur wecken
Klassenstufe	Klasse 10
Material	Buchausgabe von THOMAS MANN: Buddenbrooks. Verfall einer Familie; darin das vierte Kapitel im sechsten Teil mit dem ersten Besuch Herrn Permaneders bei der Konsulin. Textausschnitt: „Die Konsulin hatte sich nun völlig erhoben (…). Dies füllte ungefähr die Zeit bis zu Frau Grünlichs Erscheinen aus."
Methode	produktionsorientierte Verfahren
Sozialform	Einzel- und Plenumsarbeit
Dauer	1 Stunde; mögliche Weiterarbeit im Literaturunterricht
Inhaltliche Kompetenzen	literarisches Schreiben

- **Schritt 1:** Als Vorbereitung bearbeiten die Schüler die folgende Schreibaufgabe.

Ein Mann besucht seine zukünftige Schwiegermutter zum ersten Mal. Schreibe einen Text über diese Begegnung und verwende dabei die folgenden Vorgaben:

- Der Mann und seine zukünftige Schwiegermutter sind äußerst verschieden in Herkunft, Benehmen, Lebensstil und Sprachverwendung.
- Der zukünftige Schwiegersohn tritt sehr originell auf.
- Die zukünftige Schwiegermutter ist sehr befremdet, versucht aber, höflich zu bleiben.

- **Schritt 2:** Im Unterricht werden einige Schülertexte vorgelesen und besprochen. Anschließend wird der Auszug aus Thomas Manns Roman *Buddenbrooks* (1901) vorgelesen und im Zusammenhang mit den Schülertexten diskutiert.

Mögliche Weiterarbeit
Der Roman von Thomas Mann kann anschließend im Rahmen eines Projekts (Literaturprojekt, Vielllese-Verfahren, Buchvorstellung) als Ganzschrift gelesen werden.

2.17 Wertvorstellungen früher und heute

Lernziele	einen reflektierenden Text zu Wertvorstellungen nach literarischen Vorgaben schreiben; den Text *Reichston* im historischen Kontext verstehen; die Unterschiede in den Wertvorstellungen im Mittelalter und heute herausarbeiten und reflektieren; ein Protokoll anfertigen
Klassenstufe	Klasse 10
Material	Kopiervorlage
Methode	produktionsorientierte Verfahren
Sozialform	Einzel-, Gruppenarbeit und Plenum
Dauer	2 Stunden
Inhaltliche Kompetenzen	literarisches Schreiben; Bezüge zwischen Text, Autor und Zeit herstellen; protokollieren

- **Schritt 1:** Als Vorbereitung auf die erste Stunde bearbeiten die Schüler die folgende Schreibaufgabe.

Schreibe einen Text und verwende dabei folgende Vorgaben:

- Ein Mensch denkt nach.
- Er möchte herausfinden, wie man auf der Welt leben sollte.
- Es gehen ihm drei Dinge durch den Kopf, die er wichtig findet.
- Er kommt zu dem Schluss, dass sich in seinem Land etwas ändern müsse.

- **Schritt 2:** Im Unterricht werden die Texte in Vierergruppen ausgetauscht. Zu den drei wichtigen Dingen und den Veränderungsvorschlägen für das Land wird eine

Liste erstellt. Im Anschluss werden die Arbeitsergebnisse der Gruppen im Plenum ausgetauscht und festgehalten.

- **Schritt 3:** Der Text der Kopiervorlage wird verteilt, laut gelesen und anschließend besprochen. Verständnisprobleme, die vermutlich vorwiegend aus einem fehlenden (literatur)historischen Wissen resultieren, werden gesammelt. Als Hausaufgabe sollen die Schüler die zum Textverständnis notwendigen Informationen zu Autor, Werk und Zeit recherchieren und schriftlich zusammenfassen.

- **Schritt 4:** Die Hausaufgaben werden im Plenum besprochen und die Ergebnisse von einem Schüler in einem Protokoll festgehalten. Anschließend werden die Wertvorstellungen und Änderungsvorschläge in den Schülertexten und im Text *Reichston* miteinander verglichen und reflektiert. Die Ergebnisse werden ebenfalls protokolliert.

Walther von der Vogelweide: „Reichston" (1. Strophe)

Ich saß auf einem Stein
und schlug ein Bein über das andere.
Darauf stützte ich den Ellenbogen.
Ich hatte in meine Hand geschmiegt
das Kinn und meine eine Wange.
So erwog ich in aller Eindringlichkeit,
wie man auf dieser Welt zu leben habe.
Keinen Rat wusste ich zu geben,
wie man drei Dinge erwerben könne,
ohne dass eines von ihnen verloren ginge.
Zwei von ihnen sind Ehre und Besitz,
die einander oft Abbruch tun;
das dritte ist die Gnade Gottes,
weit höher geltend als die beiden andern.
Die wünschte ich in *ein* Gefäß zu tun.
Aber zu unserm Leid kann das nicht sein,
dass Besitz und Ehre in der Welt
und dazu Gottes Gnade
zusammen in ein Herz kommen.
Weg und Steg sind ihnen verbaut,
Verrat lauert im Hinterhalt,
Gewalttat zieht auf der Straße,
Friede und Recht sind todwund:
bevor diese beiden nicht gesunden,
haben die drei keine Sicherheit.

Webcode: FD233359-022

2.18 Außerirdischen einen Computer beschreiben

Lernziele	Aussehen, Bestandteile und Funktion eines Computers sachgerecht und verständlich beschreiben
Klassenstufe	Klasse 5/6
Material	Kopiervorlage
Methode	Textproduktion
Sozialform	Einzel-, Partner-, Gruppenarbeit und Plenum
Dauer	2 Stunden
Inhaltliche Kompetenzen	leser- und textsortenbezogenes Schreiben

- **Schritt 1:** Als Vorbereitung auf die erste Stunde bearbeiten die Schüler die folgende Aufgabe: Informiere dich über Computer und schreibe die gefundenen Informationen stichwortartig auf.

- **Schritt 2:** Im Unterricht wird zunächst darüber gesprochen, zu welchem Zweck Gegenstände beschrieben werden können. Die Beschreibung wird an einem Beispiel demonstriert: Deine Großmutter hatte fünf Geschwister und durfte als Einzige ihre Mutter, also deine Urgroßmutter, in die Stadt begleiten. Dort bekam sie ein Eis und wollte zu Hause ihren Geschwistern, die noch nie ein Eis gesehen oder gegessen hatten, beschreiben, was das ist. – Die Schüler erhalten fünf Minuten Zeit, sich eine Beschreibung für ein Eis zu überlegen. Einige Lösungen werden vorgetragen; die Textsorte „Beschreibung" wird daran entwickelt. Anschließend wird die Schreibhilfe (siehe Kopiervorlage) besprochen. Danach erhalten die Schüler die folgende Schreibaufgabe:

Botschaft vom Planeten Ferrax an einen Menschen auf der Erde

Ich heiße Ferro und wohne auf dem Planeten Ferrax. Gerade ist eines unserer Erkundungsteams von der Erde zurückgekehrt und hat uns berichtet, dass es überall bei euch Computer gibt. Unsere Kundschafter konnten aber nicht herausfinden, was genau ein Computer ist und was man mit ihm machen kann. Wir schießen diesen Brief in einer Kapsel auf die Erde und bitten den Finder um eine Antwort auf unsere Fragen zum Computer. Du hast die Kapsel gefunden. Lege deinen Antwortbrief bitte in die Kapsel und drücke den roten Knopf. Dann fliegt sie zu uns zurück.

Aufgabe:
Schreibt zu zweit einen Brief an Ferro, in dem ihr einen Computer und seine Funktion genau beschreibt. Macht mithilfe eurer Notizen aus der Hausaufgabe zuerst eine Stoffsammlung und strukturiert sie.

Beschreibung: Zur Textsorte „Beschreibung" gehören Gegenstands-, Personen- und Vorgangsbeschreibungen. Gegenstände, Personen oder Vorgänge sollen so beschrieben werden, dass ein Leser, der diese nicht kennt, eine genaue Vorstellung davon erhält (Aussehen, Funktion, Verhalten) oder auf der Grundlage einer Vorgangsbeschreibung eine Handlung ausführen kann. Dies setzt inhaltliche Vollständigkeit, logischen Aufbau und sprachliche Klarheit voraus, vor allem eine sachbezogene und begriffliche Wortwahl sowie die Verwendung von Konjunktionen und Adverbien, die bei der Gegenstandsbeschreibung die Lage und das Verhältnis der Teile und bei der Vorgangsbeschreibung die zeitliche Reihenfolge verdeutlichen. Die Beschreibung wird im Präsens verfasst.

- **Schritt 3:** In Viererteams werden die Texte anhand der folgenden Fragen besprochen. Die Verfasser machen sich Notizen zu den Rückmeldungen auf ihre Texte:
  - Ist der Computer in Bezug auf Aussehen und Bestandteile vollständig beschrieben (Standgerät/Laptop; Form, Größe, Farbe, Material; Tastatur/Maus; Eingabemedien, Bildschirm; Ausgabemedium, Prozessor/Programme …)?
  - Sind alle Funktionen beschrieben: informieren (Internet), kommunizieren (Internet, E-Mail, Chat, Foren), Texte schreiben, rechnen, gestalten …?
  - Ist der Text verständlich? Könnte man auf der Grundlage der Beschreibung einen Computer zeichnen?
  - Ist der Text gut strukturiert (Bestandteile, Funktionen)?

- **Schritt 4:** In der zweiten Stunde werden Schülertexte sowie die Rückmeldungen dazu vorgelesen und besprochen. Im Laufe dieser Arbeit werden die Rückmeldungen gegebenenfalls erweitert und präzisiert. Die Schüler überarbeiten anschließend ihre Texte und lesen die Ergebnisse in Zweierteams noch einmal Korrektur. Es folgt eine zweite Überarbeitungsrunde. Die überarbeiteten Texte können in ein Portfolio aufgenommen werden.

2.19 Bericht über ein Sportereignis

Lernziele	einen Bericht über ein Sportereignis für die Lokalzeitung schreiben; Informationen zu einem Erste-Hilfe-Kurs recherchieren und dazu einen Bericht schreiben
Klassenstufe	Klasse 5–7
Material	Kopiervorlage
Methode	Textproduktion
Sozialform	Einzelarbeit und Plenum
Dauer	1 Stunde
Inhaltliche Kompetenzen	leser- und textsortenbezogenes Schreiben

- **Schritt 1:** Der Text der Kopiervorlage wird verteilt und besprochen. Anschließend wird die folgende Aufgabe gestellt und einzeln bearbeitet: Schreibe einen Spielbericht über ein Sportereignis für die Lokalzeitung. Die Sportart kannst du dir aussuchen.

- **Schritt 2:** Zwei bis drei Schülertexte werden vorgelesen, anhand der Kriterien aus der Schreibhilfe „Bericht" beurteilt und gemeinsam in der Klasse optimiert. In der Hausaufgabe sollen die Schüler das neu erworbene Wissen über das Schreiben eines Berichts anwenden: Recherchiere in Büchern und im Internet Informationen über Erste-Hilfe-Kurse und verwende die Ergebnisse für die folgende Schreibaufgabe: Constanze besuchte einen Erste-Hilfe-Kurs des Deutschen Roten Kreuzes und berichtet in der Klasse davon. Schreibe diesen Bericht.

Tipp: Die Hausaufgabe kann in ein Portfolio eingebracht oder auf freiwilliger Basis für die Notengebung eingereicht werden.

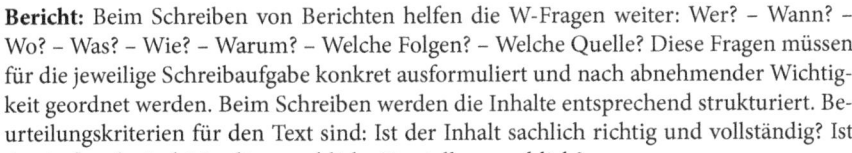

Bericht: Beim Schreiben von Berichten helfen die W-Fragen weiter: Wer? – Wann? – Wo? – Was? – Wie? – Warum? – Welche Folgen? – Welche Quelle? Diese Fragen müssen für die jeweilige Schreibaufgabe konkret ausformuliert und nach abnehmender Wichtigkeit geordnet werden. Beim Schreiben werden die Inhalte entsprechend strukturiert. Beurteilungskriterien für den Text sind: Ist der Inhalt sachlich richtig und vollständig? Ist der Aufbau logisch? Ist die sprachliche Darstellung sachlich?

2.20 Gegenstandsbeschreibung

Lernziele	einen Gegenstand sachgerecht und verständlich beschreiben
Klassenstufe	Klasse 6–8
Material	Kopiervorlage zur Beschreibung → 2.18
Methode	Textproduktion
Sozialform	Einzel-, Partnerarbeit und Plenum
Dauer	1 Stunde
Inhaltliche Kompetenzen	leser- und textsortenbezogenes Schreiben

- **Schritt 1:** Als Vorbereitung bearbeiten die Schüler die folgende Aufgabe:

> Du warst auf einem Sportturnier in einer anderen Stadt und hast im Umkleide-
> raum einen beim Sport benötigten Gegenstand (Schuhe, Hose, Trikot, Jacke, Ta-
> sche) vergessen. Die Sportart und den Gegenstand kannst du selbst wählen.
> Schreibe einen Brief an den Hausmeister der Sporthalle mit einer genauen Be-
> schreibung des Gegenstands, den du vergessen hast.

- **Schritt 2:** Zweierteams tauschen ihre Texte aus und zeichnen die Sportsache nach
der jeweiligen Beschreibung. Im Plenum werden einige Texte vorgelesen, die zu guten und zu weniger guten Resultaten führten. Anschließend wird reflektiert, woran
das gelegen haben könnte.

Weitere Ideen
- Verlustmeldung: Handy/Reisetasche/Rucksack in der Bahn verloren bzw. in einem
Geschäft/einer Jugendherberge vergessen
- Bildbeschreibung nach einem Museums-/Galeriebesuch
- Beschreibung eines Artikels aus einem Verkaufsprospekt. An diese Aufgabe kann
sich eine Schreibaufgabe anschließen, denselben Artikel als Werbung anzupreisen
und den Unterschied in den beiden Textsorten herauszuarbeiten. → 2.28

2.21 Personenbeschreibung

Lernziele	eine Person sachgerecht und verständlich beschreiben
Klassenstufe	Klasse 6–8
Material	Kopiervorlage zur Beschreibung → 2.18; Schreib- und Malblätter; Befesti-gungsmaterial für Tafel oder Wand
Methode	Textproduktion
Sozialform	Einzelarbeit und Plenum
Dauer	1 Stunde
Inhaltliche Kompetenzen	leser- und textsortenbezogenes Schreiben

- **Schritt 1:** Die Personenbeschreibung wird in der Klasse eingeführt: Ein Schüler beschreibt eine Person, die jeder in der Klasse kennt, im Hinblick auf charakteristische Merkmale des Äußeren und des Verhaltens. Die anderen raten, wer es sein könnte. Dabei ist absolute Sachlichkeit wichtig. Anschließend wird die Schreibhilfe zum Thema „Beschreibung" verteilt und durchgesprochen (siehe Kopiervorlage → 2.18). Die Schüler bearbeiten danach die folgende Schreibaufgabe auf einem von 1 bis X nummerierten Blatt:

> In einer Familie ist die Tochter verschwunden. Die Eltern machen der Polizei gegenüber sehr genaue Angaben zu diesem Mädchen. Stell dir vor, dass du der Polizist bist, der nach den Angaben der Eltern eine Vermisstenanzeige schreibt. Je genauer die Anzeige ist, desto größer ist die Chance, dass das Mädchen bald gefunden wird.

- **Schritt 2:** Alle Texte werden in einen Korb gelegt, aus dem sich jeder Schüler einen Text zieht. Falls er den eigenen Text zieht, legt er ihn zurück und nimmt einen anderen. Nun malen die Schüler das Mädchen nach der Vermisstenanzeige auf ein Blatt und schreiben die Nummer des Textblattes auf die Rückseite. Die Texte werden wieder in den Korb zurückgelegt, die Bilder an die Tafel/Wand gehängt. Nun nehmen die Schüler ihren Text aus dem Korb, suchen das Bild zu ihrer Vermisstenanzeige und vergleichen anschließend die Nummern. Abschließend wird die Arbeit im Plenum reflektiert.

Weitere Ideen
- Beschreibung einer Lieblingsperson: Die Texte werden in Zweier- oder Vierergruppen ausgetauscht. Es wird untersucht, ob die Beschreibung sachlich oder positiv gefärbt ist. Falls eine sachliche Beschreibung vorliegt, wird diskutiert, an welchen Merkmalen ersichtlich sein könnte, warum es sich um eine Lieblingsperson handelt.
- Beschreibung von Dichtern nach Gemälden oder Fotos: Die Schüler erhalten vom Lehrer unterschiedliche Dichterporträts, wobei mehrere Schüler dasselbe Porträt bekommen können, ohne dass sie voneinander wissen. Die Beschreibungen werden im Plenum mit dem Ziel vorgelesen, dass der Dichter von denen erkannt wird, die dasselbe Porträt beschrieben haben.
- Beschreibung einer literarischen Figur in Verbindung mit dem Literaturunterricht: Der Text wird bis zu einer bestimmten Stelle vorgelesen. Die Figur wird nach den bisherigen Aussagen des Textes beschrieben. Eine Aufgabenvariante besteht darin, eine Figur zu beschreiben, die im vorgelesenen Teil noch nicht selbst erschienen ist, über die aber bereits geredet wurde oder die im Verborgenen bleibt.

Tipp: Die Beschreibung einer literarischen Figur kann, je nach Klassenstufe, zur Personencharakteristik überleiten.

2.22 Vorgangsbeschreibung

Lernziele	einen Weg sachgerecht und verständlich beschreiben; eine Wegbeschreibung beurteilen und Kriterien dafür entwickeln
Klassenstufe	Klasse 6–10
Material	Kopiervorlagen zur Beschreibung (→ 2.18) und zur Aufgabe im Unterricht (siehe unten)
Methode	Textproduktion
Sozialform	Einzel-, Gruppenarbeit und Plenum
Dauer	1 Stunde
Inhaltliche Kompetenzen	textsortenbezogene Schreib- und Beurteilungskompetenz

- **Schritt 1:** Zu Beginn der Stunde wird im Unterrichtsgespräch zusammengetragen, welche Vorgänge man zu welchem Zweck beschreiben kann, zum Beispiel ein Backrezept für Menschen, die backen wollen, einen Weg, den jemand sucht, ein Spiel, das jemand spielen will, einen Gegenstand, den jemand basteln will. Anschließend wird die Schreibhilfe zum Thema „Beschreibung" verteilt und durchgesprochen (siehe Kopiervorlage → 2.18).

- **Schritt 2:** Die Klasse wird in zwei Gruppen aufgeteilt. Die Schüler bearbeiten die Aufgabe der Kopiervorlage (siehe S. 115 f.)

- **Schritt 3:** Die Texte werden jeweils zwischen Schülern aus beiden Gruppen ausgetauscht, jedoch ohne die Aufgabenblätter mit den Skizzen. Nun bekommen alle folgende Aufgabe: Zeichnet zur Wegbeschreibung eine Skizze.

- **Schritt 4:** Anschließend werden die Zeichnungen der Schüler mit den Ausgangsskizzen verglichen. Im Plenum werden die Gründe reflektiert, die für ein gutes oder schlechtes Resultat verantwortlich sein könnten. Hausaufgabe: Fasse in eigenen Worten zusammen, was man beachten muss, damit die Beschreibung eines Vorgangs gelingt.

Weitere Ideen
- Themen: Rezepte, Spiel- und Bastelanleitungen, Anweisungen im Sport, Gebrauchsanweisungen, Versuchsbeschreibungen (Physik, Chemie), Anleitung für die Versorgung von Tieren, Arbeitsabläufe im Betriebspraktikum.
- Aufgabengestaltung: Es können Bilderabfolgen/Skizzen vorgegeben werden, die zu beschreiben sind, z. B. für Koch-/Backrezepte oder für die Tierpflege; die Schreibaufgaben können in die Bitte an eine Freundin eingekleidet werden, ein Haustier während der Ferien zu versorgen; Spiel- und Bastelanleitungen bzw. Gebrauchsanweisungen können von einem Partner erprobt werden, wobei die Anleitung bei Bedarf gemeinsam überarbeitet wird; im Rahmen des Betriebspraktikums werden Beschreibungen von Arbeitsabläufen in den Praktikumsbericht integriert.

Gruppe A

Der Schüler Sven kann nicht zusammen mit seiner Klasse nach Entenhausen fahren, sondern kommt einen Tag später nach. Leider hat er zu Hause den Plan vergessen, wie er vom Bahnhof zur Jugendherberge kommt. Er fragt daher einen Einheimischen, der den Weg zwar kennt, aber nicht alle Straßennamen weiß. Beschreibe den Weg so, dass sich Sven gut zurechtfindet. Schreibe deinen Text auf ein Blatt Papier. Ergänze darauf deinen Namen.

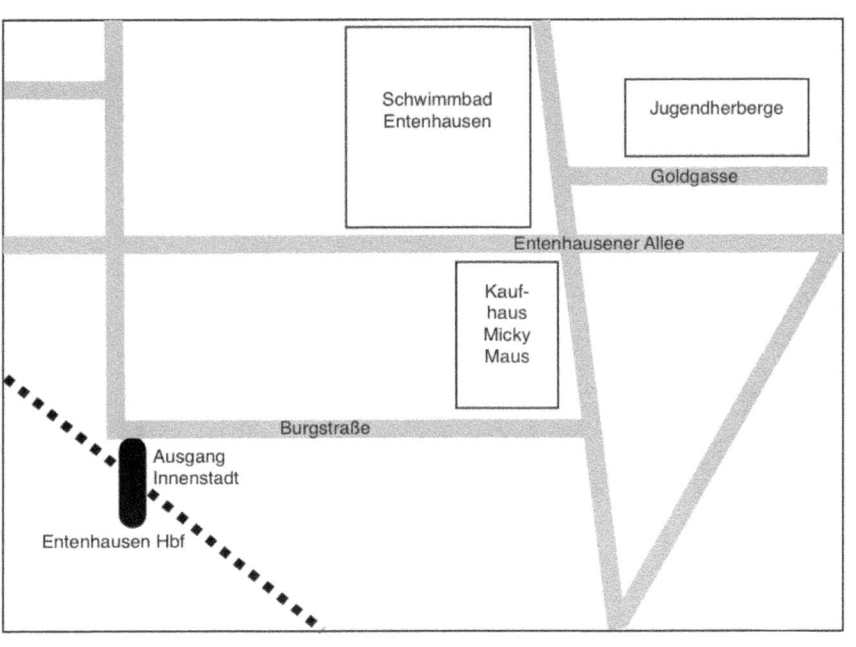

© Cornelsen Verlag, Berlin • FG Deutsch

Gruppe B

Svenja fährt zum ersten Mal zu ihrer Klassenkameradin Thea, die ihr am Telefon den Weg – wie auf der Skizze dargestellt – beschreibt. Verfasse eine Wegbeschreibung nach der Skizze. Schreibe deinen Text auf ein Blatt Papier. Ergänze darauf deinen Namen.

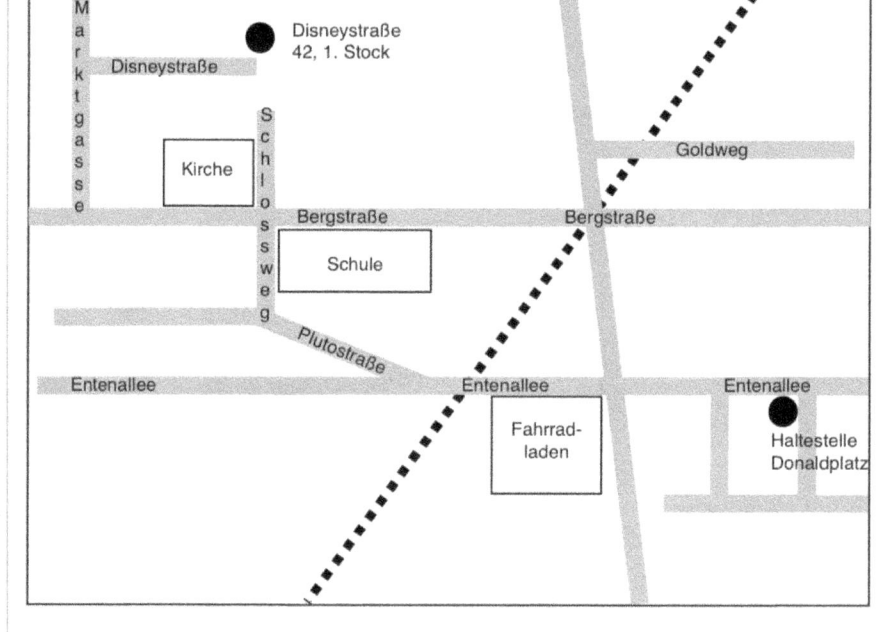

© Cornelsen Verlag, Berlin • FG Deutsch

Webcode: FD233359-023

2.23 Bericht über eine Naturkatastrophe

Lernziele	einen Bericht über eine Naturkatastrophe für die Zeitung schreiben
Klassenstufe	Klasse 7–9
Material	Kopiervorlage zum Bericht (→ 2.19)
Methode	Textproduktion
Sozialform	Einzelarbeit und Plenum
Dauer	1 Stunde
Inhaltliche Kompetenzen	textsortenbezogenes Schreiben

- **Schritt 1:** Die Schüler erhalten die folgenden Schreibaufgaben zur Auswahl:

1. In deinem Heimatort herrscht Schneechaos. Schreibe darüber einen Bericht für die Lokalzeitung.
2. Im Frühsommer herrschte in Deutschland eine Hitzewelle. Schreibe darüber einen Bericht für eine überregionale Tageszeitung.
3. In Bayern gab es am Wochenende eine außergewöhnlich starke Überschwemmung. Schreibe darüber einen Bericht für die Passauer Nachrichten.
4. Eine Serie schwerer Unwetter ereignete sich in den vergangenen zwei Wochen an der deutschen Nordseeküste. Schreibe darüber einen Bericht für die Lokalzeitung.

- **Schritt 2:** Je zwei Berichte zu jeder Aufgabe werden im Plenum vorgetragen und besprochen. Bei Bedarf kann die Schreibhilfe zum Bericht (siehe Kopiervorlage → 2.19) verteilt werden.

2.24 Vom Berichten zum Schildern

Lernziele	einen Bericht in eine Schilderung umschreiben
Klassenstufe	Klasse 7–9
Material	Kopiervorlagen zum Bericht (→ 2.19) und zur Schilderung (siehe unten)
Methode	Textsorte umschreiben
Sozialform	Einzel-, Gruppenarbeit und Plenum
Dauer	1 Stunde
Inhaltliche Kompetenzen	textsortenbezogenes Schreiben; Texte begründet beurteilen

- **Schritt 1:** Als Vorbereitung auf die Stunde wird der Text der Kopiervorlage (Schreibhilfe zur Schilderung) verteilt. Die Schüler bearbeiten als Hausaufgabe das folgende Thema: Wähle einen Bericht aus, den du geschrieben oder gelesen hast, und schreibe ihn in eine Schilderung um. Benutze dazu die Schreibhilfe zur Schilderung.

Schilderung: In der Schilderung wird ein Ereignis in seiner Wirkung auf eine Person subjektiv und plastisch dargestellt. Es werden Stimmungen, Gedanken und Gefühle geschildert, die die Person bei Erlebnissen in der Natur, mit anderen Menschen oder mit Gegenständen empfunden hat. Dazu werden häufig literarische Mittel wie Metaphern, Vergleiche, Personifikationen oder rhetorische Figuren eingesetzt. Als Zeitstufe kann Präsens oder Präteritum verwendet werden.

- **Schritt 2:** Im Unterricht werden zwei bis drei Texte sowie die Ausgangsberichte vorgelesen. Die Merkmale einer Schilderung und die Unterschiede zum Bericht werden herausgearbeitet und vertieft. Anschließend tauschen die Schüler ihre Texte in Vierergruppen aus, vergeben (je nach Qualität der Ergebnisse) 1 bis 3 Punkte dafür und liefern eine Begründung für ihre Wertung.

Weitere Ideen
- Schildere eine Klassenparty in einem Brief an einen früheren Klassenkameraden, der weggezogen ist.
- Schildere ein Sportereignis deiner Wahl für die Schülerzeitung.
- Schildere deine Geburtstagsfeier für eine Freundin, die nicht dabei sein konnte.
- Du bist zum ersten Mal in den Ferien allein verreist. Schildere in einem Brief/einer E-Mail an deine Eltern ein besonders interessantes Ferienerlebnis.

2.25 Stellungnahme zu einem Zeitungsbericht

Lernziele	zu einem Zeitungsbericht sachlich begründet Stellung nehmen
Klassenstufe	Klasse 7–9
Material	Kopiervorlage
Methode	Stellungnahme auf der Grundlage von Texten
Sozialform	Einzel-, Gruppen- und Plenumsarbeit
Dauer	1 Stunde
Inhaltliche Kompetenzen	schriftliches Argumentieren

- **Schritt 1:** Als Vorbereitung auf die Stunde werden der Informationstext *Gesetzliche Regelungen für das Erteilen von Hausaufgaben* und die Schreibaufgabe in Kopie an die Schüler verteilt – bei Bedarf auch die Schreibhilfe zur Argumentation.

Gesetzliche Regelungen für das Erteilen von Hausaufgaben

In den meisten Ländern, in denen es eine Schulpflicht gibt, ist das Erteilen von Hausaufgaben staatlich geregelt. Danach sollen die Hausaufgaben

- den Unterricht ergänzen,
- mittels Aufgaben und Lektüren zur Verarbeitung, Vertiefung und Anwendung des Unterrichtsstoffes beitragen,
- möglichst selbstständig in einer angemessenen Zeit erledigt werden,
- in den Unterricht einbezogen und zumindest stichprobenweise regelmäßig überprüft werden.

Hausaufgaben können zur Leistungsbeurteilung herangezogen werden. Wenn Schüler die Hausaufgaben nicht verstehen oder für ihre Erledigung den ganzen Nachmittag brauchen, sollten sie dies der Lehrkraft mitteilen. Der Unterrichtsstoff sollte in diesem Fall wiederholt werden.

Aufgabe: Lies den folgenden Artikel und nimm Stellung zu der Frage: Sollen Hausaufgaben abgeschafft werden? Berücksichtige dabei auch den Informationstext „Gesetzliche Regelungen für das Erteilen von Hausaufgaben" und deine eigenen Erfahrungen. Begründe deine Stellungnahme.

Hausaufgaben abschaffen

Da Hausaufgaben ihren Zweck nicht erfüllen, sollten sie abgeschafft werden. Diese Forderung des Deutschen Kinderbundes dürften viele Kinder begrüßen. Der Präsident des Kinderbundes bezieht sich auf Studien der Pädagogischen Hochschule Entenhausen, wonach bei den meisten Schülern das vorgesehene Ziel nicht erreicht werde, das in der Schule Gelernte einzuüben und zu festigen. Außerdem bedeuteten Hausaufgaben für viele Kinder eine hohe Belastung, die ihnen die Freude am Lernen nehme. Es solle daher eine breite Bildungsdiskussion in Gang gebracht werden, bei der die Kinder und ihre Bedürfnisse im Mittelpunkt stehen müssten.

Argumentation: Beim Argumentieren geht es darum, zu strittigen Auffassungen einen begründeten Standpunkt zu beziehen. Argumentiert wird im Rahmen von Reden, Diskussionen, Stellungnahmen oder Erörterungen. Dabei kann es darum gehen, den eigenen Standpunkt zu erläutern, andere vom eigenen Standpunkt zu überzeugen bzw. eine Sache von verschiedenen Seiten zu beleuchten, das Für und Wider abzuwägen und daraus Schlussfolgerungen zu ziehen, um zu einem begründeten Standpunkt zu gelangen. Ein Argument ist ein Mittel, um eine strittige Behauptung zu begründen oder zu belegen.

Man kann aber nicht nur vom eigenen Standpunkt aus argumentieren, sondern auch andere Perspektiven übernehmen. Dies trägt dazu bei, einen Sachverhalt vielschichtig zu erfassen. Beim Argumentieren kommt es darauf an, die Inhalte sachlich korrekt darzustellen und überzeugende, gut belegte und dem Hörer/Leser verständliche Argumente vorzubringen. Insbesondere in Reden können rhetorische Mittel eingesetzt werden, um den Argumenten Nachdruck zu verleihen.

- **Schritt 2:** Im Unterricht werden zunächst einige Schülertexte vorgetragen, dann die Argumente kategorisiert und bewertet. Anschließend wird reflektiert, welchen Zweck das Argumentieren über Hausaufgaben verfolgen könnte. Abschließend erstellt die Klasse in zwei Arbeitsgruppen eine Vereinbarung über Hausaufgaben für den Lehrer (Wie sollen Hausaufgaben gestellt und in den Unterricht eingebracht werden? – Welchen Umfang sollen sie haben?) und für die Schüler (Wie sollen die Hausaufgaben erledigt werden? – Was sollte der Schüler dabei bedenken?).

2.26 Alkoholprävention – eine Argumentation

Lernziele	einen argumentativen Text zu einem lebensweltlichen Problem schreiben
Klassenstufe	Klasse 7–9
Material	Computer mit Textverarbeitungsprogramm; bei Bedarf Kopiervorlage zur Argumentation → 2.25
Methode	Erörterung eines Problems
Sozialform	Partnerarbeit und Plenum
Dauer	1 Stunde
Inhaltliche Kompetenzen	schriftliches Argumentieren

- **Schritt 1:** Die Schüler bilden Zweiergruppen und erhalten die folgende Aufgabe, die sie, wenn möglich, am Computer bearbeiten:

> Wie sollten sich Eltern verhalten, wenn sie merken, dass ihr heranwachsender Sohn/ihre heranwachsende Tochter heimlich Alkohol trinkt?
> Macht vorher eine Sammlung von Argumenten: ein Schreibpartner aus der Sicht der Jugendlichen, der andere Schreibpartner aus der Sicht der Eltern.

Tipp: Das Schreiben am Computer fördert die partnerschaftliche Zusammenarbeit in der Klasse und ermöglicht es, die Texte schnell zu überarbeiten oder anzupassen.

- **Schritt 2:** Die Ratschläge werden in der Klasse ausgetauscht und auf ihre Wirksamkeit hin diskutiert. Aus den Texten werden eine oder mehrere Anleitungen für die Eltern zusammengestellt, die beispielsweise auf einem Elternabend gemeinsam besprochen werden können.

2.27 Stehlen – eine Erörterung

Lernziele	Lösungswege für ein lebensweltliches Problem begründet erörtern
Klassenstufe	Klasse 7–9
Material	bei Bedarf Kopiervorlage zur Argumentation → 2.25
Methode	Erörterung eines Problems
Sozialform	Einzel-, Gruppenarbeit und Plenum
Dauer	1–2 Stunden
Inhaltliche Kompetenzen	schriftliches Argumentieren, leserbezogenes Schreiben

- **Schritt 1:** Die Schüler erhalten die folgende Aufgabe, die sie schriftlich als Hausaufgabe oder im Unterricht bearbeiten.

> Peter schließt sich Lars und seiner Clique an und vernachlässigt seinen alten Freund Martin. Peter und Lars stehlen eine CD und werden geschnappt. Peter fragt Martin um Rat; Martin schlägt vor, dass Peter seinen Eltern die Wahrheit über den Diebstahl sagen soll, was er schließlich auch macht. Die Eltern verlangen von Peter, sich nicht mehr mit Lars und seiner Clique zu treffen.
>
> Beurteile das Verhalten von Martin und das der Eltern. Ist Martins Rat deiner Meinung nach hilfreich für Peter? Begründe deine Meinung und berücksichtige dabei auch mögliche Alternativen.

- **Schritt 2:** In Vierergruppen werden die Schülertexte ausgetauscht. Die Argumente und Ratschläge werden gesammelt, kategorisiert und von einem Gruppenmitglied im Plenum eingebracht. Dies kann entweder im Rahmen einer Gruppendiskussion oder im szenischen Spiel erfolgen. Im letzteren Fall unterhalten sich zuerst Peter und die Eltern, anschließend Peter und Martin, die in ihrem Gespräch das Verhalten der Eltern beurteilen und darüber nachdenken, welche Alternativen es eventuell gegeben hätte.

2.28 Nein zu Drogen – ein Appell

Lernziele	einen Appell an Gleichaltrige schreiben, die regelmäßig rauchen, trinken oder drogengefährdet sind
Klassenstufe	Klasse 7–9
Material	Kopiervorlage
Methode	Textproduktion
Sozialform	Einzel-, Gruppenarbeit und Plenum
Dauer	1 Stunde
Inhaltliche Kompetenzen	leserbezogenes appellatives Schreiben; die Textwirkung beurteilen

- **Schritt 1:** Zur Vorbereitung auf die Stunde wird der Text der Kopiervorlage rechtzeitig verteilt. Die Schüler bearbeiten eines der drei Themen als Hausaufgabe.

Appell: In einem Appell wendet sich der Verfasser mit einem Anliegen, einer Bitte oder einer Aufforderung an einen oder mehrere Empfänger. Ein Appell soll die Einstellung bzw. das Handeln des Empfängers in die vom Verfasser gewünschte Richtung zu lenken. Ein Appell hat drei Ebenen:
- die Glaubwürdigkeit des Appellierenden,
- die rationale Begründung der betreffenden Sache und
- deren gefühlsmäßige Bewertung.

Um sich glaubwürdig darzustellen, stellt der Verfasser Eigenschaften der eigenen Person heraus, die beim Empfänger Sympathie und Vertrauen wecken, wie z. B. bisherige Leistungen. Um die Sache, um die es im Appell geht, einsichtig zu machen, werden Argumente eingesetzt. Im Unterschied zur sachbezogenen Argumentation zielen Argumente in Appellen aber nicht darauf ab, dass der Empfänger sich eine eigene Meinung bildet, sondern darauf, dass er die Meinung des Appellierenden übernimmt. Die Argumente sind daher subjektiv ausgewählt und werden mit Bewertungen verbunden. Somit ist die Sprache nicht sachbezogen, sondern emotional ausgerichtet. Appelle finden sich in der Werbung, in Aufrufen oder öffentlichen Briefen.

Aufgabe: Lies die Schreibhilfe aufmerksam durch und wähle ein Thema für einen schriftlichen Appell aus:
- Gegen Nikotin – an eine Freundin, die regelmäßig raucht.
- Gegen Alkohol – an Gleichaltrige, die beim Komasaufen noch glimpflich davongekommen sind.
- Gegen Drogen – an einen 14-Jährigen, der von der Polizei beim Drogenkauf erwischt wurde.

Webcode: FD233359-025

- **Schritt 2:** Im Unterricht tauschen die Schüler, die dieselbe Schreibaufgabe gewählt haben, ihre Texte untereinander aus. Sie sprechen darüber, welche Wirkung ein Appell im Vergleich zu einer Argumentation entfalten kann – und warum. Jede der drei Gruppen verfasst aus den Texten einen gemeinsamen Appell und trägt ihn im Plenum vor, wo er besprochen wird.

Weitere Ideen

Schreibaufgaben zum Appellieren können in reale oder fiktive Kontexte eingebunden werden. Im schulischen Kontext können Appelle zum Einhalten vereinbarter Regeln für einen Aushang oder die Schülerzeitung geschrieben werden. Fiktive Kontexte liefert insbesondere der Lernbereich Literatur, wie die Werke von Büchner und Kleist, um etwa einen gesellschaftspolitischen Aufruf oder ein Flugblatt zu erstellen (Solidarität, Gerechtigkeit …).

Bei der Textbesprechung soll der Unterschied zu argumentativen Texten herausgearbeitet werden, wobei vor allem die sprachlichen und stilistischen Mittel sowie die Wirkung betrachtet werden. Als Vergleichsbasis können die Schülertexte aus der Lerneinheit „Argumentieren" herangezogen werden. → 2.25, 2.26, 2.27, 2.29, 2.30

2.29 Olympische Spiele – eine Argumentation

Lernziele	Informationen aus einem Sachtext entnehmen sowie im Internet recherchieren und zu einer Argumentation verarbeiten
Klassenstufe	Klasse 8–10
Material	Kopiervorlage (siehe unten); bei Bedarf Kopiervorlage zur Argumentation → 2.25
Methode	Stellungnahme auf der Grundlage von Texten
Sozialform	Einzel-, Gruppenarbeit und Plenum
Dauer	1 Stunde
Inhaltliche Kompetenzen	Wissen gewinnen und gezielt für die Textproduktion einsetzen

- **Schritt 1:** Zur Vorbereitung auf die Stunde wird der Text der Kopiervorlage rechtzeitig verteilt. Die Schüler bearbeiten das Thema als Hausaufgabe.

Die modernen Olympischen Spiele

1766 wurden die Sport- und Tempelanlagen in der antiken Spielstätte Olympia gefunden und ein Jahrhundert später unter deutscher Leitung ausgegraben. Der Franzose Pierre de Coubertin (1863–1937) setzte sich mit ganzer Kraft für eine Wiederbelebung der Olympischen Spiele ein. Im Sommer 1896 fanden in Athen die ersten Olympischen Spiele der Neuzeit statt, die von da an alle vier Jahre jeweils an einem anderen Ort ausgetragen werden sollten. Um sie zu organisieren, wurde das Internationale Olympische Komitee (IOC) gegründet. Für Coubertin standen nicht sportliche Rekorde, sondern erzieherische Ziele im Vordergrund. Die Spiele sollen sich nach seinem Begründer an fünf Prinzipien ausrichten:

1. Sie sollen zu einer harmonischen Ausbildung des Menschen beitragen, indem sich der Sport am Ideal einer ganzheitlichen Erziehung ausrichtet und nicht auf Muskeltraining reduziert. Das entspricht dem antiken Ideal „Mens sana in corpore sano" – Ein gesunder Geist wohnt in einem gesunden Körper.

2. Die Sportler sollen an sich arbeiten, um sich körperlich und mental zu vervollkommnen.

3. Es sollen Amateure antreten, da der Sport vor dem Geist der Gewinnsucht geschützt werden soll und die Olympischen Athleten keine „Zirkusgladiatoren" sein dürfen.

4. Der Sport soll den Grundsätzen der Fairness und der Einhaltung sportlicher Regeln verpflichtet sein, um Leidenschaften unter Kontrolle zu halten.

5. Der Sport soll dem Frieden dienen, da er zwischen den Menschen das höchste Ziel überhaupt darstellt. Nach Coubertin stehen der Friedensgedanke und das sportliche Leistungs- und Wettkampfprinzip nicht im Gegensatz zueinander: Der Frieden wird durch faire sportliche Spiele gefördert, da sich Menschen aller Nationen dabei achten lernen.

Aufgabe

Wie beurteilst du die idealistischen Ziele von Pierre de Coubertin, dem Begründer der neuzeitlichen Olympischen Spiele, im Lichte der heutigen Erfahrungen? Lies den Informationstext „Die modernen Olympischen Spiele" und informiere dich im Internet. Schreibe dann eine begründete Stellungnahme.

Webcode: FD233359-026

- **Schritt 2:** Im Unterricht werden die Texte in Vierergruppen ausgetauscht. Aus jeder Gruppe fasst ein Schüler die Argumente zusammen und stellt sie im Plenum vor, wo sie diskutiert werden. Anschließend werden einige Texte in der Klasse vorgelesen. Abschließend wird ein Streitgespräch zwischen einem „Idealisten", einem „Skeptiker" und einem „Realisten" geführt, in dem jeder nur drei Argumente vorbringen darf.

2.30 Pflichten von Mann und Frau – eine Argumentation

Lernziele	einen argumentativen Dialog bzw. Brief auf der Grundlage eines Textes von Jean-Jacques Rousseau schreiben
Klassenstufe	Klasse 10
Material	Kopiervorlage (siehe unten); bei Bedarf Kopiervorlage zur Argumentation → 2.25
Methode	Schreiben eines Sachtextes
Sozialform	Einzel-, Partner- und Gruppenarbeit
Dauer	2 Stunden
Inhaltliche Kompetenzen	leserbezogenes argumentatives Schreiben

- **Schritt 1:** In der ersten Stunde erhalten die Schüler den Textauszug von Rousseau. Er wird gemeinsam im Unterricht besprochen. Leitfrage für das Unterrichtsgespräch: Welche These vertritt Rousseau und wie begründet er sie?

Die Pflichten von Mann und Frau nach Jean-Jacques Rousseau

Der französische Philosoph, Pädagoge und Aufklärer Jean-Jacques Rousseau (1712–1778) schrieb 1762 das Buch „Emile oder Über die Erziehung". Er beschreibt darin die Entwicklung seiner Romanfigur Emile von der Geburt bis zur Heirat mit Sophie. Dabei geht der Autor auf die Unterschiede zwischen Mann und Frau ein und leitet daraus die Pflichten der Geschlechter ab:

„Die Pflichten, die beiden Geschlechtern zufallen, sind nicht gleich zwingend und können es auch nicht sein. Wenn sich die Frau darüber beklagt, dass die Ungleichheit zwischen ihr und dem Mann ungerecht ist, so hat sie unrecht. Diese Ungleichheit ist keine menschliche Einrichtung, zumindest nicht das Werk eines Vorurteils, sondern das der Vernunft. Wem die Natur Kinder auszutragen anvertraut hat, der ist dem anderen dafür verantwortlich. Ohne Zweifel ist es niemandem erlaubt, die Treue zu brechen, und jeder untreue Mann, der seiner Frau den einzigen Lohn für die schweren Pflichten ihres Geschlechts nimmt, ist ungerecht und ein Barbar. Aber die ungetreue Frau tut mehr: Sie löst die Familie auf und bricht alle Bande der Natur. (…) Es kommt also nicht nur darauf an, dass die Frau treu ist, sondern dass sie auch von ihrem Mann, ihrem Nächsten und von jedermann dafür gehalten wird. Sie muss bescheiden, aufmerksam und zurückhaltend sein und in den Augen anderer wie in ihrem eigenen Gewissen ihre Tugend bestätigt finden."

Dialog: In einem Dialog tauschen zwei Menschen bzw. Gruppen ihre Meinungen und Standpunkte aus. In einer dialogischen Erzählung wird das Gespräch in eine bestimmte Situation eingebettet, mit deren Hilfe die Atmosphäre wiedergegeben wird. Sie kann im Präteritum oder im szenischen Präsens geschrieben sein. In einer dialogischen Szene wird die Atmosphäre über das Gespräch, also über die Inhalte und den sprachlichen Ausdruck vermittelt. Charaktere werden durch die Wort- und Stilwahl sowie eventuell anhand kleinerer Regieanweisungen gezeichnet. Der Dialog soll einen roten Faden aufweisen und darf auf eine Pointe hinauslaufen, aber nicht im Klamauk enden. Zu Beginn können knappe Angaben zu Zeit, Ort, Personen und Vorwissen gemacht werden.

Brief: Ein Brief ist ein fortlaufender Text, der einen oder mehrere Adressaten anspricht. Beim Schreiben überlegt sich der Verfasser, was er sagen will, was er mit seinem Brief erreichen möchte und wie er sich verständlich mitteilen kann. Ein Brief enthält eine Orts- und Datumsangabe, eine Anrede und eine Schlussformel.

Webcode: FD233359-027

Der Lehrer gibt Hinweise zu Rousseau und seiner Zeit. Danach erhalten die Schüler folgende Schreibaufgabe, die sie im Unterricht beginnen und als Hausaufgabe fertigstellen:

> Stell dir vor, du hättest Gelegenheit, Rousseau deine Meinung zu seinen Anschauungen hinsichtlich der Unterschiede zwischen Mann und Frau und den Pflichten der Geschlechter mitzuteilen.
>
> - Welche Argumente aus heutiger Zeit möchtest du vorbringen?
> - Hast du Verständnis für Rousseaus Ansichten? Begründe deine Meinung und berücksichtige dabei auch die Entstehungszeit des Textes.
>
> Schreibe entweder einen Brief an Rousseau oder einen Dialog mit ihm.

- **Schritt 2:** In der zweiten Stunde werden die Texte in Vierergruppen ausgetauscht. Jede Gruppe wählt einen Text (zum Vorlesen) aus und übt das Vorlesen ein. Die Dialoge werden szenisch gelesen. Anschließend werden die Texte diskutiert.

2.31 Texte überarbeiten in einem Märchenprojekt

Lernziele	Schreiben und Überarbeiten eines Märchens
Klassenstufe	Klasse 5/6
Material	Kopiervorlage
Methode	Textrezeption, Textproduktion und Schreibkonferenz
Sozialform	Einzel-, Gruppenarbeit und Plenum
Dauer	7 Stunden
Inhaltliche Kompetenzen	gattungsspezifisches Schreiben und Überarbeiten

Übersicht über die Unterrichtseinheit

1. Stunde:	Was ist ein Märchen? – Aktivierung des Vorwissens
2. Stunde:	Märchenstunde – Erzählen bekannter Märchen
3. Stunde:	Was haben viele Märchen gemeinsam? – Märchenmerkmale
4. Stunde:	Ein eigenes Märchen erfinden – Rohfassung
5. Stunde:	Wie kann ich meine Rohfassung bearbeiten? – Einführung der Schreibkonferenz
6. Stunde:	Überarbeitung der Rohfassung zum Glanzstück
7. Stunde:	Präsentation der Ergebnisse in der Klasse

Zu Beginn des Unterrichtsprojekts wird der Ablauf mit der Klasse besprochen. Jede Stunde wird am Anfang im Ablaufplan verortet. Es handelt sich um ein lernbereichsübergreifendes Projekt. In den ersten drei Stunden werden im Literaturunterricht Volksmärchen erzählt und die Merkmale herausgearbeitet, um nach Inhalt, Aufbau und Sprache strukturierte Kriterien für das Verfassen und Überarbeiten von Märchen zu gewinnen. Dabei soll bedacht werden, dass es das vorrangige Ziel des Märchens ist, Unrecht wiedergutzumachen, und nicht, das Böse zu bestrafen und das Gute zu belohnen, auch wenn das oft mit der Herstellung der Gerechtigkeit verbunden ist. So beging z. B. die Prinzessin im *Froschkönig* keine gute Tat, als sie den Frosch an die Wand warf – dennoch wurde der Froschkönig erlöst; sie wurde Königin.

- **Schritt 1:** Die Einstimmung auf das Thema erfolgt mit einem Ratespiel zu Märchenfiguren: Vier Kinder stehen vor der Klasse und versuchen, die Märchenfiguren, die ihre Mitschüler mit einem charakteristischen Merkmal vorstellen, zu erraten. Das Merkmal kann je nach Vorwissen der Klasse mehr oder weniger evident sein, zum Beispiel: Meine Märchenfigur spielt täglich mit ihrer goldenen Kugel am Brunnen im Wald. – Meine Märchenfigur hält ihr Versprechen nicht ein, ihr Vater bringt sie aber dazu.
  Parallel dazu wird im Sprachunterricht das Präteritum als die Zeitform des Märchens – insbesondere bei unregelmäßigen Verben – wiederholt und gefestigt.

- **Schritt 2:** Im Mittelpunkt des Schreibprojekts steht die Überarbeitung eines selbstgeschriebenen Märchens. Zunächst wird die Schreibaufgabe gestellt: Wir haben mehrere Märchen gehört und viel darüber gesprochen. Denk dir nun ein Märchen aus und schreib es auf. Anschließend sollst du es überarbeiten, damit aus deiner Idee ein „Glanzstück" wird. Dabei sollt ihr euch gegenseitig in der Schreibkonferenz-Gruppe helfen.

- **Schritt 3:** In der nächsten Stunde wird das Arbeiten in einer Schreibkonferenz eingeführt. Die Gruppeneinteilung (Viergruppen) wird vom Lehrer festgelegt. Alle Gruppen erhalten den folgenden Arbeitsauftrag: Jedes Gruppenmitglied liest sein Märchen vor. Ihr besprecht es in eurer Gruppe und gebt dem jeweiligen Autor eine Rückmeldung und Tipps für die Überarbeitung. Dabei helfen euch die Tippkarten, auf denen ihr die Merkmale von Märchen nachschauen könnt. Am Ende der Besprechung sollt ihr gemeinsam die Checkliste als Hilfe für die Überarbeitung ausfüllen. Am Ende der Stunde wird die Arbeit der Gruppen im Plenum reflektiert. In der Folgestunde werden die Texte überarbeitet und in der darauffolgenden im Plenum vorgetragen.

Folgende Arbeitsergebnisse sollen erzielt werden:

Wovon handeln Märchen?

- Das Märchen erzählt von Figuren, die keine Namen haben und entweder gut oder böse sind. Gut sind die Märchenheldin/der Märchenheld und ihre/seine Helfer. Böse sind die Märchenfiguren, die den Helden bzw. anderen guten Figuren etwas Böses antun (z. B. Hexe, böser Zauberer).
- Im Märchen passiert immer etwas Wunderbares: Menschen, Tiere und Dinge können verzaubert werden, sie können – ohne dass sich jemand darüber wundert – der wirklichen und außerwirklichen Welt angehören oder in beiden Welten leben.
- Typische Märchenfiguren sind Königin und König, Prinz und Prinzessin, der jüngste von drei Söhnen (meistens ein Dümmling) bzw. die jüngste von drei Schwestern (meistens wunderschön), Hexe und Zauberer, unterschiedliche Tiere, die als Helfer auftreten können oder bei denen es sich um verzauberte Menschen handelt.
- Die Orte, an denen die Märchen spielen, haben keine Namen. Es kommen oft Schlösser, tiefe Wälder, Berge oder Seen vor.
- Im Märchen geschieht viel Schlimmes, aber am Ende wird die Gerechtigkeit immer wiederhergestellt.

Wie verläuft die Märchenhandlung?

- Zuerst werden die Märchenhelden, ihre Situation und die dazugehörigen Figuren eingeführt.
- Anschließend kommt es zu Schwierigkeiten, in denen sich die Helden bewähren müssen. In vielen Märchen werden sie drei Mal auf die Probe gestellt.
- Am Schluss sind alle Schwierigkeiten gelöst; es gibt immer ein gutes Ende.

Welche Sprache ist typisch für Märchen?

- Die Sprache ist formelhaft: „Es war einmal“; „Und wenn sie nicht gestorben sind …“
- Das Märchen wird in der Vergangenheitsform erzählt.
- Der Märchenstil ist abstrakt, d. h., dass es nur Kontraste gibt (gut/böse, arm/reich, schön/hässlich) und keine Zwischenstufen. Nur das Oberflächliche wird erzählt: Grausamkeiten werden nur benannt, aber nicht ausgemalt; es wird nur erzählt, was die Figuren machen, aber nicht, was sie denken und fühlen. Ferner kommen oft metallische Farben (Gold, Silber) vor, die symbolisch für Reichtum und Glück stehen.

Checkliste: Überarbeitungshilfe für das Märchen

Rückmeldung an

Das fanden wir gut:

_____

_____

_____

	ja	nein
In deinem Märchen kommen typische Märchenfiguren vor.		
In deinem Märchen muss der Held schwierige Probleme lösen.		
In deinem Märchen passiert etwas Wunderbares (z. B. Menschen werden verzaubert, Dinge haben magische Kräfte).		
Dein Märchen spielt an typischen Märchenorten (z. B. Schloss, Wald, Berge, kleine Hütte, Brunnen).		
Am Anfang stellst du den Helden und seine Lebenssituation vor.		
In der Mitte des Märchens kommen die Probleme.		
Am Ende wird alles gut.		
Dein Märchen hat eine Überschrift.		
Du benutzt typische Märchenformeln (z. B. „Es war einmal").		
Du hast wechselnde Satzanfänge gefunden.		
Du erzählst in der Vergangenheitsform.		
Du benutzt gegensätzliche Adjektive (z. B. arm/reich, gut/böse, schön/hässlich).		
Du malst Grausamkeiten nicht aus.		

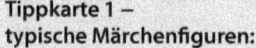

**Tippkarte 1 –
typische Märchenfiguren:**

Prinzessin und Prinz
Königin und König
drei Brüder
Dümmling
arme Leute
Fee
Zauberer
Hexe
Riese
Zwerge

**Tippkarte 4 –
Zeitform der Verben:**

Märchen werden in der Vergangenheitsform (Präteritum) geschrieben.
Beispiele: er lachte, sie schrieb, er
fiel, sie nahm

**Tippkarte 2 –
Satzanfänge:**

Dann …
Anschließend …
Bevor …
Während …
Nachdem …
Als …
Endlich …
Darüber …
Schließlich …
Mittlerweile …
Zum Glück …

**Tippkarte 5 –
Unrecht wird wieder gut:**

Die Prinzessin wird erlöst.
Die böse Stiefmutter stirbt.
Die böse Hexe stirbt.
Prinz und Prinzessin heiraten.

**Tippkarte 3 –
Besonderheiten und Kräfte:**

sprechender Spiegel
Zauberbrunnen
fliegender Teppich
Feenstaub
verwandelter Prinz

Webcode: FD233359-028

2.32 Recherchieren als Schreibvorbereitung

Lernziele	Informationen zum alten Ägypten recherchieren und produktiv verarbeiten; beurteilen, für welche Zwecke sich welche Medien eignen; Arbeitsergebnisse protokollieren
Klassenstufe	Klasse 6/7
Material	Lexika, Fachbücher, Internet; Computer mit Textverarbeitungsprogramm; optional: Projektraum auf dem Schulserver
Methode	Recherche und Textproduktion
Sozialform	Partner-, Gruppenarbeit und Plenum
Dauer	7 Stunden
Inhaltliche Kompetenzen	sachbezogene Recherche-, Schreib- und Medienkompetenz; ein Protokoll schreiben

Das fächerübergreifende Projekt (fünf Stunden Deutsch- und zwei Stunden Geschichtsunterricht) wird mit den Schülern zusammen geplant. Im Idealfall werden Deutsch und Geschichte vom selben Lehrer unterrichtet; ansonsten muss eine Arbeitsaufteilung vorgenommen werden. Dabei sollte zunächst im Geschichtsunterricht ein Überblickswissen erarbeitet werden, das danach im Deutschunterricht zu bestimmten Themen vertieft wird. Für den Projektzeitraum wird eine Sammlung von Sach- und Geschichtsbüchern sowie Lexika im Klassenraum aufgebaut. Ideal sind Computer mit Internetzugang im Klassen- bzw. Arbeitsraum.

- **Schritt 1:** In der ersten Stunde werden Ziele, Ablauf und Arbeitsaufteilung besprochen sowie die Buchsammlung vorgestellt. Die Schüler werden in drei Gruppen eingeteilt und erhalten die folgende Aufgabe:

> Wir werden uns mit drei Themen befassen:
>
> - Schrift im alten Ägypten
> - Pharaonen
> - Tägliches Leben im alten Ägypten
>
> Sucht geeignete Literatur für euer Thema aus und recherchiert im Internet. Schreibt eine Liste mit Buchtiteln und Web-Adressen. Teilt dann die Arbeit untereinander auf und schreibt aus den Büchern/aus dem Internet wichtige Informationen für euer Thema heraus.

- **Schritt 2:** In der zweiten Stunde tragen die Gruppen ihre Ergebnisse zusammen und führen ein Protokoll, in dem die unterschiedlichen Wissensbereiche zu jedem Thema sowie übereinstimmende und abweichende Informationen (mit Quellenangabe) festgehalten werden. Dabei wird vor allem darauf geachtet, ob es medienspezifische Differenzen gibt. Am Ende der Stunde werden der Arbeitsstand sowie die gemachten Erfahrungen im Plenum ausgetauscht und reflektiert.

Anhaltspunkte für die Reflexion:

- Vergleicht die Arbeit mit Büchern und im Internet: Wie seid ihr vorgegangen? Wie leicht/schwer habt ihr die Arbeit empfunden? Wie ergiebig und zuverlässig sind die Informationen?
- Wie weit seid ihr in eurer Gruppe mit der Arbeit gekommen? Woran könnte es liegen, dass eine Gruppe weiter ist als die anderen?

- **Schritt 3:** In der dritten Stunde legt jede Gruppe Unterthemen zu ihrem Oberthema fest, zu denen mithilfe des Computers in Partnerarbeit Texte unter Verwendung der gewonnenen Informationen geschrieben werden. Falls die Korrektheit von Informationen nicht geklärt werden kann, soll dies vermerkt werden. Die Texte sollen mit geeigneten Illustrationen versehen werden, die das Geschriebene veranschaulichen und/oder einen Leseanreiz bieten. Die Texte werden gespeichert und ausgedruckt. Unvollständige Texte werden als Hausaufgabe bis zur nächsten Stunde ergänzt.

- **Schritt 4:** In der vierten Stunde tauschen die Gruppen ihre Texte jeweils in Vierergruppen aus, lesen sie und geben sich gegenseitig eine schriftliche Rückmeldung zu Inhalt (vollständig, interessant), Aufbau („roter Faden" erkennbar) und Sprache (begrifflich korrekt, verständlich und flüssig geschrieben, grammatisch und rechtschriftlich korrekt). Die Texte werden anhand der Rückmeldungen als Hausaufgabe am Computer überarbeitet und gespeichert.

- **Schritt 5:** In der fünften Stunde werden die Texte entweder als Broschüre oder auf einer Website im Schulportal veröffentlicht. Die Gruppen organisieren diese Arbeit selbstständig; der Lehrer greift nur bei Bedarf unterstützend ein.

2.33   Die Stadt – ein Zeitungsprojekt

Lernziele	Informationen zum Thema „Stadt" recherchieren und produktiv verarbeiten; eine Zeitung herstellen
Klassenstufe	Klasse 7–9
Material	Kopiervorlage; Lexika, Fachbücher, Internet; Computer mit Textverarbeitungsprogramm; optional: Projektraum auf dem Schulserver
Methode	Recherche und Textproduktion
Sozialform	Partner-, Gruppenarbeit und Plenum
Dauer	5 Stunden
Inhaltliche Kompetenzen	sachbezogene Recherche-, Schreib- und Medienkompetenz

Tipp: Diese Projektidee zum Thema „Stadt" wurde in einer Gymnasialklasse erfolgreich umgesetzt, eignet sich aber auch für andere Schularten.

- **Schritt 1:** Zu Beginn wird das Projekt gemeinsam mit den Schülern geplant. Im Unterrichtsgespräch werden Inhalte, Ziele und Vorgehensweise festgelegt. Erfahrungsgemäß werden vielfältige Ideen entwickelt, wie etwa politische Ereignisse oder Skandale, öffentliches Verkehrssystem, Modestadt Mailand, Stromausfall und seine Folgen, Poetry Slam, die Maya-Kultur, Marathonläufe oder sonstige Sportgroßereignisse, bekannte Sportstätten einer Stadt, wissenschaftliche Einrichtungen, Geschichte der Stadt oder die Stadt als Reiseziel.

- **Schritt 2:** Anhand der Schreibhilfe *Textsorten in Zeitungen* (siehe Kopiervorlage) verschaffen sich die Schüler einen Überblick über die journalistischen Darstellungsformen. Anschließend wird über die Organisation einer Zeitungsredaktion in Ressorts gesprochen, wovon fünf näher beleuchtet werden: Politik, Lokales, Wirtschaft, Kultur und Sport. Die Schüler können weitere Ressorts hinzunehmen, wie beispielsweise Reise, Wissenschaft, Bildung, Ratgeber/Service, Leserbriefe und Technik.

- **Schritt 3:** Anschließend wählen die Schüler ein Ressort. Die Projektarbeit findet weitgehend in den Ressorts statt. Aus jedem Ressort nimmt ein Mitglied an der Redaktionskonferenz teil, in der die Arbeit der Bereiche abgestimmt wird. In den letzten zehn Minuten jeder Stunde werden im Plenum der Arbeitsstand sowie anstehende Fragen ausgetauscht und Lösungen gesucht. Die Arbeitsaufträge lauten:

- Legt in den Ressorts die Themen der Artikel und die journalistischen Formen fest.
- Stimmt euch in der Redaktionskonferenz darüber ab. Bedenkt dabei, dass eine Zeitung vielfältig sein soll.
- Teilt die Themen unter den Ressortmitgliedern auf. Ihr könnt euren Artikel allein oder zu zweit verfassen.
- Recherchiert zu eurem Thema in Büchern und im Internet.
- Bildet Arbeitsgruppen mit Mitgliedern anderer Ressorts, die dieselbe Textsorte gewählt haben, und besprecht die Merkmale mithilfe der Schreibhilfe „Textsorten".
- Schreibt euren Artikel und findet einen zugkräftigen Titel.
- Lest eure Artikel gegenseitig im Ressort, gebt euch Rückmeldung und überarbeitet die Artikel.
- Tauscht eure Artikel in der Redaktionskonferenz aus, gebt euch gegenseitig Rückmeldung.
- Stellt die Endversion zum Veröffentlichen her und illustriert sie.
- Erstellt aus den Artikeln eine Zeitung, die ihr in gedruckter oder elektronischer Form veröffentlicht.

Textsorten in Zeitungen

Nachricht: Eine Nachricht ist eine sachliche Mitteilung. Der Nachrichtenwert bemisst sich danach, wie neu, interessant oder wichtig sie ist. In der Regel ist eine Nachricht nicht länger als 20 bis 30 Zeilen (eine Tageszeitungsspalte). Eine Mitteilung auf diese Kürze zu bringen, ohne dass der Inhalt unverständlich oder unvollständig wird, ist schwierig. Die W-Fragen helfen dabei: Wer? Was? Wo? Wann? Wie? Warum? Welche Quelle? Am Anfang einer Nachricht steht das Wichtigste. Alles, was danach folgt, hat weniger Bedeutung. Die Nachricht muss, wenn sie von hinten gekürzt wird, immer noch Sinn ergeben.

Bericht: Ein Bericht ist eine längere Nachricht. Er kann Zusammenhänge, Vorgeschichte und andere wichtige Aspekte berücksichtigen. Das strenge Aufbauprinzip der Nachricht (Gliederung der Sätze nach abnehmender Wichtigkeit) gilt beim Bericht für die im Text vorkommenden Absätze. Sie sind nach Wichtigkeit geordnet (Pyramidenprinzip). Innerhalb des einzelnen Absatzes braucht man sich aber nicht streng an den Aufbau der Nachricht zu halten. Man kann z. B. einen Vorgang oder einen Diskussionsbeitrag in chronologischer Abfolge schildern.

Reportage: In der klassischen Reportage schildert ein Reporter ein Ereignis, bei dem er selbst dabei war. Geschildert werden nicht nur Fakten, sondern auch Gefühle und Eindrücke. Der Leser soll die Dinge mit den Augen des Reporters sehen. Die Reportage sollte trotz der subjektiven Eindrücke gut recherchiert sein.

Feature: Das Feature ist der Reportage sehr nahe. Es blickt jedoch mehr auf den Hintergrund, die Reportage dagegen auf das tatsächliche Ereignis. Die Sprache ist dem jeweiligen Thema angepasst.

Porträt: Das Porträt ist die mehr oder weniger subjektive Darstellung einer öffentlichen Person.

Interview: Interviews liefern zu bestimmten Sachverhalten und Ereignissen Argumente, Erklärungen und Hintergrundinformationen.

Kommentar: In Kommentaren beziehen Autoren Stellung zu wichtigen Ereignissen. Kommentare sind subjektiv, oft analysierend, und sollen den Leser zur eigenen Meinungsbildung anregen.

Kritik: Die Kritik oder Rezension behandelt aktuelle kulturelle Themen: Bücher, Filme, Konzerte etc. Eine Kritik gibt immer die persönliche, subjektive Meinung eines Autors wieder, muss aber auch begründet sein. Die Sprache richtet sich nach dem Anlass und nach der Lesergruppe.

Glosse: Die Glosse beschreibt oft satirisch, witzig oder bissig ein Thema. Die Themen können ernst und bedeutend sein, aber auch lustig oder nebensächlich. Die Grenze zwischen Glosse und Kommentar ist fließend.

Service: Serviceangebote in Zeitungen sind Fernsehprogramm, Wetterkarte etc. Sie liefern Nachrichten in kurzer, gebündelter und geordneter Form. Die Information wird auf das Wesentliche reduziert.

Webcode: FD233359-029

2.34 Minna von Barnhelm aktuell

Lernziele	zum Lustspiel *Minna von Barnheim* eine aktuelle Version schreiben und dialogisch inszenieren → 1.32; die „aufklärerische" Wirkung von Literatur reflektieren → 2.38
Klassenstufe	Klasse 10
Material	Buchausgabe von GOTTHOLD EPHRAIM LESSING: Minna von Barnhelm oder Das Soldatenglück. Ein Lustspiel in fünf Aufzügen. Stuttgart: Reclam 1986; Abschnitt zur Komödie aus der *Hamburgischen Dramaturgie* von Lessing (siehe Kopiervorlage → 1.32)
Methode	Textproduktion
Sozialform	Einzel-, Partner-, Gruppenarbeit und Plenum
Dauer	7 Stunden
Inhaltliche Kompetenzen	gattungsbezogene literarische Schreib- und Reflexionskompetenz

Das Schreibprojekt kann in den Literaturunterricht zu Lessing und zur Epoche der Aufklärung integriert werden. Es zielt darauf ab, mehrere aktuelle Szenarien in Dialogform zum Minna-Thema sowie einen Begleitkommentar zu schreiben und die Texte dialogisch-kommentierend vorzutragen. Auch wenn das Ziel des Projekts die szenische Darstellung ist, so müssen die Texte – analog zum Drama – aber konzeptionell schriftlich verfasst werden. Die Vortragsdauer soll 35 bis 40 Minuten betragen.

- **Schritt 1:** Zu Beginn wird das Projekt der Klasse vorgestellt. Die Schüler sollen in Partnerarbeit einen Entwurf für die Dialogszenen machen und erhalten dafür die folgende Aufgabe: Macht einen Entwurf für eine Parallelgeschichte zu Lessings *Minna von Barnhelm*.

Lessings Lustspiel *Minna von Barnhelm oder Das Soldatenglück* wurde erstmals am 30. September 1767 im Hamburger Nationaltheater gespielt. Es geht darin um die Liebe von Major von Tellheim und Minna von Barnhelm. Beide haben sich zur Zeit des Siebenjährigen Krieges, der von 1756 bis 1763 zwischen europäischen Staaten geführt wurde, als ebenbürtige Partner verlobt. Als sie sich nach Kriegsende wiedersehen, ist der Major von Tellheim nicht mehr derselbe Mann. Eine Kugel hat seinen rechten Arm gelähmt, ihm droht wegen angeblicher Bestechung der Prozess; er ist unehrenhaft aus der Armee entlassen worden. Er will Minna nicht mehr zur Frau nehmen, weil er sie nicht der Verachtung preisgeben möchte und sich dem „reichen, wohlanständigen Fräulein" nicht mehr ebenbürtig fühlt. Für ihn ist „Gleichheit das festeste Band der Liebe". Da Minna ihn aber noch liebt und sich durch eindeutige Zeichen auch seiner Liebe gewiss sein kann, lässt sie sich allerhand einfallen, sodass sie doch noch Hochzeit feiern.

- **Schritt 2:** Die Entwürfe werden ausgetauscht und fünf Geschichten für die dialogische Bearbeitung ausgesucht. Anschließend werden fünf Gruppen gebildet, die ihren Geschichtenstoff in den nächsten beiden Stunden in Komödienform bringen (Dialoge, Witz in Situationen und Sprache).

- **Schritt 3:** In der vierten Stunde werden die Texte in der Klasse ausgetauscht und besprochen. Es werden zwei Gruppen gebildet, die die folgenden Hausaufgaben erhalten, wobei sie die Arbeit unter sich aufteilen:

Gruppe 1: Überarbeitet die fünf Szenen auf der Grundlage der Besprechung im Plenum.
Gruppe 2: Schreibt einen „aufklärerischen" Kommentar, der sich an die Zuschauer richtet und die fünf Szenen thematisch miteinander verbindet. Er soll den Zuschauern die angestrebte „Besserung durch Lachen" auf witzige Weise nahebringen.

- **Schritt 4:** In der fünften Stunde werden die Kommentare vorgestellt. Entweder wird einer für die Inszenierung ausgewählt oder es werden zwei bis drei Schüler beauftragt, ihre Ideen zu einem Kommentar zusammenzufassen.
Der dialogische Vortrag der fünf Szenen im Plenum wird in den Gruppen vorbereitet: Die Schüler üben, die Dialoge ausdrucksvoll vorzutragen. Die Rollen werden in der jeweiligen Gruppe vergeben. Auch der Kommentator wird auf diese Weise ausgewählt. Zudem werden jeweils Ersatzpersonen ausgewählt.

Die ausgewählten Schüler üben ihre Rollen als Hausaufgabe ein. Sie müssen sie allerdings nicht auswendig lernen, sondern können das Manuskript heranziehen. Kostüme und Dekorationen sind nicht vorgesehen.

- **Schritt 5:** In der sechsten Stunde werden die durch den Kommentar verbundenen Szenen vor der Klasse vorgetragen. Eine Aufführung im Rahmen der Schule (z. B. bei einem Elternabend) kann folgen.

- **Schritt 6:** In der siebten Stunde wird die Arbeit in Bezug auf die „aufklärerische" Wirkung des Projektresultats und von Literatur generell reflektiert bzw. die Testaufgabe dazu ( 2.38) geschrieben.

2.35 Ratschläge erteilen

Lernziele	einem zukünftigen Klassenkameraden einen Brief mit Ratschlägen als Vorbereitung auf den Schulwechsel schreiben
Klassenstufe	Klasse 5 und 8
Material	Kopiervorlage
Methode	Textproduktion
Sozialform	Einzelarbeit
Dauer	1 Stunde
Inhaltliche Kompetenzen	leser- und sachbezogenes Schreiben

Das Erteilen von Ratschlägen in einem Brief kann schreibmotivierend wirken. Ähnliche Testaufgaben können auch für andere Klassenstufen erstellt werden.

Testaufgabe für Klasse 5

Gesa ist Schweizerin und lebt mit ihren Eltern in einem kleinen Bergdorf. Da die Dorfschule nur bis zur fünften Klasse geht, soll sie danach zu einer Tante nach Deutschland ziehen und ab der sechsten Klasse deine Mitschülerin werden. Einerseits freut sie sich, weil sie zu ihrer Lieblingstante darf und neugierig auf das andere Land ist. Andererseits aber hat sie auch etwas Angst vor der neuen Situation.

Euer Lehrer bittet euch, Gesa einen Brief zu schreiben. Ihr sollt ihr mitteilen, was sie über ihre neue Schule und Klasse wissen sollte, ihr erklären, was fremd für sie sein könnte, und ihr Ratschläge geben, wie sie sich am besten eingewöhnen kann.

Schreibe einen freundlichen und hilfreichen Brief an Gesa.

Testaufgabe für Klasse 8

Mitten im Schuljahr soll Svenja zu euch in die achte Klasse kommen. Sie ist Deutsche und lebt mit ihren Eltern seit zehn Jahren in Indien. Dort ging sie in eine englischsprachige Schule. Sie kann wesentlich besser in der englischen als in der deutschen Sprache Texte schreiben, wenngleich sie sehr gut Deutsch spricht. Das bereitet ihr Kopfzerbrechen. Sie schreibt an ihre neuen Mitschüler einen Brief mit der Bitte um hilfreiche Ratschläge, wie man gute Texte in Deutsch verfassen kann.

Antworte Svenja in einem ausführlichen Brief.

Beurteilungskriterien für die Testaufgabe
Inhalt: Vielfalt der Ratschläge und ihre Qualität (inhaltlich und auf die Adressatin bezogen)
Aufbau: Ort/Datum, Anrede, Einleitung, Abschied; Ausgewogenheit der Teile von Einleitung, Hauptteil und Abschied
Sprache/Stil: sachadäquate Begriffe; passender Wortschatz für die Leseransprache; sprachliche Mittel für eine zusammenhängende Darstellung (Konjunktionen, Adverbien, Pronomen ...); komplexe Sätze
Schreibkonventionen: leserliche Schrift; korrekte Rechtschreibung, Zeichensetzung und Grammatik, um die Verständlichkeit zu gewährleisten.

Webcode: FD233359-030

2.36 Eine Erzählung schreiben

Lernziele	eine Erzählung nach Vorgaben schreiben und überarbeiten
Klassenstufe	Klasse 7/8
Material	Kopiervorlage; Text der Ballade *Die Füße im Feuer* von Conrad Ferdinand Meyer, zu finden beispielsweise in: Karl Otto Conrady (Hrsg.): Der neue Conrady. Das große deutsche Gedichtbuch. Von den Anfängen bis zur Gegenwart. Artemis und Winkler: Düsseldorf und Zürich 2000, S. 495
Methode	Textproduktion
Sozialform	Einzelarbeit
Dauer	1 Stunde; anschließende Überarbeitung und mögliche Weiterführung im Literaturunterricht
Inhaltliche Kompetenzen	literarische Schreib- und Überarbeitungskompetenz

- **Schritt 1:** Die Schüler bearbeiten die Testaufgabe und erhalten eine Beurteilung für ihre Ergebnisse anhand der Kriterien sowie eine Note als Bewertung. Sie bekommen Gelegenheit, die Beurteilung zu nutzen, um ihren Text zu überarbeiten und mit einer guten Überarbeitung ihre Gesamtnote zu verbessern.

- **Schritt 2:** Anschließend wird die Ballade *Die Füße im Feuer* von C. F. Meyer gelesen und im Vergleich mit den Schülertexten diskutiert. Dabei geht es vor allem um den ungewöhnlichen Verzicht auf Rache des Ehemanns der Ermordeten, sein Motiv und um das Befinden des Mörders.

- **Schritt 3:** Die überarbeiteten Texte werden zusammen mit der Ballade als Broschüre veröffentlicht.

Testaufgabe

Schreibe eine Geschichte und verwende dabei folgende Vorgaben:

- Es ist Gewitter und Sturm.
- Ein Mann sucht Schutz in einem Haus und wird eingelassen.
- Im Haus erkennt er, dass er dort vor drei Jahren eine Frau getötet hat.
- Die Frau hatte ihren Mann, den er verfolgte, nicht verraten wollen.
- Der Mann isst mit dem Hausherrn und den Kindern zu Abend.
- Er bekommt ein Zimmer zugewiesen.
- Als er am nächsten Morgen aufwacht, steht der Hausherr vor seinem Bett.
- Dieser hat ihn als Mörder seiner Frau erkannt.
- Der Hausherr verzichtet auf Rache und lässt den Mörder weggehen.

Beurteilungskriterien für die Testaufgabe
Inhalt: Wie einfallsreich und stimmig sind die zu den Vorgaben entwickelten Ideen (Personen, Umgebung, Umstände, Atmosphäre, Details)?
Aufbau: Wie stimmig ist der Aufbau (Abfolge und Zusammenhang der Geschehnisse; Begründungen von Ereignissen und Handlungen)?
Sprache/Stil: Wie gut ist die sprachliche Gestaltung (abwechslungsreiche, anschauliche und treffende Wortwahl/Formulierungen, Übereinstimmung von Inhalt und Stil)?
Schreibkonventionen: Wie korrekt ist die schriftliche Darbietung (Schrift, Rechtschreibung, Zeichensetzung, Grammatik, Satzbau)?

Webcode: FD233359-031

2.37　Eine Erzählung weiterschreiben

Lernziele	Inhalt und Atmosphäre eines vorgegebenen Erzählanfangs erkennen und fortführen; einen eigenen Text überarbeiten
Klassenstufe	Klasse 8/9
Material	Kopiervorlage mit dem Text *Bulemanns Haus* von Theodor Storm; Beurteilungskriterien (Kopiervorlage → 2.36)
Methode	Textproduktion
Sozialform	Einzelarbeit
Dauer	1 Stunde; mögliche Weiterführung im Literaturunterricht
Inhaltliche Kompetenzen	literarische Schreib- und Überarbeitungskompetenz

Theodor Storm: Bulemanns Haus

In einer norddeutschen Seestadt, in der sogenannten Düsternstraße, steht ein altes verfallenes Haus. Es ist nur schmal, aber drei Stockwerke hoch; in der Mitte desselben, vom Boden bis fast in die Spitze des Giebels, springt die Mauer in einem erkerartigen Ausbau vor, welcher für jedes Stockwerk nach vorne und an den Seiten mit Fenstern versehen ist, sodass in hellen Nächten der Mond hindurchscheinen kann.

Seit Menschengedenken ist niemand in dieses Haus hinein- und niemand herausgegangen; der schwere Messingklopfer an der Haustür ist fast schwarz von Grünspan, zwischen den Ritzen der Treppensteine wächst jahraus, jahrein das Gras. Wenn ein Fremder fragt: „Was ist denn das für ein Haus?", so erhält er gewiss zur Antwort: „Es ist Bulemanns Haus". Wenn er aber weiterfragt: „Wer wohnt denn darin?", so antworten sie ebenso gewiss: „Es wohnt so niemand darin."

Das gegenüber stehende Haus ist um ein Stockwerk niedriger, sodass nachts das Mondlicht ungehindert in die oberen Fenster des alten Hauses fallen kann. Aus einer solchen Nacht hat auch der Wächter etwas zu erzählen. (…)

Aufgabe

Schreibe die Geschichte weiter und lass den Wächter erzählen.

2.38 Mit Literatur aufklären

Lernziele	die aufklärerische Literaturauffassung und -wirkung herausarbeiten und im Kontext unserer Informationsgesellschaft reflektieren
Klassenstufe	Klasse 10
Material	Kopiervorlage
Methode	Textproduktion
Sozialform	Einzelarbeit
Dauer	1 Stunde
Inhaltliche Kompetenzen	Wirkung von Literatur und Sachinformationen vergleichend beurteilen

Testaufgabe

Es gab und gibt Schriftsteller, die mit ihren Werken Menschen nicht nur unterhalten, sondern auch „aufklären" wollen. Sie tun dies jedoch auf andere Weise als die Massenmedien, die Informationen liefern, um über Hintergründe und Zusammenhange von Ereignissen oder über Skandale aufzuklären.

Arbeite die Besonderheiten der literarischen und medialen Aufklärung heraus. Mach dir Notizen zu den einzelnen Punkten und schreibe einen zusammenhängenden Text. Ziehe zum Schluss ein persönliches Fazit.

- Zeige an Beispielen auf, was Schriftsteller und Autoren unter „Aufklärung" verstehen.
- Welche literarischen Formen setzen sie dafür ein? Warum eignen sich diese dafür?
- Was wird vom Leser verlangt, damit er durch Literatur aufgeklärt werden kann?
- Gib Beispiele für mediale „Aufklärung".
- Welche Textsorten setzen Journalisten dafür ein und worauf beruht deren Aufklärung?
- Was wird vom Mediennutzer verlangt, damit er durch diese Informationen aufgeklärt werden kann?

Beurteilungskriterien für die Testaufgabe
Inhalt (abhängig vom Literaturunterricht):

- Dichter/Autoren: antike Fabeldichter, Schriftsteller der Aufklärung (Lessing), des Vormärz (Büchner) und des 20. Jahrhunderts (Brecht, Böll …)
- Ziele: Erziehung der Menschen im Hinblick auf die Ideale der Aufklärung (Freiheit, Gleichheit, Toleranz, Solidarität); Ermutigung zu „vernünftigem" und selbstbestimmtem Handeln durch Einsatz von Verstand und Mut; Aufdecken von „Missständen" beim einzelnen Menschen und in der Gesellschaft
- Textsorten: Satire, Fabel, Komödie; Mittel der Zuspitzung, Übertreibung, Verfremdung; bessern durch Lachen, aber nicht Verlachen
- Literatur verlangt, den Sinn und die Autorintention durch Textanalyse und -interpretation zu erschließen.
- Medienbeispiele: Umweltprobleme, Atomkraft, politische Skandale …
- Berichte mit Hintergrundinformationen; Feature, Interviews, Kommentare, Kritik, Glossen
- Der Mediennutzer muss die Sachinformationen entnehmen und sie auf ihre Glaubwürdigkeit bzw. die geäußerten Meinungen auf ihre Stichhaltigkeit hin überprüfen. Dies setzt einschlägiges Wissen voraus.

Aufbau: Hinführung zum Thema – Abhandlung der Aspekte – Fazit
Sprache/Stil: treffende Begrifflichkeit, verständliche Formulierungen, Verknüpfungen (Adverbien, Konjunktionen, Pronomen)
Schreibkonventionen: korrekte schriftliche Darbietung (Schrift, Rechtschreibung, Zeichensetzung, Grammatik, Satzbau)

Webcode: FD233359-032

3 Sprache und Sprachgebrauch untersuchen

3.1 Mein Ohr

Lernziele	über das Hören nachdenken und sich darüber austauschen
Klassenstufe	Klasse 5/6
Material	Kopiervorlage
Methode	Brainstorming, Mindmap/Cluster, Kugellager
Sozialform	Einzel- oder Partnerarbeit und Plenum
Dauer	1 Stunde
Inhaltliche Kompetenzen	über einen umfangreichen und differenzierten Wortschatz verfügen; kriterienorientiert das eigene Gesprächsverhalten und das anderer beobachten, reflektieren und bewerten

- **Schritt 1:** Das Arbeitsblatt (siehe Kopiervorlage) wird an alle Schüler verteilt. Sie füllen es in der vorgegebenen Zeit (etwa 15 Minuten) aus.

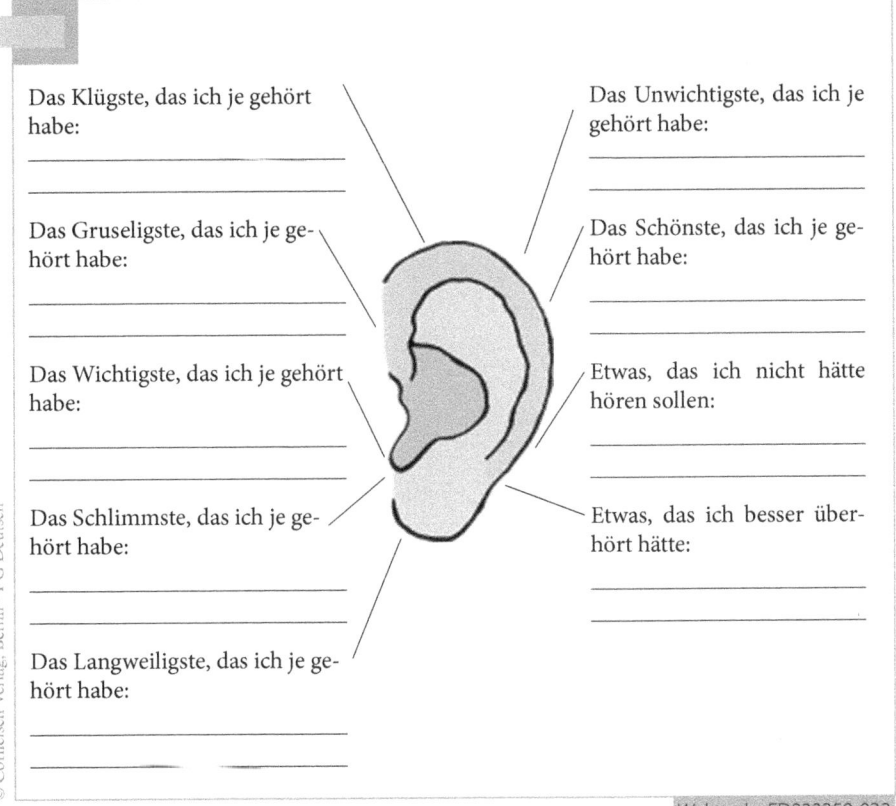

Das Klügste, das ich je gehört habe:
_____
_____

Das Gruseligste, das ich je gehört habe:
_____
_____

Das Wichtigste, das ich je gehört habe:
_____
_____

Das Schlimmste, das ich je gehört habe:
_____
_____

Das Langweiligste, das ich je gehört habe:
_____
_____

Das Unwichtigste, das ich je gehört habe:
_____
_____

Das Schönste, das ich je gehört habe:
_____
_____

Etwas, das ich nicht hätte hören sollen:
_____
_____

Etwas, das ich besser überhört hätte:
_____
_____

Webcode: FD233359-033

- **Schritt 2:** Für die Weiterarbeit gibt es zwei Varianten:
  1. Tandems tauschen sich über ihre Mindmaps/Cluster aus; ein Gespräch im Plenum knüpft daran an.
  2. Der Austausch findet im Kugellager statt: Jeder Schüler sucht sich pro Gesprächspartner drei Zweige aus der Mindmap heraus, die er vorstellt. Nachdem mehrmals im Kugellager rotiert wurde, tragen die Schüler im Plenum/Stuhlkreis vor, was sie von den Aussagen ihrer Mitschüler behalten haben.

3.2　Interview – kurz und präzise antworten

Lernziele	kurz und präzise auf gestellte Fragen antworten; Informationen erhalten sowie über eigene und fremde Hörgewohnheiten und -vorlieben reflektieren
Klassenstufe	Klasse 5/6
Material	Kopiervorlage
Methode	Interview
Sozialform	Partner-, Gruppenarbeit und Plenum
Dauer	1 Stunde
Inhaltliche Kompetenzen	sich verständlich, sach- und situationsangemessen äußern; Gesprächsbeiträge anderer verfolgen und aufnehmen; Gesprächsregeln einhalten

Zu Beginn wird mit der Klasse das Vorgehen besprochen. Anschließend erhalten die Schüler die Aufgaben (siehe Kopiervorlage). Ein Gespräch im Plenum über Gemeinsamkeiten und Unterschiede der Hörgewohnheiten und Vorlieben schließt sich an die Gruppenarbeit an.

- Bildet Vierergruppen mit den Gruppenmitgliedern A, B, C und D. Jeder Schüler erhält ein Blatt mit Interviewfragen.
- A führt das Interview mit B durch und notiert dessen Antworten, C interviewt D. Anschließend interviewt B A und D C. Auch hier werden alle Antworten notiert.
- Tauscht euch in der Vierergruppe über eure Antworten aus. Notiert abschließend die bemerkenswerteste/überraschendste Antwort jedes Gruppenmitglieds.
- Jeweils ein Gruppenmitglied präsentiert diese Antworten im Plenum.

Interviewfragen

1. Welche Geräusche hörst du gern?

2. Welche Geräusche hörst du nicht gern?

_____

3. Welches Geräusch hörst du am Morgen zuerst?

_____

4. Welches Geräusch hörst am Abend zuletzt?

_____

5. Welches Geräusch passt zu einer fröhlichen Stimmung?

_____

6. Welches Geräusch passt zu einer traurigen Stimmung?

_____

7. Kannst du ein besonderes Geräusch erzeugen? Welches?

_____

8. An welchem Ort hörst du gern aufmerksam zu?

_____

9. An welchem Ort würdest du gerne die Ohren verschließen?

_____

10. Wie klingt deine Stimme?

_____

11. Kennst du jemanden, der eine schöne Sprechstimme hat? Beschreibe sie.

_____

12. Kennst du einen „Ort der Stille"? Welchen?

_____

13. Was würdest du ohne deinen Gehörsinn am meisten vermissen?

_____

Webcode: FD233359-034

Mögliche Weiterführung

Um die Idee in der nächsten Stunde fortzusetzen, können als Hausaufgabe weitere Interviewfragen überlegt, das Interview mit weiteren Personen durchgeführt und die Antworten notiert werden.

3.3　Sprüche und Redewendungen

Lernziele	Sprüche und Redewendungen sammeln, die den Gesprächspartner zum Zuhören bewegen bzw. vom Zuhören abhalten; für Kommunikationsprozesse sensibilisiert werden
Klassenstufe	Klasse 5/6
Material	Kopiervorlage
Methode	Brainstorming
Sozialform	Einzel-, Partnerarbeit und Plenum
Dauer	1 Stunde
Inhaltliche Kompetenzen	über einen umfangreichen und differenzierten Wortschatz verfügen; kriterienorientiert das eigene Gesprächsverhalten und das anderer beobachten, reflektieren und bewerten

- **Schritt 1:** Die Aufgabe (siehe Kopiervorlage) wird verteilt. Die Schüler füllen ein Arbeitsblatt – dem Aufbau der Vorlage entsprechend – in der vorgegebenen Zeit (etwa zehn Minuten) aus.

- **Schritt 2:** Anschließend tauschen sich Zweiertandems über ihre Sprüche aus und ergänzen ihre Sammlungen. Die Tandems markieren ihre beiden besten Sprüche und tragen sie im Plenum vor. Ein gemeinsames Gespräch über Kommunikation/Gesprächseinstiege kann sich anschließen.

99 Sprüche, um dein Gegenüber zu fesseln:

1. Ich verrate dir ein Geheimnis …
2. Stell dir vor, was mir Unglaubliches passiert ist …
3. Es ist unfassbar …
4. …

99 Sprüche, um dein Gegenüber zu vergraulen:

1. Als ich letztes Jahr …
2. Meine Mutter hat gesagt …
3. Es ist immer dasselbe mit dir …
4. …

Mögliche Weiterführung

Um die Idee in der nächsten Stunde fortzusetzen, kann als Hausaufgabe folgendes Thema gestellt werden: Probiere die Sprüche und ihre Wirkung aus; schreibe deine Erfahrungen stichwortartig auf.

3.4 Montagsmaler

Lernziele	Redewendungen aus dem Wortfeldbereich „Ohren"/„hören" verstehen lernen; Spielregeln einhalten
Klassenstufe	Klasse 5/6
Material	Tafel, vorbereitete Kärtchen mit Redewendungen
Methode	Spiel
Sozialform	Wettbewerb in Gruppen
Dauer	1 Stunde
Inhaltliche Kompetenzen	über einen umfangreichen, differenzierten Wortschatz verfügen; sich artikuliert, verständlich, sach- und situationsangemessen äußern; Gesprächsbeiträge anderer verfolgen und aufnehmen; Aufmerksamkeit für verbale und nonverbale Äußerungen (z. B. Stimmführung, Körpersprache) entwickeln; Gesprächsregeln einhalten

Das Spiel kann in zwei Varianten durchgeführt werden.

- Klassische Variante: Der Lehrer erklärt kurz die Spielregeln und erläutert, dass nach Redewendungen zu den Wörtern „Ohren" und „hören" gesucht wird. Er teilt die Klasse in zwei bis vier Gruppen auf und schreibt eine Punktetabelle an die Tafel. Er beginnt, indem er eine Redewendung aus der Liste zeichnerisch an der Tafel umsetzt. Der Schüler, der als Erster die Redewendung erkannt hat, nimmt anschließend die Position des Zeichners ein. Seine Gruppe erhält zehn Punkte. Für jede falsch geratene Redewendung erhält die Gruppe einen Minuspunkt. Der Lehrer übernimmt im weiteren Spielverlauf die Führung der Tabelle an der Tafel. Zudem zeigt er dem jeweiligen Zeichner verdeckt ein Kärtchen mit einer Redewendung.
- Pantomime: Statt zu zeichnen, wird hierbei die Redewendung pantomimisch dargestellt. Die übrigen Regeln bleiben gleich.

> **Beispiele für Redewendungen zu den Wörtern „Ohren"/„hören":**
>
> die Ohren spitzen – nur mit halbem Ohr zuhören – ganz Ohr sein – Segelohren haben – heiße Ohren bekommen – sich etwas hinter die Ohren schreiben – jemandem in den Ohren liegen – das Gras wachsen hören – über beide Ohren verliebt sein – jemanden übers Ohr hauen – auf seinen Ohren sitzen – mit den Ohren schlackern – grün hinter den Ohren sein

> **Tipp:** Abschließend kann ein Gespräch über das Einhalten von Spiel- und Gesprächsregeln erfolgen. Weitere Möglichkeiten bestehen im Ergänzen der Liste mit den Redewendungen und im Recherchieren der Herkunft einzelner Ausdrücke. Letzteres eignet sich als Hausaufgabe.

3.5　Übersetzungsbüro

Lernziele	Sensibilisierung für den Zusammenhang von Inhalt, sprachlichem Ausdruck und Botschaft bzw. Verständnis einer Äußerung
Klassenstufe	Klasse 5–7
Material	Kopiervorlage, Papier und Stifte
Methode	Spiel
Sozialform	Einzel-, Partnerarbeit und Plenum
Dauer	1 Stunde
Inhaltliche Kompetenzen	über einen umfangreichen und differenzierten Wortschatz verfügen; kriterienorientiert das eigene Gesprächsverhalten und das anderer beobachten, reflektieren und bewerten

- **Schritt 1:** Der Lehrer erläutert, dass sich hinter einer einfachen Aussage oder Frage noch etwas ganz anderes verbergen kann und gibt ein Beispiel: „Ich bin ja so schlecht in Deutsch!" könnte z. B. heißen: „Mir geht es ganz elend, bedaure mich." oder „Sag mir bitte, dass das doch gar nicht stimmt und ich eigentlich sehr gut in Deutsch bin."

- **Schritt 2:** Die Klasse wird in zwei Gruppen aufgeteilt. Eine Hälfte erhält den Textabschnitt *Übersetzungsbüro A* (siehe Kopiervorlage), die andere Hälfte *Übersetzungsbüro B*. Jeder Schüler notiert auf einem separaten Blatt, auf das er seinen Namen schreibt, in einem vorgegebenen Zeitrahmen (z. B. zehn Minuten) seine „Übersetzung". Anschließend tauschen sich Zweiertandems innerhalb einer Gruppe über ihre Übersetzungen aus und ergänzen ihre Sammlungen.

- **Schritt 3:** Dann werden die Übersetzungen der Gruppe A eingesammelt, den Mitgliedern der Gruppe B übergeben und umgekehrt. Jeder Schüler hat nun ein Blatt mit Übersetzungen vor sich, die er wieder verschlüsseln soll. Nach einer vorgegebenen Zeit (z. B. zehn Minuten) werden die Blätter zurückgetauscht. Die Schüler haben ihr Übersetzungsblatt wieder vor sich und vergleichen die Rückverschlüsselung mit der Ausgangsverschlüsselung auf der ausgeteilten Kopie. Im Tandem stellen sie fest, wie das Zurückübersetzen funktioniert hat. Sind die Botschaften wieder im „Originalzustand"? Was ist auf dem Übersetzungsweg passiert? Hat sich etwas verändert? Wenn ja, was? Warum? Wie funktioniert Verständigung? Die Beobachtungen der Tandems werden abschließend im Plenum diskutiert.

Übersetzungsbüro A

Ich war schon lange nicht mehr im Kino.

Würdest du so nett sein und die Geschirrspülmaschine ausräumen?

Wie ärgerlich, ich habe kein Geld dabei.

Warum riecht es hier so komisch?

Sieht lecker aus, dein Pausenbrot!

Findest du wirklich, dass meine neue Jeans gut aussieht?

Meinst du, es wird regnen?

Übersetzungsbüro B

Glaubst du, sie mag mein T-Shirt?

Wann habt ihr eigentlich die letzte Mathearbeit geschrieben?

Hast du mir mein Taschengeld schon gegeben?

Ich habe leider mein Heft zu Hause auf dem Schreibtisch liegen lassen.

Hast du dein Handy dabei?

Meine Haare sehen heute schrecklich aus!

Hundebabys sind ja so süß!

© Cornelsen Verlag, Berlin • FG Deutsch

3.6   Etwas genau beschreiben

Lernziele	ein Fantasiehörgerät zeichnen; die Zeichnung mündlich beschreiben; nach der mündlichen Beschreibung zeichnen; mit dem Original vergleichen und die Arbeit reflektieren
Klassenstufe	Klasse 5–7
Material	Papier und Stifte
Methode	produktive Verfahren
Sozialform	Einzel-, Partner-, Gruppenarbeit und Plenum
Dauer	1 Stunde
Inhaltliche Kompetenzen	über einen umfangreichen und differenzierten Wortschatz verfügen; sich artikuliert, verständlich, sach- und situationsangemessen äußern; wesentliche Aussagen aus umfangreichen gesprochenen Texten verstehen

- **Schritt 1:** Die Schüler halten Papier und Zeichenstifte bereit; sie erhalten folgenden Arbeitsauftrag:

1. Zeichne ein Fantasiehörgerät. Lass deiner Fantasie freien Lauf. Mit dem Hörgerät sollen auch Leute, die sehr schlecht hören, das Gras wachsen hören.
2. Beschreibe anschließend einem Partner dein Fantasiehörgerät ganz genau, sodass er es nachzeichnen kann. Dein Partner sollte dein Bild dabei nicht sehen.
3. Tauscht die Rollen.
4. Bildet Vierergruppen. Vergleicht eure Originalzeichnungen mit den Kopien. Sind sie sich ähnlich? Überlegt, woran es gelegen haben könnte, dass eure Zeichnungen einander ähneln oder nicht.

- **Schritt 2:** Die Tandems sollen nicht mit dem Sitznachbarn gebildet werden, der die Entstehung des Bildes eventuell gesehen hat. Ein Gespräch im Plenum über die Schwierigkeiten beim Lösen dieser Aufgabe schließt sich an. Wenn die Zeichnungen, jeweils Original und Kopie nebeneinander, im Klassenraum aufgehängt werden, können zwei Preise vergeben werden: Welches Tandem hat die größte Übereinstimmung von Original und Kopie erreicht? Welches ist das beste Fantasiehörgerät (Design und Funktionalität)?

3.7   Tabu

Lernziele	Redewendungen aus dem Wortfeldbereich „Ohren"/„hören" verstehen und ohne die Tabu-Wörter erklären; Spielregeln einhalten
Klassenstufe	Klasse 6/7
Material	Tafel; vorbereitete Kärtchen (siehe Kopiervorlage)
Methode	Spiel
Sozialform	Wettbewerb in Gruppen
Dauer	1 Stunde
Inhaltliche Kompetenzen	über einen umfangreichen und differenzierten Wortschatz verfügen; sich artikuliert, verständlich, sach- und situationsangemessen äußern; Gesprächsbeiträge anderer verfolgen und aufnehmen; Aufmerksamkeit für verbale und nonverbale Äußerungen (z. B. Stimmführung, Körpersprache) entwickeln; Gesprächsregeln einhalten

Der Lehrer teilt die Klasse in zwei Gruppen (A und B) auf und erklärt die Spielregeln: Es wird nach Redewendungen zu den Wörtern „Ohren" und „hören" gesucht. Ein Schüler der Gruppe A wechselt zur Gruppe B. Er erhält vom Lehrer verdeckt ein Kärtchen mit einer Redewendung und versucht, diese seiner Gruppe A ohne Benutzung der auf dem Kärtchen vermerkten Tabu-Wörter zu erklären. Natürlich dürfen auch die Wörter bzw. Wortstämme der Redewendung nicht in der Erklärung auftauchen. Die Schüler der Gruppe B haben Einblick in das Kärtchen und überwachen die Wortwahl des Erklärenden. Hierzu erhält ein Schüler der Gruppe B einen Signalgeber (z. B. ein Glöckchen), den er benutzt, wenn der Erklärende eines der Tabu-Wörter benutzt. Für die Benutzung eines Tabu-Wortes erhält die Gruppe B einen Pluspunkt. Ein anderes Mitglied der Gruppe B ist Zeitwächter. Je nach Leistungsstärke der Klasse kann ein Zeitlimit von drei bis fünf Minuten pro Redewendung vereinbart werden, damit jeder Schüler einmal eine Redewendung erklären kann. Errät die Gruppe A die Redewendung, erhält sie zehn Punkte. Ein anderer Mitspieler aus Gruppe A darf die nächste Redewendung erklären. Ist die vereinbarte Zeit abgelaufen, tauschen die Gruppen die Rollen. Der Lehrer führt das Punktekonto an der Tafel.

Tipp: Vor Spielbeginn kann der Lehrer mit einem Schüler das erste Kärtchen „die Ohren spitzen" als Beispiel durchspielen: Meine Redewendung bedeutet, dass man ganz genau mitbekommt, was jemand sagt/dass man seine Hörorgane aufnahmebereit macht/dass man mit seinen Hörorganen dasselbe durchführt wie mit einem Bleistift … Hier wird auch klar, dass die in den Redewendungen enthaltenen Wörter ersetzt werden müssen. Gesten sind ebenfalls tabu. – Die Karten der Kopiervorlage sind Vorschläge, die um weitere Beispiele ergänzt werden können.

die Ohren spitzen		die Ohren steifhalten	
Tabu:	aufmerksam	Tabu:	tapfer
	aufpassen		durchhalten
	zuhören		durchstehen
	Form		wünschen

nur mit halbem Ohr zuhören		ganz Ohr sein	
Tabu:	unaufmerksam	Tabu:	aufmerksam
	aufpassen		aufpassen
	unkonzentriert		zuhören
	pennen		spannend

Segelohren haben		heiße Ohren bekommen	
Tabu:	Elefant	Tabu:	peinlich
	Boot		schämen
	Schiff		rot
	Wasser		warm

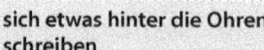

sich etwas hinter die Ohren schreiben	**jemandem in den Ohren liegen**
Tabu: merken aufpassen aufmerksam Stift	Tabu: bitten betteln schmeicheln Wunsch
das Gras wachsen hören	**über beide Ohren verliebt sein**
Tabu: empfindsam aufmerksam erkennen ahnen	Tabu: verknallt verschossen Gefühl Herz
jemanden übers Ohr hauen	**auf seinen Ohren sitzen**
Tabu: belügen betrügen austricksen Gauner	Tabu: weghören überhören aufpassen Stuhl
mit den Ohren schlackern	**grün hinter den Ohren sein**
Tabu: staunen wundern wackeln bewegen	Tabu: unreif unwissend Farbe rot
es faustdick hinter den Ohren haben	**die Ohren auf Durchzug stellen**
Tabu: schlau clever Hand Schlingel	Tabu: weghören überhören Luft Wind
ein offenes Ohr finden	**sich Gehör verschaffen**
Tabu: aufmerksam bitten erzählen Wünsche	Tabu: bemerkbar machen laut durchsetzen Respekt

Webcode: FD233359-035

3.8 Mitschrift zu einem vorgelesenen Text

Lernziele	einem vorgelesenen Text Informationen entnehmen und eine Mitschrift anfertigen
Klassenstufe	Klasse 5/6
Material	Kopiervorlage
Methode	zuhören und eine Mitschrift anfertigen
Sozialform	Einzelarbeit und Plenum
Dauer	1 Stunde
Inhaltliche Kompetenzen	wesentliche Aussagen aus umfangreichen gesprochenen Texten verstehen; Informationen sichern und wiedergeben

- **Schritt 1:** Der Lehrer liest die Überschrift des Textes vor und gibt den Arbeitsauftrag 1. Anschließend wird Arbeitsauftrag 2 erteilt, dann der gesamte Text vorgelesen; die Schüler bearbeiten danach den Arbeitsauftrag 2. Arbeitsauftrag 3 schließt sich an; unbekannte Wörter werden gemeinsam geklärt. Arbeitsauftrag 4 wird erteilt. Dann liest der Lehrer den Text ein zweites Mal vor. Abschließend wird Arbeitsauftrag 5 erteilt und der Text ein drittes Mal vorgelesen.

Arbeitsaufträge

1. Der Text hat den Titel „Ohrschmuck". Welche Erwartungen hast du an einen Text mit diesem Titel? Mach dir stichpunktartig Notizen.
2. Hör dir den Text genau an. Schreibe danach in einem Satz auf, wovon der Text handelt.
3. Wenn Wörter vorkommen, die du nicht verstehst, frag nach.
4. Hör den Text ein zweites Mal genau an. Mach dir stichpunktartig Notizen zum Inhalt.
5. Hör den Text ein drittes Mal genau an. Ergänze oder korrigiere deine Notizen.

- **Schritt 2:** Ein Gespräch über die Vorteile, sich in bestimmten Unterrichtsphasen (z. B. Lehrervortrag, Präsentationen) Notizen zu machen oder Mitschriften anzufertigen, schließt sich an.

Ohrschmuck

Was eignet sich wohl besser, um etwas daran zu befestigen, als unsere Ohren, die rechts und links von unserem Kopf abstehen? So dachten die Menschen zu allen Zeiten und überall auf der Welt. Sie platzierten Ohrschmuck an dieser gut sichtbaren Stelle schon seit der Jungsteinzeit, also vor ca. 11 000 Jahren.

Ohrpflöcke und Ohrknöpfe wurden in Vorderasien und Ägypten von Frauen und Männern getragen. Diese Ohrpflöcke und -knöpfe verbreiteten sich auch in Mitteleuropa. Hier schmückten sich Frauen und Männer in der Bronzezeit (2200–800 v. Chr.) mit schlichten Kupferringen. In den minoischen und mykenischen Kulturen, die im heutigen Griechenland entstanden, bevorzugte man die Ringform. In Griechenland trugen Frauen auch sichelförmige Ohrringe, an denen Anhänger baumelten. Es gab dort sogar Spiralen.

Auch die römischen Frauen fanden ringförmigen Ohrschmuck schön. Darüber hinaus waren Halbkugeln und gefasste Steine mit einem Anhänger in Tropfenform in Mode. Nachdem im Mittelalter der Ohrschmuck fast ganz verschwunden war, erlebte er im 16. Jahrhundert seine Wiederentdeckung. Nun waren birnenförmige Perlen bei den Damen sehr beliebt. Allerdings konnten sich nur reiche, adelige Frauen diesen Luxus leisten. Etwas später wurden prächtige Ohrgehänge modern. Um 1800 entdeckte man die antike Ringform wieder.

Ohrringe sollen ihren Träger schmücken. Es gibt allerdings noch andere Gründe, sich die Ohren zu behängen: Ohrringe werden auch als Glücksbringer oder Schutzamulette gegen Krankheiten oder Unheil angesehen. Seit dem späten Mittelalter tragen in Europa auch Männer wieder Ohrringe: Matrosen und Zimmerleute. Das hatte allerdings einen ganz praktischen Grund: Falls sie ohne Geld auf Reisen starben, wurde ihre Beerdigung mit dem Ohrgold bezahlt.

Webcode: FD233359-036

Ideen zur Weiterarbeit
In ähnlicher Weise kann der folgende Text im Unterricht eingesetzt werden.

Gehörlos – Leben in der Stille

Am liebsten stürmt Leon über den Fußballplatz, um den Ball im gegnerischen Tor zu versenken. Wenn das geklappt hat, jubeln seine Mannschaftskameraden aus dem Fußballverein lautstark, reißen die Arme in die Luft und klopfen ihm auf die Schulter. Einige heben die Hände etwas über den Kopf, klappen die Handflächen nach hinten und drehen sie hin und her. Dass sich auch Leon freut, sieht man: Er hüpft herum und grinst – sagt aber nichts. Leon ist gehörlos. Die Geste seiner Mitspieler hat er natürlich verstanden: Sie bedeutet „Applaus!" in der Gebärdensprache, mit der sich taube und stumme Menschen verständigen können.

Leon ist zwölf Jahre alt. Er ist taub geboren und lebt seither in einer Welt der Stille. Wenn ein Kind nie hören konnte, dann weiß es nicht, wie die Sprache klingt. Deshalb kann Leon seine Stimme, die eigentlich völlig intakt ist, auch nicht benutzen: Er weiß ja nicht, welche Laute er nachahmen soll.

Statt mit seiner Stimme verständigt sich der Junge mit Gebärdensprache. Hierfür setzt er seine Hände ein, aber auch Mundbewegungen und Gesichtsausdruck gehören zur Sprache ohne Töne. Diese Sprache, die gehörlose oder stumme Menschen benutzen, lernte Leon schon als kleiner Junge.

Leons Leben in der Welt der Stille ist alles andere als eintönig. Natürlich geht er wie jedes andere Kind zur Schule. In seiner Klasse sind weitere gehörlose Mitschüler. Hier werden die gleichen Fächer wie an anderen Schulen unterrichtet, nur mit dem Unterschied, dass es im Klassenraum völlig still ist. Die Lehrer reden hier nicht, sondern unterrichten in Gebärdensprache.

In seiner Fußballmannschaft ist Leon der einzige Spieler, der nichts hören kann. Weder sein Trainer noch seine Mannschaftkollegen können gebärden – so nennt man das Benutzen der Gebärdensprache. Trotzdem klappt das Zusammenspielen, denn der Trainer schreibt Leon die wichtigsten Spielzüge auf, sodass er sie sich vor dem Spiel durchlesen und merken kann. Während eines Spiels macht Leon, wie seine hörenden Mitspieler auch, durch Winken und Zeigen klar, dass er frei steht oder wo der Ball hin soll. Das verstehen echte Fußballer auch ohne Worte. Ein paar Gebärden, wie zum Beispiel „Applaus!", haben sich in der Mannschaft schon eingebürgert und werden von den Fans begeistert übernommen.

Leons zweites Hobby ist das Chatten am Computer. Durch das Internet hat er viele junge Leute kennengelernt, mit denen er sich oft austauscht. Einige wird er in den nächsten Sommerferien wiedersehen: Dann treffen sich gehörlose Kinder und Jugendliche aus ganz Deutschland in einem Zeltlager. Leon legt Daumen und Zeigefinger aneinander, sodass sie einen Kreis bilden, die anderen Finger der Hand zeigen nach oben. Das bedeutet: „Das wird super!"

3.9   Informationen aus einem vorgelesenen Text entnehmen

Lernziele	einem vorgelesenen Text Informationen entnehmen, sich kreativ damit auseinandersetzen und weitere Informationen recherchieren
Klassenstufe	Klasse 5/6
Material	Kopiervorlage mit dem Textauszug aus *Silberflügel* von Kenneth Oppel, Papier, Stifte
Methode	produktionsorientierte Verfahren, Bildergalerie
Sozialform	Einzelarbeit und Plenum
Dauer	2 Stunden
Inhaltliche Kompetenzen	wesentliche Aussagen aus umfangreichen gesprochenen Texten verstehen; die Informationen kreativ umsetzen

- **Schritt 1:** Der Text der Kopiervorlage wird im Unterricht vorgelesen. Anschließend werden die folgenden Aufgaben zur Auswahl gestellt:

  1. Male ein Bild vom Fledermausjungen Schatten auf Beutefang. Mach dabei das „Klangsehen" von Schatten sichtbar.
  2. Wie erlebt der Fledermausjunge Schatten den Beutefang? Male ein Bild, das die nächtliche Jagd aus Schattens Perspektive darstellt.

- **Schritt 2:** Die entstandenen Bilder werden, getrennt nach Aufgabe 1 und 2, gut sichtbar an zwei Wänden aufgehängt. Unter jedes Bild heftet der Lehrer eine Nummer. Neben den beiden Bildersammlungen wird jeweils ein großes Papier angebracht. Die Tische werden in einer Raumecke zusammengeschoben. Die Schüler sammeln sich vor den Bildern der von ihnen nicht bearbeiteten Aufgabe. Ohne zu sprechen, betrachten die Schüler die Bilder. Sie notieren, mit der betreffenden Bildnummer versehen, Kommentare oder Fragen zu den Bildern auf das dafür angeheftete Papier. Die Aufgaben lauten:

  3. Nehmt einen Stift mit und geht vor die Bilder der von euch nicht bearbeiteten Aufgabe. Betrachtet die Bilder in Ruhe. Notiert Kommentare oder Fragen zu den Bildern auf dem aushängenden Papier. Verseht den Kommentar mit der passenden Bildnummer und eurem Namen. Wichtig: Beim Betrachten und Kommentieren der Bilder ist es „museumsstill".
  4. Die Gruppen tauschen die Positionen. Jeder hat nun die Möglichkeit, Kommentare oder Fragen zu seinem eigenen Bild zu lesen. Noch immer ist es „museumsstill".

- **Schritt 3:** Im Anschluss an diese stille Phase setzen sich die Schüler in einen Stuhl-kreis. Zwei Varianten sind im Folgenden möglich:
  - Jeder Schüler, der einen Kommentar oder eine Frage zu seinem Bild bekommen hat, geht der Reihenfolge der Bildnummern nach zu seinem Bild, liest Kommentar oder Frage vor und nimmt Stellung bzw. beantwortet die Fragen. Weitere Fragen aus dem Plenum sind möglich. Bei dieser Variante muss der Schüler spontan reagieren.
  - Mehr Zeit zum Nachdenken bleibt, wenn jeder Schüler, der einen Kommentar oder eine Frage zu seinem Bild bekommen hat, schriftlich darauf reagiert. Er schreibt dem Kommentator/Fragesteller seine Antwort auf ein Blatt. Auf ein Zei-chen des Lehrers werden alle Antworten getauscht und still im Stuhlkreis gelesen.

- **Schritt 4:** In beiden Varianten folgt eine gemeinsame Diskussion über die Bilder und das „Klangsehen".
  - Variante 3: Eine gemeinsame Diskussion im Plenum schließt sich an Aufgabe 4 an. Das ist sinnvoll, wenn die Kommentare und Fragen sehr ungleichmäßig auf die Bilder verteilt sind und viele Schüler keine Reaktionen auf ihr Bild erhalten haben.

- **Schritt 5:** Zum Abschluss reflektieren die Schüler ihr Kommunikationsverhalten in der Plenumsrunde und erhalten die Hausaufgabe: Informiere dich in einem Lexi-kon/im Internet über die Wahrnehmung der Fledermäuse. Mach dir stichwortartig Notizen.

Schatten, der Fledermausjunge, schwebte über die Böschung des Baches, als er hörte, wie der Käfer seine Flügel ausprobierte. Daraufhin holte er kräftiger mit den Schwingen aus und wurde so immer schneller, je näher er dem summenden Geräusch kam. Er selbst war vor dem Nachthimmel kaum zu erkennen, nur die Silberstreifen in seinem dichten schwarzen Fell schimmerten im Mondlicht.

Der Käfer hatte sich jetzt in die Luft erhoben, seine Flügel und die Deckschalen surr-ten. Noch immer konnte Schatten ihn nicht mit den Augen erkennen, aber er „sah" ihn mit den Ohren. Das Insekt wurde von seinem „Klang-Sehen" erfasst, summte und glühte in seiner Wahrnehmung wie ein Schattenriss auf Quecksilber. Die Luft pfiff in seinen weit ausgestellten Ohren, als er sich auf die Beute hinabstürzte. Er bremste scharf, schaufelte den Käfer mit der Schwanzhaut nach vorn, schleuderte ihn in seinen linken Flügel und von dort geradewegs ins offene Maul. Er drehte nach oben ab, knackte die harte Schale mit den Zähnen, genoss das köstliche Fleisch des Käfers, das ihm in die Kehle spritzte. Er machte ein paar kräftige Kaubewegungen und schluckte ihn ganz hinunter. Vorzüglich! Käfer waren bei weitem die beste Speise im Wald. Auch Mehlwürmer und Zuckmücken waren nicht schlecht. Moskitos schmeckten dagegen wirklich nicht besonders – wie dünne Gaze, manchmal ein wenig stachelig –, aber dafür waren sie auch leichter zu fangen als alles andere. Schon über sechshundert hatte er an diesem Abend gefressen, ungefähr jedenfalls, er hatte zu zählen aufgehört. Sie waren so langsam und unbeholfen, dass man nur das Maul aufsperren und ab und an schlucken musste.

Er warf ein Netz von Tönen aus, um Insekten zu orten. Eigentlich war er schon fast satt, aber er wusste, er sollte noch mehr essen. Seine Mutter hatte ihm in den vergangenen zehn Nächten immer wieder gesagt, er müsse Fett ansetzen, es werde bald Winter. Schatten zog eine Grimasse, während er einen Mehlwurm von einem Blatt schnappte und hinunterschluckte. Als ob er jemals fett werden könnte! Aber er wusste, dass ihm eine lange Reise in den Süden zu ihrem Überwinterungsplatz Hibernaculum bevorstand, wo die ganze Kolonie die kalte Jahreszeit verbringen würde.

Überall um ihn herum konnte Schatten in der frischen Herbstnacht andere Silberflügel sehen und hören, die jagend durch den Wald schossen. Genüsslich dehnte er seine Flügel. Wären sie doch nur länger und kräftiger! Für einen Augenblick schloss er die Augen, segelte nur nach dem Gehör, fühlte, wie die Luft das Fell auf Gesicht und Bauch streichelte.

Plötzlich spitzte er die Ohren. Er hörte das charakteristische Trommeln eines Bärenspinners in vollem Flug. Er stellte den rechten Flügel auf und wendete in Richtung auf die Beute. Wenn er nur einen erwischen könnte – jeder wusste, wie schwer das war –, dann hätte er eine Geschichte, die er bei Sonnenaufgang daheim im Baumhort erzählen könnte, dem Unterschlupf der Kolonie von Jungen und ihren Müttern. Da war das Insekt, ruderte mit den zerbrechlichen Flügeln und schaukelte plump hin und her, wirkte eigentlich eher komisch. Schatten hatte den Bärenspinner fast erreicht. Vielleicht würde es ihm dieser nicht so schwer machen. Er warf noch einmal sein Klangnetz über ihn aus und legt die Flügel zum Sturzflug an. Da zerfetzte ein Hagelsturm von Geräuschen sein Echobild, und mit dem inneren Auge sah er auf einmal nicht mehr einen einzigen silbrigen Bärenspinner, sondern gleich ein ganzes Dutzend, und alle flogen in unterschiedliche Richtungen.

Verwirrt blinzelte er. Die Motte war noch vor ihm, er konnte sie mit den Augen sehen. Irgendwie brachte sie seine Echos mit ihren eigenen durcheinander. Benütze die Augen, sagte er sich, jetzt nur noch die Augen. Er ruderte stärker, kam dem Insekt schnell näher und streckte schon die Krallen aus. Mit geblähten Schwingen bremste er, schaufelte mit dem Schwanz nach vorn, um die Beute zu fangen, als …

Der Bärenspinner faltete einfach die Flügel zusammen und fiel direkt nach unten aus Schattens Flugbahn heraus. Dieser flog zu schnell und konnte nicht anhalten. Sein Schwanz schnellte unter ihm nach vorn durch, und er machte einen Salto. Er suchte wieder Luft in die Flügel zu bekommen, stürzte für einen Sekundenbruchteil, bevor er sich aufrichten konnte. Verwirrt schaute er sich nach dem Bärenspinner um. Der schwirrte friedlich über ihm dahin.

Aus: Kenneth Oppel: Silberflügel. Weinheim: Beltz & Gelberg 2004, S. 7–10

© Cornelsen Verlag, Berlin · FG Deutsch

3.10 Wortteile zusammensetzen

Lernziele	Wörter bilden aus den Wortbestandteilen „Anfangsränder" und „Reim", ihre Bedeutung kennen und Gedichte mit Reimwörtern schreiben
Klassenstufe	ab Klasse 5
Material	Kopiervorlage
Methode	produktive Verfahren
Sozialform	Einzel-/Partnerarbeit, Gruppenarbeit/Plenum
Dauer	1 Stunde
Inhaltliche Kompetenzen	Rechtschreiben, Wortschatzerweiterung; Textproduktion

- **Schritt 1:** Es empfiehlt sich, die Arbeitshilfe „Silbenanfangsränder" zu laminieren, da sie häufiger eingesetzt wird. Das Arbeitsblatt sollte zum Einheften in eine Arbeitsmappe gelocht sein. Beides wird an die Schüler verteilt. Sie sollen Wörter zusammensetzen, lautieren und dabei entscheiden, ob es sich um sinnvolle deutsche Wörter handelt. Sie können allein oder zu zweit arbeiten. Die Aufgabe wird an einem Beispiel erläutert.

- **Schritt 2:** Die gefundenen Wörter werden im Plenum ausgetauscht und gegebenenfalls in ihrer Bedeutung besprochen, da vermutlich nicht alle möglichen Wörter bekannt sind, wie z. B. *Pacht, Tracht, Schrein* oder *wringen*. Der Lehrer kann Wörter ergänzen, die nicht herausgefunden werden. Die Schüler ergänzen ihre Tabellen. Die Arbeit kann auch als Wettbewerb organisiert werden. In diesem Fall kann für jeden Wortteil eine Zeit vorgegeben werden. Gewinner ist, wer die meisten sinnvollen Wörter gefunden hat. Es können auch zwei Mannschaften gegeneinander spielen.

- **Schritt 3:** Im Anschluss werden die Reimwörter zum Schreiben von Gedichten ausgesucht, die im Plenum bzw. in Gruppen ausgetauscht werden. Die Reimwörter können auch im Literaturunterricht für das angeleitete Schreiben von Gedichten genutzt werden. → 1.23

1. Setze die Wortteile in der Tabelle mit passenden Anfangsrändern zu sinnvollen Wörtern zusammen wie im Beispiel -acht: Bacht, blacht, bracht, cacht, chracht, dacht, dracht, facht, flacht ergeben keinen Sinn. Fracht, kracht, lacht, Macht, Nacht etc. sind sinnvolle Wörter. Trage die sinnvollen Wörter in das Arbeitsblatt ein und hefte es in deine Arbeitsmappe.
2. Verfasse ein Gedicht und schreibe es in dein Heft. Denk dir ein Thema sowie eine Überschrift aus und verwende für den Gedichttext passende Reimwörter.

Wortteil	Wörter
acht	Fracht, kracht, lacht, Macht, Nacht, Pacht, Pracht, sacht, Schacht, Schlacht, Tracht
ein	
and	
icht	
ingen	
isch	

Arbeitshilfe Silbenanfangsränder

b	c	d	f	g	h	j	k	l	m	n	p
bl br	ch chr	dr	fl fr	gl gn gr			kl kn kr				pl pr

pf	qu	r	s	sch	sp	st	t	v	w	x	y	z
pfl pfr				schl schm schn schr schw	spl spr	str	tr		wr			zw

Webcode: FD233359-038

Tipp: Folgende Wortteile eignen sich als Hausaufgabe bzw. für weitere Unterrichtsstunden oder zum Testen: ehen, agen, eben, allen, aufen, aus, und, auch, au, ind, echte, ase, eiben, iegen, ennen, ei, ert, anz, ose, opf.

3.11 Wörter bilden mit Präfixen

Lernziele	sinnvolle Wörter mit Präfixen bilden; Sätze mit Verben mit trennbarem und nicht trennbarem Präfix bilden
Klassenstufe	ab Klasse 5
Material	Kopiervorlage
Methode	produktive Verfahren
Sozialform	Einzel-/Partnerarbeit und Plenum
Dauer	1 Stunde
Inhaltliche Kompetenzen	Einsicht in die Schriftstruktur; Rechtschreiben; Wortschatzerweiterung; Sprachproduktion

- **Schritt 1:** Es empfiehlt sich, die Arbeitshilfe „Präfixe" zu laminieren, da sie häufiger eingesetzt wird. Das Arbeitsblatt sollte zum Einheften in eine Arbeitsmappe gelocht sein. Beides wird an die Schüler verteilt.

- **Schritt 2:** Zunächst wird die Geschichte im Plenum laut gelesen. Danach wird die Aufgabe gelesen. Die Vorgehensweise wird mithilfe des Beispiels besprochen. Die Schüler können allein oder zu zweit arbeiten. Die Ergebnisse werden im Plenum ausgetauscht und besprochen. Es werden Sätze gebildet, um die Bedeutung der gefundenen Wörter zu verdeutlichen und um Verben mit trennbarem Präfix zu üben.

Vom An und vom Aus

Ein **An** und ein **Aus** gehen spazieren und treffen ein **Machen**, ein **Lachen**, ein **Stehen**, ein **Sagen** und ein **Sprechen**. Sie wollen gern mit ihnen weitergehen und fragen höflich, wen sie begleiten dürfen.

Das **Machen** antwortet: „Liebes **Aus**, komm bitte mit mir, denn ich möchte lieber mit jemandem etwas **ausmachen** als jemanden **anmachen**."

Das **Lachen** dagegen entscheidet sich für das **An** und spricht: „Ich möchte viel lieber jemanden **anlachen** als **auslachen**."

Aber das **Stehen** will keines von beiden, da es weder irgendwo **anstehen** noch etwas **ausstehen** möchte.

„Ich", meint daraufhin das **Sagen**, „bin noch sehr unschlüssig. Es kommt einfach darauf an, was ich im Radio oder im Fernsehen **ansagen** oder vor Gericht **aussagen** muss."

„Wie schwierig du bist", mischt sich das **Sprechen** ein, „ich möchte nette Leute **ansprechen** und finde es auch gut, wenn sich Menschen **aussprechen**."

Aufgabe:
Bilde Verben, indem du Präfixe anfügst wie im Beispiel.

Präfix	Stamm	Endung	ganzes Wort
ab	komm	en	abkommen
	komm	en	
	komm	en	
	komm	en	
	komm	en	
	komm	en	
	komm	en	

Präfixe

ab	be	ent	für	hin	mit	über	ver	wider	zer
an	bei	er	gegen	hinter	nach	um	von	wieder	zu
auf	durch	fehl	her	los	neben	un	vor	weg	zurecht
aus	ein	fort	hier	miss	statt	unter	voll	wo(r)	zwischen

© Cornelsen Verlag, Berlin • FG Deutsch

Webcode: FD233359-039

Ideen zur Weiterarbeit in Klasse 5/6

Finde je fünf passende Präfixe zu fünf Verben, die du dir aussuchen kannst: ziehen, drehen, reisen, sagen, halten, laufen, gehen, sehen, holen, tragen, lachen, schneiden.

Formuliere Sätze mit den Verben, die du gebildet hast, und schreibe sie in dein Heft. Achte dabei auf die Präfixe. Manchmal bleiben sie beim Wort, manchmal werden sie abgetrennt. Beispiele: Das Kind **verläuft** sich im Park. Es **kommt** deshalb sehr spät auf dem Spielplatz **an**.

Suche fünf passende Präfixe für die Nomen „Stand", „Gang" und „Sicht". Geh wie beim Beispiel „Fahrt" vor: Anfahrt, Abfahrt, Ausfahrt, Überfahrt, Durchfahrt. Bilde anschließend mit je zwei Nomen einen Satz. Schreibe die Sätze in dein Heft.

Ideen zur Weiterarbeit in Klasse 7–9

- Bilde aus den Wörtern im Kasten und den Fremdwörterpräfixen Nomen, Adjektive und Adverbien. Schreibe sie in dein Heft. Welche Präfixe lassen sich nur mit Fremdwörtern und welche auch mit deutschen Wörtern verbinden?
- Bilde weitere Wörter; verwende dazu auch die restlichen Präfixe. Schreibe die Wörter in dein Heft.

metrisch	moralisch	aktiv	Körper	Talent	mobil
Konsequenz	Wurst	Körper	Rock	Mobilien	Interesse
Weltmeister	zyklisch	materiell	Alphabet	Fiktion	produktiv
organisch	Freund	konform	Food	stop	Packung	links
Argument	Haltung	Stimmen	Aktion	autoritär	atlantisch
Bass	Hit	violett	Millionär	normal	sensibel

Fremdwörterpräfixe

a-	an(a)-	anti-	contra-/kontra-	des-	ex-	extra-
hyper-	im-	in-	inter-	maxi-	mega-	mini-
multi-	non-	pro-	sym-	trans-	ultra-	

Webcode: FD233359-039

3.12 Wörter bilden mit Suffixen

Lernziele	sinnvolle Wörter mit Suffixen bilden; Wortarten und Genus erkennen
Klassenstufe	ab Klasse 5
Material	Kopiervorlage
Methode	produktive Verfahren
Sozialform	Einzel-/Partnerarbeit und Plenum
Dauer	1 Stunde
Inhaltliche Kompetenzen	Wortarterkennung; Wortschatzerweiterung; wortartbezogene Großschreibung; Sprachproduktion

- **Schritt 1:** Es empfiehlt sich, die Arbeitshilfe „Suffixe" zu laminieren, da sie häufiger eingesetzt wird. Das Arbeitsblatt sollte zum Einheften in eine Arbeitsmappe gelocht sein. Beides wird an die Schüler verteilt.

- **Schritt 2:** Zunächst wird die Aufgabe gelesen und die Vorgehensweise am Beispiel besprochen. Die Schüler können allein oder zu zweit arbeiten. Die Ergebnisse werden im Plenum ausgetauscht und besprochen. Es können Sätze gebildet werden, um die Bedeutung der gebildeten Wörter zu verdeutlichen.

Bilde mit jedem Suffix jeweils ein Wort und schreibe es in die Tabelle (siehe Beispiel). Das Suffix wird in der Regel an den Stamm angehängt. Manchmal werden jedoch Buchstaben davor eingefügt (z. B. n, r, e, s) oder Umlaute gebildet.

Nomen	Adjektiv
Hoffnung	traurig

Suffixe für Nomen und Adjektive

Nomen	Adjektiv
-ung, -heit, -keit, -nis, -ling, -tum, -schaft, -ei, er/-erin	-ig, -isch, -lich, -bar, -haft, -sam, -voll, -los

Webcode: FD233359-040

Ideen zur Weiterarbeit

- Bilde fünf Wörter, in denen Suffixe von Nomen und Adjektiven vorkommen. Beispiele: Dankbarkeit, Höflichkeit, verwandtschaftlich. Schreibe sie in dein Heft und überprüfe sie mithilfe des Wörterbuchs.
- Bilde Adjektive und Nomen zu den Verben in der Tabelle (siehe Beispiel „hoffen").

Verb	Adjektiv	Nomen
hoffen	hoffentlich, hoffnungsvoll, hoffnungslos	Hoffnung
trauern		
lesen		
lieben		
fürchten		
halten		
lachen		

Lies die Texte und schreibe ein Ei-Gedicht in dein Heft. Lest euch die Texte in Gruppen vor.

Die Heite

Schönheit und Klugheit,
Freiheit und Gleichheit,
Zufriedenheit und Berühmtheit
sind überall beliebt.
Auf Frechheit und Dummheit
keiner etwas gibt.

Die Keite

Keite mögen ig und lich
und sie verbinden sich
zu Nettigkeit und Höflichkeit,
zu Ewigkeit und Herrlichkeit,
zu Schnelligkeit und Freundlichkeit,
doch Iglichkeit und Lichigkeit gibt es nicht.

Die Unge

Aus hoffen wird Hoffnung,
aus wandern wird Wanderung,
aus handeln wird Handlung,
aus wandeln wird Wandlung,
aus erfrischen wird Erfrischung,
aus mischen wird Mischung,
aus erwarten wird Erwartung,
aus bezahlen wird Bezahlung,
aus strahlen wird Strahlung,
aus ziehen wird Ziehung,
aber aus lieben wird keine Liebung.

Die Linge

Mein Pony ist mein Liebling,
weil ich es so lieb hab,
mein Bruder ist ein Säugling,
weil er ständig saugt,
auch ist er ein Nachkömmling,
weil er lange nach mir kam,
ein Neuling ist Tobias,
weil er neu in der Klasse ist,
doch ist er gar kein Schwächling,
weil er ganz stark ist,
und ebenfalls kein Feigling,
auch wenn er Feigen isst.

Webcode: FD233359-040

3.13 Test: Wörter mit Prä- und Suffixen

Lernziele	sinnvolle und grammatisch korrekte Wörter mit Prä- und Suffixen bilden; die Wörter richtig schreiben
Klassenstufe	ab Klasse 5
Material	Kopiervorlage
Methode	produktive Verfahren
Sozialform	Einzelarbeit
Dauer	1 Stunde
Inhaltliche Kompetenzen	Einsicht in die Schriftstruktur; Großschreibung; Wortschatzerweiterung

Nach einer Lerneinheit zum Thema „Prä- und Suffixe" erhalten die Schüler die Testaufgaben. Die Ergebnisse geben dem Lehrer Aufschluss darüber, wie gut die Lerninhalte verstanden wurden; sie bilden somit die Grundlage für weiterführendes, individualisiertes Lernen. Die Auswertung kann vom Lehrer, von den Schülern selbst oder von zwei Schülern gegenseitig vorgenommen werden.

Aufgabe 1

Bilde zu jedem Stamm ein neues Wort mit einem passenden Prä- und Suffix. Streiche die Wortteile durch, schreibe das Wort in die Spalte Wort und gebe die Wortart an wie im Beispiel „Umleitung".

Präfix	Stamm	Suffix	Wort	Wortart
~~um~~	wandt	~~ung~~	Umleitung	Nomen
ent	dächt	ling		
unter	~~leit~~	lich		
un	setz	schaft		
ver	führ	ig		
ge	kannt	ung		
be	hol	bar		
über	lös	nis		
an	teil	lich		
gegen	sicht	schaft		
er	kömm	sam		

Aufgabe 2

a) Ergänze die richtigen Präfixe. Beispiel: Ich möchte drei Kilo abnehmen.

Meine Nachbarn wollen das Päckchen _____nehmen.

Am Wochenende möchten wir uns etwas Schönes _____nehmen.

Wir wollen einen Gastschüler bei uns _____nehmen.

Die Bäuerin muss die Gans _____nehmen.

b) Verbinde die Stämme mit Suffixen zu korrekten Wörtern. Beispiel: Stamm „les" = Lesung, Leser, leserlich, lesbar, lesen, Leserin

kind

_____

_____

_____

lieb

_____

_____

_____

zaub

_____

_____

_____

leb

_____

_____

_____

_____

c) Verbinde die Wörter mit Präfixen zu korrekten Wörtern. Beispiel: „lesen" = ablesen, anlesen, auflesen, auslesen, durchlesen, einlesen, erlesen, mitlesen, nachlesen, überlesen, verlesen, vorlesen

schreiben
_____

gehen
_____

Gang
_____

Stand
_____

Blick
_____

Zug
_____

günstig
_____

glücklich
_____

d) Verbinde die Stämme mit mindestens zwei Suffixen. Beispiel: „höf" = Höflichkeit; „sinn" = Sinnlosigkeit; „hoff" = Hoffnungslosigkeit

freund
_____
traur
_____
herz
_____
schmerz
_____

Webcode: FD233359-041

3.14 Wörter zusammensetzen

Lernziele	sinnvolle Wörter durch Komposition bilden und überprüfen
Klassenstufe	ab Klasse 5
Material	Heft, Stift
Methode	produktive Verfahren
Sozialform	Einzel-/Partner-/Gruppenarbeit und Plenum
Dauer	1 Stunde
Inhaltliche Kompetenzen	Einsicht in Schriftstruktur (Grund-/Bestimmungswort, Genus); Zusammenschreibung; Wortschatzerweiterung; Sprachproduktion

Die Schüler erhalten die beiden folgenden Aufgaben nacheinander. Sie arbeiten allein, zu zweit oder in Vierergruppen. Die gefundenen Wörter werden im Plenum ausgetauscht und besprochen. Die Aufgabenbearbeitung kann auch als Wettbewerb zwischen einzelnen Schülern oder Gruppen organisiert werden.

1. Bilde Wörterschlangen mit Nomen und schreibe sie in dein Heft. Ein Wort darf nur einmal mit einem anderen zusammengesetzt werden. Beispiel: Fahrrad – Radschloss – Schlosspark – Parkstraße …
   Kastanienbaum …
   Wachhund …

2. Bilde möglichst lange Wörter und schreibe sie in dein Heft. Überprüfe die gefundenen Wörter mit einem Partner und/oder mit dem Wörterbuch. Beispiele: Eisenbahnschaffner – Fußballstadion …

Ideen zur Weiterarbeit in Klasse 7–9

In den Klassen 7 bis 9 bietet sich die Arbeit mit Fremdwörtern an. Dabei sollen die Schüler herausfinden, dass die Zusammensetzung mehrerer Nomen charakteristisch für die deutsche Sprache ist, indem sie einen Vergleich – etwa zur englischen Sprache – ziehen. Während man im Deutschen auch mit Fremdwörtern lange Wörter wie *Systemfilteranlage* oder *Wasseraufbereitungstechnologie* bilden kann, ist dies im Englischen nicht möglich.

> **Tipp:** In diesem Zusammenhang kann auf Mark Twains berühmten Essay *The Awful German Language* verwiesen werden:
> *An average sentence, in a German newspaper, (…) is built mainly of compound words constructed by the writer on the spot, and not to be found in any dictionary – six or seven words compacted into one, without joint or seam – that is, without hyphens.*

Außerdem können die darauf bezogenen Änderungen durch die Rechtschreibreform thematisiert werden. Danach kann ein Bindestrich gesetzt werden, um die Lesbarkeit von Komposita zu erleichtern, etwa *Kunststofffensterrahmen* vs. *Kunststoff-Fenster-*

rahmen. Zudem werden Komposita aus zwei englischen Fremdwörtern (Adjektiv + Nomen) generell getrennt geschrieben *(Open Air)*, außer wenn der Akzent auf der ersten Silbe liegt *(Hotdog)*.

3.15 Wortfamilien bilden

Lernziele	sinnvolle Wörter in unterschiedlichen Wortarten mit Wortstämmen bilden und richtig schreiben
Klassenstufe	ab Klasse 5
Material	Kopiervorlage; Arbeitshilfen Präfixe/Suffixe → 3.11, 3.12
Methode	produktive Verfahren
Sozialform	Einzel-/Partner-/Gruppenarbeit und Plenum
Dauer	1 Stunde
Inhaltliche Kompetenzen	Einsicht in Schriftstruktur (Stamm, Wortbildung); Rechtschreibung einschließlich Großschreibung; Sprachproduktion

- **Schritt 1:** Die Schüler erhalten die Lernhilfe *Wortfamilie*, besprechen die Erläuterung und bearbeiten dann die folgende Aufgabe: Bilde Wortfamilien zu den Stämmen *lieb, lach, schau* und *schön*. Benutze dazu die Arbeitshilfen Prä- und Suffixe. Schreibe deine Vorschläge ins Heft und überprüfe sie mit einem Partner und/oder mit dem Wörterbuch.

- **Schritt 2:** Die Schüler arbeiten allein, zu zweit oder in Viergruppen. Die gefundenen Wörter werden im Plenum ausgetauscht und besprochen. Die Aufgabenbearbeitung kann auch als Wettbewerb zwischen einzelnen Schülern oder Gruppen organisiert werden.

Wortfamilie

Aus einem Stamm kann man Wortfamilien bilden. Beispiel „fahr": fahren, Fahrt, abfahren, Abfahrt, Fähre, überfahren, Überfahrt, anfahren, Einfahrt, Fahrzeug, Autofahrt, Busfahrt, Fahrrad, wegfahren, Fahrradpumpe, Schifffahrt, Bootsfahrt, Vorfahren, Gefährte, fahrlässig, Fahrgestell, Fahrer

Webcode: FD233359-042

Ideen zur Weiterarbeit in Klasse 5/6

Die Mitglieder von drei Wortfamilien sind weit verstreut. Bring sie wieder zurück. Der „Stamm" jeder Familie steht oben in den Spalten, die du in dein Heft überträgst. Es ist der Teil des Wortes, der in allen Wörtern einer Familie gleich ist. Die Vokale im Stamm „trag" können allerdings zwischen „a" und „ä" wechseln. Schreibe alle Wörter unter den richtigen Stamm.

Umleitung   herzlich   Antrag   Herzschlag   vertragen   ableiten

verträglich   herzensgut   Vertrag   Leitung   Vortrag   Menschenherz

Verträglichkeit   verleiten   Herzlichkeit   herzlos   untragbar   Anleitung

Träger   beantragen   Herzdame   Auftrag   Einleitung   tragfähig   herzen

Trage   trägerlos   Herzkrankheit   Tragetasche   Wasserleitung   herzzerreißend

betragen   Schulleitung   beitragen   anleiten   Herzschmerzen   Austragungsort

Überleitung   Herzlosigkeit   Herzgefäße   Nachtrag   austragen   herzlich

tragfähig   Leitungswasser   Herzschlag   vortragen   einleiten   tragbar

Herzensfreund   Leiterin   beauftragen   herzallerliebst   Stromleitung   nachtragen

überleiten   Herzblut   Leiter   Beitrag   herzig   umleiten   herzlos

leit	herz	trag / träg
Umleitung	herzlich	Antrag
...	...	...

Webcode: FD233359-042

Ideen zur Weiterarbeit in Klasse 7–9

Es können Aufgaben nach dem gleichen Muster mit Fremdwörtern gegeben werden.

Nation: national, international, Nationalität, Internationalität, Nationalismus, Nationalstaat, nationalstaatlich, Nationalcharakter, Nationalspieler …

System: systematisieren, systematisch, systembedingt, systemfeindlich, systemlos, Systemabsturz, Systematiker, Sprachsystem, Bausystem, Staatssystem …

Symbol: symbolisch, symbolhaft, symbolträchtig, symbolisieren, Symbolcharakter, Klangsymbol, Bildsymbol, Sprachsymbol …

3.16 Test: Wortfamilien

Lernziele	das Prinzip der Wortfamilienbildung erkennen und anwenden
Klassenstufe	ab Klasse 5
Material	Kopiervorlage
Methode	produktive Verfahren
Sozialform	Einzelarbeit
Dauer	1 Stunde
Inhaltliche Kompetenzen	Einsicht in die Schriftstruktur (Stamm, Prä-/Suffixe); Großschreibung; Wortschatz

Nach einer Lerneinheit zum Thema „Wortfamilien" erhalten die Schüler die Testaufgaben. Die Ergebnisse geben dem Lehrer Aufschluss darüber, wie gut die Lerninhalte verstanden wurden; sie bilden somit die Grundlage für weiterführendes, individualisiertes Lernen. Die Auswertung kann vom Lehrer, von den Schülern selbst oder von zwei Schülern gegenseitig vorgenommen werden.

Aufgabe
Streiche die Wörter durch, die nicht zur Wortfamilie gehören.

Wortfamilie „freund":

lieben	anfreunden	freudevoll	Freund	verstehen	Freundlichkeit
freudig	vertrauen	freundlich		erfreuen	befreunden	besprechen
Freundin	freuen	Freundschaft	treffen	freundschaftlich	begeistern
Busenfreund	Freundesbund	Glück	unfreundlich		

Wortfamilie „schmerz":

schmerzhaft	scherzhaft	schmerzlich	Scherz	Schmerz	schmerzen
scherzen	Gliederschmerzen	schmerzlos	herzlos	schmerzvoll	vollkommen
Schmerzbehandlung	Behandlungszimmer	Schmerzmittel	Medikament		
schmerzverzerrt	begeistern	stöhnen			

Wortfamilie „fang":

fangen	kriegen	ticken	Anfang	Beginn	verfangen
verlangen	verfänglich	vergänglich	verdächtig	einfangen	bekommen
abfangen	abhängen	Fischfang	Fangnetz	Fischernetz	anfangen
anlangen	Fangarm	Armschlinge	Fänger	Fußgänger	
Befangenheit	kriegen	Vergangenheit	Belanglosigkeit		

Webcode: FD233359-043

3.17 Wortfelder

Lernziele	bedeutungsähnliche Wörter zu einem vorgegebenen Wortmaterial finden
Klassenstufe	ab Klasse 5
Material	Kopiervorlage; Synonymwörterbuch bzw. Thesaurusfunktion der Textverarbeitung; Tafel
Methode	produktive Verfahren
Sozialform	Einzel-/Partner-/Gruppenarbeit und Plenum
Dauer	1–2 Stunden
Inhaltliche Kompetenzen	Wortschatzerweiterung; Sprachproduktion

- **Schritt 1:** Die Schüler erhalten die Lernhilfe *Wortfeld*, besprechen die Erläuterung und bearbeiten dann die Aufgabe (siehe Kasten), die an die Tafel geschrieben wird. Die Schüler arbeiten allein, zu zweit oder in Vierergruppen. Sie benutzen ein Synonymwörterbuch oder arbeiten mit dem Thesaurus des Textverarbeitungsprogramms. Hier kommt es darauf an, die vorgeschlagenen Wörter auf ihre Bedeutungsähnlichkeit zu prüfen. Sie können sich im Unterrichtsgespräch argumentativ darüber austauschen und/oder die Begriffe beim Schreiben von Sätzen und Texten anwenden sowie anschließend die Bedeutung herausarbeiten.

> Finde Wörter für die Wortfelder 1 bis 7 und schreibe sie in dein Heft.
>
> 1. Wortfeld „sagen"
> 2. Wortfeld „geben"
> 3. Wortfeld „schauen"
> 4. Wortfeld „Hoffnung"
> 5. Wortfeld „Liebe"
> 6. Wortfeld „gut"
> 7. Wortfeld „schlecht"

- **Schritt 2:** Die gefundenen Wörter werden im Plenum ausgetauscht und besprochen. Die Aufgabenbearbeitung kann auch als Wettbewerb zwischen einzelnen Schülern oder Gruppen organisiert werden.

Wortfeld

Ein Wortfeld besteht aus bedeutungsähnlichen Wörtern derselben Wortart. Beispiele:

Wortfeld „gehen":   rennen, laufen, sausen, trödeln, joggen, schreiten, stolzieren, spazieren …

Wortfeld „nett":   freundlich, lieb, gut, entgegenkommend, höflich, zuvorkommend …

Wortfeld „Freude":   Fröhlichkeit, Glücksgefühl, Heiterkeit, Zufriedenheit, Begeisterung, Entzücken, Behagen, Spaß …

Ideen zur Weiterarbeit in Klasse 8–10

Es können Aufgaben nach dem gleichen Muster gegeben werden – entsprechend dem erweiterten Wortschatz der Schüler. Hier eignen sich vor allem auch Fremdwörter wie *Chef, System, Hobby, Typ.*

3.18 Ober- und Unterbegriffe

Lernziele	hierarchisch abgestufte Begriffe für einen Oberbegriff finden
Klassenstufe	ab Klasse 6
Material	Kopiervorlage
Methode	produktive Verfahren
Sozialform	Einzel-/Partner-/Gruppenarbeit und Plenum
Dauer	1 Stunde
Inhaltliche Kompetenzen	Wortschatzerweiterung; begriffliches Denken; Sprachproduktion

Die Lernhilfe *Begriffe* wird an alle Schüler verteilt und besprochen; danach bearbeiten die Schüler die Aufgabe. Sie arbeiten allein, zu zweit oder in Vierergruppen. Die gefundenen Wörter werden aufgeschrieben, im Plenum ausgetauscht und besprochen. Die Aufgabenbearbeitung kann auch als Wettbewerb zwischen einzelnen Schülern oder Gruppen organisiert werden.

Begriffe

Mithilfe von Begriffen lässt sich ein Sachverhalt systematisch beschreiben. Zu jedem Sachverhalt gibt es Ober- und Unterbegriffe, die jeweils vom Allgemeinen zum Besonderen führen und immer weiter ausdifferenziert werden können. Dabei kann ein Unterbegriff zu einem neuen Oberbegriff werden:

Oberbegriff Lebensmittel
Unterbegriffe Obst – Gemüse – Süßigkeiten – Brot – Milch – Fleisch – Fisch

Oberbegriff Obst
Unterbegriffe Steinobst – Kernobst – Beerenobst – Schalenobst – Südfrüchte

Oberbegriff Steinobst
Unterbegriffe Pflaume – Kirsche – Pfirsich – Aprikose – Nektarine …

Oberbegriff Kernobst
Unterbegriffe Apfel – Birne …

Oberbegriff Beerenobst
Unterbegriffe Johannisbeere – Erdbeere …

Oberbegriff Schalenobst
Unterbegriffe Erdnuss – Walnuss …

Oberbegriff Südfrüchte
Unterbegriffe Zitrone – Orange …

Aufgabe
Suche dir aus dem Oberbegriff „Lebensmittel" drei Unterbegriffe aus und sammle dazu weitere Unterbegriffe (wie im Beispiel oben zum Begriff „Obst"). Schreibe deine Vorschläge ins Heft.

Webcode: FD233359-044

3.19 Test: Oberbegriffe

Lernziele	passende Begriffe in einen Lückentext einsetzen
Klassenstufe	ab Klasse 6
Material	Kopiervorlage
Methode	produktive Verfahren
Sozialform	Einzelarbeit
Dauer	1 Stunde
Inhaltliche Kompetenzen	Wortschatzerweiterung; Begriffsbildung; Einsicht in die Herstellung von Textkohäsion

Nach einer Lerneinheit zum Thema „Ober- und Unterbegriffe" erhalten die Schüler die Testaufgabe. Die Ergebnisse geben dem Lehrer Aufschluss darüber, wie gut die Lerninhalte verstanden wurden; sie bilden somit die Grundlage für weiterführendes, individualisiertes Lernen. Die Auswertung kann vom Lehrer, von den Schülern selbst oder von zwei Schülern gegenseitig vorgenommen werden.

Aufgabe

Ergänze den Text mit den richtigen Oberbegriffen. Beispiel: Bernd und Ken kaufen auf dem Markt Karotten, Bohnen und Erbsen ein. Zu Hause kochen sie das *Gemüse*.

a) Ute und Maria kaufen Trauben und Bananen.

  Sie bringen das _____ einer kranken Mitschülerin.

b) Meine Tante holt sich beim Bäcker ein Franzbrötchen und ein Stück Butterkuchen.

  Sie isst das _____ zu Hause mit großem Appetit.

c) Mein Onkel kauft sich nie Schokolade, Bonbons und Pralinen,

  weil er _____ überhaupt nicht mag.

d) Mein Bruder geht am liebsten in die Fleischerei,

  weil er alle _____ für sein Leben gern isst.

e) Quark, Joghurt, Käse und Butter sind _____.

Vorschläge für Tests in Klasse 8–10

Es können Aufgaben nach dem gleichen Muster gegeben werden, z. B. mit literatur- und sprachwissenschaftlichen Begriffen.

Literatur: Epik (Erzählung, Roman, Kurzgeschichte, Märchen), Lyrik (Ballade, Naturlyrik, Sonett), Dramatik (Komödie, Tragödie, episches Drama)

Sprache: Lautsprache – Schriftsprache (Laut – Buchstabe, Sprechsilbe – Schreibsilbe), Wortschatz – Grammatik, Wort (Konkreta, Abstrakta), Satz (einfacher Satz, zusammengesetzter Satz, Aussagesatz, Fragesatz, Aufforderungssatz, Satzreihe, Satzgefüge), Text (Textsorte, Textmerkmale), Sprachfunktion (expressiv, appellativ, informativ)

3.20 Lange und kurze Vokale

Lernziele	die Struktur offener und geschlossener Silben entdecken; den Zusammenhang herstellen zwischen Schreibweise und Aussprache
Klassenstufe	Klasse 5/6
Material	Kopiervorlage; Tafel
Methode	analytische Verfahren
Sozialform	Einzelarbeit und Plenum
Dauer	1 Stunde
Inhaltliche Kompetenzen	grundlegende Rechtschreibkompetenz zur Wortschreibung

- **Schritt 1:** Der Lehrer schreibt *Tafel* und *Tante* als Beispiele für Schlüsselwörter an die Tafel. Er lässt die Wörter lesen, in Silben einteilen, zeichnet die Silbenbögen unter die Silben und lässt die Klasse darüber nachdenken, welche Unterschiede zwischen den beiden Wörtern in der Schreibweise und der Aussprache bestehen.

- **Schritt 2:** Anschließend erhalten die Schüler den Text der Kopiervorlage. Sie bearbeiten die Aufgaben allein, wobei der Lehrer Hilfestellung geben kann. Die Ergebnisse werden im Plenum verglichen, die Lösungen gegebenenfalls verbessert.

Schlüsselwörter

Zweisilbige Wörter liefern im Deutschen den Schlüssel zur Rechtschreibung, was an den Schlüsselwörtern „Tafel" und „Tante" zu erkennen ist:
- Die erste Silbe ist betont, die zweite unbetont.
- Der Vokal in der ersten Silbe wird lang gesprochen, wenn die Silbe offen ist, d. h., wenn sie mit einem Vokal endet: Ta-fel.
- Der Vokal in der ersten Silbe wird kurz gesprochen, wenn die Silbe geschlossen ist, d. h., wenn sie mit einem Konsonanten endet: Tan-te.
- Der Vokal in der unbetonten zweiten Silbe ist meist ein e, das oft „verschluckt" wird: laufen, Esel, Feder.

Aufgaben
Lies das Gedicht und bearbeite dann die Aufgaben 1 bis 3.

Hasen leben in tiefen Wäldern,
unter Bäumen, auf weiten Feldern.
Rehe grasen auf grünen Wiesen,
träumen von Zwergen, Elfen und Riesen.
Weiße Schwäne gleiten leise,
gehen auf die weite Reise.
Hunde finden viele Wege
über Hügel, Gräben, Stege.
Vögel fliegen in hohe Lüfte,
Blumen senden feine Düfte.
Noch viele Tiere und Pflanzen man fände,
aber das Reimen ist jetzt zu Ende.

1. Unterstreiche im Text alle zweisilbigen Wörter.
2. Kreise in den unterstrichenen Wörtern den Vokal in der ersten betonten Silbe rot ein.
3. Wähle zwei Reime aus und trage die unterstrichenen Wörter in eine Tabelle ein. Mach es wie im Beispiel: Die Wörter mit offener Silbe in die Spalte „langer Vokal", die Wörter mit geschlossener Silbe in die Spalte „kurzer Vokal". Male Silbenbögen unter die Wörter und sprich die Silben dabei mit.

langer Vokal	kurzer Vokal
Ha-sen	Wäl-dern
‿ ‿	‿ ‿

© Cornelsen Verlag, Berlin • FG Deutsch

Ideen zur Weiterarbeit

Die Vorgehensweise kann bei Wortschreibungen mit *ie* und silbentrennendem *h* sowie für die Silbengelenkschreibung angewandt werden. Das Silbengelenk, das die betonte und unbetonte Silbe im Schlüsselwort verbindet, kann mit dem Hinweis auf das Ellenbogengelenk veranschaulicht werden, das Ober- und Unterarm verbindet und somit zu beiden gehört. Die Aufgaben können allein oder zu zweit bearbeitet werden.

Das ie und das silbentrennende h

Das lange i wird in der Regel mit ie gekennzeichnet: Liebe, liegen. Wenn zwei Vokale aufeinandertreffen würden, wird ein silbentrennendes h eingefügt: gehen, ziehen, drohen, mähen. Das trifft in der Regel nicht auf Doppellaute zu: bauen, Steuer.

Aufgabe

Entscheide, ob in den Wörtern in Spalte 1 ein Buchstabe fehlt, schreibe die richtige Schreibweise in Spalte 2 und deine Begründung in Spalte 3.

1	2	3
fligen	fliegen	offene Silbe
schauen		
Tinte		
steen		
Friden		
schiben		
dreen		
teuer		
Bilder		
schilen		
Flöe		
Zige		
zieen		
sauer		

Silbengelenkschreibung

Wenn in einem Zweisilber nach einem kurzen Vokal nur ein Konsonant zu hören ist, so ist der Konsonant ein Silbengelenk, der zu beiden Silben gehört; der Konsonantenbuchstabe wird dann verdoppelt: kommen. Damit wird die erste Silbe geschlossen. Bei der Schreibung „komen" würde das o lang gesprochen werden, da die Silbe offen wäre. Besondere Silbengelenkschreibungen sind ck, tz, sch, ch, ng, pf.

Aufgabe

Lies das Unsinnsgedicht und bearbeite dann die Aufgaben 1 und 2.

> Hennen können stricken,
> Töpfe können zwicken.
> Löcher können brennen,
> Sonnen können rennen.
> Teller können singen,
> Tassen können klingen.
> Brücken können essen,
> Zimmer können fressen.
> Köpfe können zischen,
> Knöpfe können mischen.
> Kissen können sitzen,
> Lappen können schwitzen.
> Hummeln können schummeln.
> Affen können gaffen.
> Lippen können kippen.
> Tannen füllen Kannen.
> Dächer machen Sachen zum Lachen.
> Wird es immer schlimmer?
> Ich hab' keinen blassen Schimmer!

1. Unterstreiche alle zweisilbigen Wörter mit einem Silbengelenk (auch mit besonderen Silbengelenken wie tz und ck).
2. Wähle vier Zeilen aus dem Unsinnsgedicht aus und trage die unterstrichenen Wörter in Kästchen ein. Arbeite wie im folgenden Beispiel. Unterstreiche die Vokale in der ersten betonten Silbe.

H	u	m	m	e	ln

3.21 Gemischte Silbenaufgaben

Lernziele	Vokalkürze/-länge in Schlüsselwörtern erkennen und richtig schreiben
Klassenstufe	Klasse 5/6
Material	Kopiervorlage
Methode	analytische Verfahren
Sozialform	Einzel-/Partnerarbeit und Gruppenarbeit/Plenum
Dauer	1 Stunde
Inhaltliche Kompetenzen	grundlegende Rechtschreibkompetenz zur Wortschreibung

Die Schüler bearbeiten die Aufgabe allein oder zu zweit im Heft, tauschen ihre Ergebnisse in Vierergruppen oder im Plenum aus und korrigieren bei Bedarf ihre Lösungen.

Auf einem großen Stern fand ein Wörtertreffen statt. Bring die Wörter wieder auf ihre Heimatplaneten zurück. Auf den Planeten „Silbengelenk" gehören auch die besonderen Silbengelenke.

liegen	schicken	fassen	halten	stehen	tragen
kippen	finden	loben	fliegen	landen	schalten
binden	fegen	melden	schielen	spielen	murren
sammeln	schwitzen	knurren		kitzeln	schnurren
klappen	folgen	sinken	prasseln		feiern
lauern	rascheln	rauben	grüßen	fließen	schießen
lachen	lieben	zaubern	kratzen	schaffen	schnarchen
scherzen	offen	schmerzen	borgen	falten	fallen
borgen	trennen	helfen	siegen	blühen	hasten
backen	rosten	warten		horchen	geben

offene Silbe	geschlossene Silbe	Silbengelenk
liegen	halten	schicken
...	...	...

3.22 Test: Silben

Lernziele	Vokalkürze/-länge in betonten Silben erkennen, richtig aussprechen und schreiben
Klassenstufe	Klasse 5/6
Material	Kopiervorlage
Methode	analytische Verfahren
Sozialform	Einzel- und Partnerarbeit
Dauer	1 Stunde
Inhaltliche Kompetenzen	grundlegende Rechtschreibkompetenz zur Wortschreibung

Nach einer Lerneinheit zum Silbenaufbau von Schlüsselwörtern können die folgenden Tests zur Lernbeobachtung und -kontrolle unabhängig voneinander durchgeführt werden.

Test 1 (Partnerarbeit)

Diktiert euch gegenseitig eine Spalte und deckt die andere Spalte dabei zu. Kontrolliert den Test anschließend. Für jedes richtig geschriebene Wort gibt es einen Punkt, auch wenn die Groß-/Kleinschreibung nicht stimmt. Sie zählt hier nicht. Jeder kann maximal 32 Punkte erreichen.

Spalte 1	Spalte 2
Kleine Kinder wollen lachen.	Arme Kerle brauchen Hilfe.
Viele Leute lesen Bücher.	Reiche Länder sollen teilen.
Liebe Katzen mögen schnurren.	Laute Autos stören alle.
Alle Hasen fressen Wurzeln.	Leise Schritte kommen näher.
Nette Menschen helfen immer.	Weiße Kleider können leuchten.
Hunde haben eine Leine.	Lampen machen Nächte heller.
Fische schwimmen unter Wasser.	Dicke Kerzen brennen länger.
Vögel fliegen über Felder.	Schwere Stürme knicken Bäume.

Test 2: Welches Wort passt nicht? (Einzelarbeit)

Welches Wort passt in der Aussprache der ersten Silbe nicht zu den anderen – und warum? Streiche es durch. Beachte, ob es sich um eine offene oder geschlossene Silbe handelt, ob der Vokal also lang oder kurz gesprochen wird.

Bruder	Hunde	Schule	Jacke	Fenster
Schwester	Kinder	Hefte	Hose	Türen
Vater	Schafe	Tafel	Mütze	Wände
Kater	Rinder	Note	Mantel	Decke

Kinder	Messer	Tiere	Rose	Häuser
Menschen	Gabel	Schwäne	Tulpe	Scheune
Frauen	Löffel	Enten	Nelke	Tore
Männer	Teller	Vögel	Tanne	Ställe

Zimmer	Pflanze	Himmel	Tische	Hitze
Boden	Blume	Wetter	Bänke	Schwüle
Keller	Bäume	Sonne	Möbel	Donner
Betten	Blüte	Regen	Schränke	Blitze

Test 3: Wörter lesen und schreiben (Partnerarbeit)

Lest abwechselnd eine Zeile in der Spalte „Wörter lesen". Deckt dabei die Spalte „Wörter schreiben" zu. Diktiert euch abwechselnd je eine Zeile aus der Spalte „Wörter schreiben". Deckt die unteren Zeilen zu. Überprüft die Wörter am Ende.

Wörter lesen	Wörter schreiben
Käse, Kerze, Kante	bunte Stifte haben
Nase, Scherze, Tante	runde Kugeln drehen
Vase, Herzen, Tafel	junge Hunde zanken
frische, Fische, salzen	alte Kühe melken
Köpfe, Köder, Haken	schöne Dinge wünschen
runde, rote, Räder	weiße Farbe kaufen

Webcode: FD233359-046

3.23 Wörter verlängern

Lernziele	Auslautverhärtung, Silbengelenkschreibung und Umlautschreibung in Einsilbern herleiten
Klassenstufe	Klasse 5/6
Material	Kopiervorlage
Methode	analytische Verfahren
Sozialform	Einzel-/Partnerarbeit und Plenum
Dauer	1 Stunde
Inhaltliche Kompetenzen	Wörter mithilfe der Herleitungsstrategie (Schlüsselwortbildung) richtig schreiben

Die Schüler bearbeiten die Aufgabe allein oder zu zweit, tauschen die Ergebnisse im Plenum aus und reflektieren die Bedeutung und Anwendung der Strategie, Einsilber auf Zweisilber zu verlängern.

Du kennst sicher den Zauberspruch: „Verlängere das Wort und du weißt es sofort!"
Bearbeite die Wörter in der Tabelle wie in den Beispielen.

schluckt, weil	schlu ck en	schnell, weil	schne ll er
schreibt, weil	schrei ben	geht, weil	
Pferd, weil		Berg, weil	
hofft, weil		Zwerg, weil	
strickt, weil		hell, weil	
Sitz, weil		Blitz, weil	

3.24 Umlaute

Lernziele	Umlautschreibung herleiten
Klassenstufe	Klasse 5/6
Material	Kopiervorlage
Methode	analytische Verfahren
Sozialform	Einzel-/Partnerarbeit und Plenum
Dauer	1 Stunde
Inhaltliche Kompetenzen	Wörter mithilfe der Herleitungsstrategie (verwandtes Wort suchen) richtig schreiben

Im Plenum wird die Herleitung von Umlauten an Beispielen (siehe Kopiervorlage) gemeinsam erarbeitet. Anschließend bearbeiten die Schüler die Aufgaben allein, wobei der Lehrer Hilfestellung geben kann. Die Ergebnisse werden im Plenum verglichen und die Lösungen gegebenenfalls verbessert. Von den nicht herleitbaren Umlautwörtern wird eine Liste angelegt, die fortlaufend erweitert wird. Diese Wörter müssen durch Üben gelernt werden.

Umlaute

Um Umlaute herzuleiten, musst du ein verwandtes Wort suchen. Dabei kannst du so vorgehen:
- Einsilber bilden: Bäder, weil Bad; Häuser, weil Haus; Körbe, weil Korb; Kühe, weil Kuh; stärker, weil stark; länger, weil lang
- Zweisilber bilden: hält, weil halten; fällt, weil fallen
- Wörter aus der Wortfamilie suchen: ändern, weil anders; Häschen, weil Hase; rötlich, weil rot; östlich, weil Osten, trösten, weil Trost; öffnen, weil offen

Wörter mit Umlauten ohne ein verwandtes Wort muss man sich merken, z. B. Bär, füllen, brüllen, Öl.

Aufgabe

Gibt es in der Wortfamilie der folgenden Wörter Schreibungen mit Umlaut? Schreibe so viele, wie du finden kannst.

Zange	Zänglein
Trug	betrügen …
krank	Kränkung …
außen	äußern …
Kraft	
Ton	
kalt	
laufen	
Tat	
Sturm	
hohl	
Traum	

Webcode: FD233359-047

3.25 Dehnungs-h

Lernziele	Merkregeln zum Schreiben des Dehnungs-h kennen und anwenden; Abgrenzung vom silbeninitialen h
Klassenstufe	Klasse 5–7
Material	Kopiervorlage
Methode	analytische Verfahren; entdeckendes Lernen
Sozialform	Einzel-/Partnerarbeit und Plenum
Dauer	1 Stunde
Inhaltliche Kompetenzen	Wörter im Peripheriebereich richtig schreiben

Zunächst bearbeiten die Schüler die Aufgabe 1 und tauschen die Ergebnisse im Plenum aus. Daran anschließend wird Aufgabe 2 im Plenum bearbeitet. Dabei werden eventuell schon Wörter mit silbentrennendem h genannt. Deren Abgrenzung zum Dehnungs-h erfolgt in Aufgabe 3. Dabei ist wichtig, hervorzuheben, dass das silbentrennende h im Unterschied zum Dehnungs-h regelhaft ist → 3.20. Danach werden Aufgabe 4 und 5 allein oder zu zweit bearbeitet. Die Antworten werden im Plenum ausgetauscht und mit der Lernhilfe *Dehnungs-h* verglichen. Abschließend wird Aufgabe 6 bearbeitet. Sie kann auch als Hausaufgabe gegeben werden.

Aufgaben

1. Lies die folgenden Wörter mit Dehnungs-h, gliedere sie in zwei Silben und schreibe auf, mit welchem Konsonanten die unbetonte zweite Silbe in diesen Wörtern beginnt: fahren, nehmen, fehlen, Uhren, dehnen, Stühle, führen, ihnen, ohne, wohnen, wühlen, Sahne, stehlen, wählen, zählen, Rahmen, Bühne, Zähne, Hähne, Hühner, fühlen.

2. Überprüfe, ob es Wörter gibt, bei denen nach dem Dehnungs-h ein anderer Buchstabe folgt.

3. Untersuche die beiden Wörter: drehen und dehnen. Schreibe sie in Silben auf. Erkläre den Unterschied und besprich dein Ergebnis in der Klasse.

4. Zu welcher Wortart gehören diese Wörter: ihr, ihre, ihren, ihn, ihm, ihnen? Überprüfe, ob alle Wörter dieser Wortart mit ih geschrieben werden.

5. Lies die folgenden Wörter, deren zweite Silbe mit l, m, n oder r beginnt. Formuliere eine Vermutung, wann kein Dehnungs-h geschrieben wird: schwören, quälen, Quere, Taler, sparen, Tränen, Schule, Täler, Schere, Krone, schwere, Kräne, Schale, klare, strömen, Stare. Überprüfe deine Vermutung, indem du weitere Wörter im Wörterbuch suchst. Vergleiche dein Ergebnis mit der Lernhilfe „Dehnungs-h".

6. Übe Wörter mit Dehnungs-h:
   • Suche weitere Wörter mit Dehnungs-h und schreibe sie in dein Heft.
   • Bilde Sätze mit Wörtern mit Dehnungs-h.
   • Schreibe Gedichte, Geschichten oder Sachtexte mit Wörtern mit Dehnungs-h.

Dehnungs-h

- Wenn Dehnungs-h, dann nur vor l, m, n, r: fahren, nehmen, wohnen, Ohr, gähnen, Uhr, Huhn, Höhle, Mühle, Fahne, Sahne
- Nie bei Wörtern, die mit t bzw. mehreren Konsonanten anfangen, mit Ausnahme der Merkwörter: Tal, Tor, Tränen, Ton, klar, Krone, Kran, Spule, Spur, sparen, schwer, Schwan, Plan, Schule, Qual, Strom, Star, stur
- Merkwörter mit Dehnungs-h: Strahl, Stuhl, Stahl, stehlen, Strähne, stöhnen, Pfahl, empfehlen, prahlen, dröhnen
- Wörter, die gleich klingen, können durch die Schreibweise unterschieden werden: hohl/holen, Wahl/Wal, Uhr/Ur.

Webcode: FD233359-048

3.26 Test: lange Vokale

Lernziele	Vokallänge in der betonten Silbe erkennen und richtig schreiben
Klassenstufe	Klasse 5–7
Material	Kopiervorlage
Methode	analytische Verfahren
Sozialform	Einzelarbeit
Dauer	1 Stunde
Inhaltliche Kompetenzen	Wörter im Kern- und Peripheriebereich richtig schreiben

Nach einer Lerneinheit zur Vokallänge kann der folgende Test zur Lernbeobachtung bzw. -kontrolle durchgeführt werden.

Fehlen bei den folgenden Wörtern Buchstaben oder nicht? Schreibe die Wörter richtig auf die Zeilen und begründe die Schreibweise.

sparen   sparen: mehrere Konsonanten am Wortanfang und kein Merkwort

holen

quaken

Spuren

senen

Igel

wigen

Zigen

Zalen

Schale

Bone

schonen

fülen

spülen

külen

boren

Tränen

Boden

Ramen

Webcode: FD233359-049

3.27 Grammatische Proben

Lernziele	einfache Sätze mithilfe grammatischer Proben analysieren und produzieren
Klassenstufe	Klasse 6/7
Material	Kopiervorlage; Tafel
Methode	analytische Verfahren
Sozialform	Einzelarbeit und Plenum
Dauer	Aufgaben über mehrere Stunden verteilt oder jeweils nur in einem Teil der Stunde
Inhaltliche Kompetenzen	Satzanalyse und -produktion durch Anwendung der grammatischen Proben

Die Schüler erhalten die neun Aufgaben der Reihe nach als gelochte Arbeitsblätter bzw. als Aufgaben zur Bearbeitung im Heft. Vorher wird der entsprechende Aspekt aus der Lernhilfe *Satzglieder und grammatische Proben im einfachen Satz* eingeführt. Die Lernhilfe erhalten die Schüler am Ende der Einheit zum Nachschlagen.

Satzglieder und grammatische Proben im einfachen Satz

Ein Satz besteht aus Satzgliedern. Das Prädikat (= konjugiertes Verb) bestimmt, wie viele Nomen als weitere Satzglieder mindestens notwendig sind:

Der Mann lacht.	= Prädikat + ein nominales Satzglied
Der Mann trägt einen Koffer.	= Prädikat + zwei nominale Satzglieder
Die Frau stellt die Blumen auf den Tisch.	= Prädikat + drei nominale Satzglieder

Das Prädikat kann auch mehrteilig sein und eine Verbklammer bilden:
Die Frau **will** die Blumen auf den Tisch **stellen**.
Die Frau **hat** die Blumen auf den Tisch **gestellt**.

Die Anzahl der nominalen Satzglieder wird durch die Umstellprobe ermittelt. Das Prädikat steht immer an der zweiten Stelle:
Die Frau / stellt / die Blumen / auf den Tisch.
Die Blumen / stellt / die Frau / auf den Tisch.
Auf den Tisch / stellt / die Frau / die Blumen.

Nomen als Satzglieder lassen sich durch Beifügungen erweitern (Erweiterungsprobe):
Die **nette** Frau stellt die **bunten** Blumen auf den **runden** Tisch.

Erweiterungen können mit der Weglassprobe entfernt werden:
Die Frau stellt die Blumen auf den Tisch.

Nomen als Satzglieder können durch Pronomen oder Adverbien ersetzt werden (Ersatzprobe):
Die Frau stellt die Blumen auf den Tisch. – Sie stellt sie dorthin.

Nominale Satzglieder lassen sich einteilen in Subjekt, Objekt und adverbiale Bestimmung. Subjekte und Objekte werden durch Pronomen, adverbiale Bestimmungen durch Adverbien ersetzt:

Die Kinder	essen	mit den Eltern	auf der Terrasse.
Sie	essen	mit ihnen	dort.
Subjekt		*Objekt*	*adverbiale Bestimmung*

Aufgaben

1. Stelle die folgenden Sätze so oft wie möglich um. Was fällt dir dabei auf?
   a) Ein Mann geht mit einer Frau ins Kino.
   b) Das Kind schenkt den Eltern ein Bild.
   c) Ein Hund tobt auf der Wiese mit Kindern.

2. Bilde Sätze mit den folgenden Verben und notiere, wie viele nominale Satzglieder mindestens notwendig sind: legen, geben, singen, laufen, nehmen, weinen, ziehen, schieben, kühlen, grüßen, drehen, suchen, finden, schenken.

3. Füge den folgenden Sätzen Satzglieder hinzu.
   a) Der Hund läuft.   c) Der Vogel singt.
   b) Die Katze frisst.   d) Der Schmetterling fliegt.

4. Ermittle in jedem Satz die Anzahl der Satzglieder mithilfe der Umstellprobe. Beispiel: Die Laubbäume / bekommen / im Frühjahr / Blätter. – Blätter / bekommen / die Laubbäume / im Frühjahr. – Im Frühjahr / bekommen / die Laubbäume / Blätter. Ergebnis: Der Satz besteht aus einem Prädikat und drei nominalen Satzgliedern.
   a) Im Sommer gehen viele Menschen ins Freibad.
   b) In den übrigen Jahreszeiten bevorzugen die meisten Schwimmer das Hallenbad.
   c) Im Kindergarten spielen die Kinder die ganze Zeit.
   d) In der Schule freuen sich die meisten Kinder auf die große Pause.
   e) Ein Ferienaufenthalt am Meer begeistert viele Menschen.
   f) Wanderer lieben Ferien im Gebirge.
   g) Zwei befreundete Familien wandern eine ganze Woche lang im Gebirge.
   h) Könner packen ihren Rucksack mit großem Sachverstand.
   i) Mit großer Schnelligkeit mäht der Gärtner mit dem neuen Rasenmäher den großen Garten der Familie Meyer.
   j) Der Storch steht mit großer Ausdauer auf einem Bein.

5. Erweitere die Satzglieder durch Attribute (Beifügungen). Beispiel: Ein Hund frisst am Morgen sein Futter. – Ein großer Hund frisst am frühen Morgen sein leckeres Futter.
   a) Der Mond steht in der Nacht am Himmel.
   b) Die Sonne scheint am Tag.
   c) Die Menschen brauchen Licht.
   d) Die Kinder betrachten mit Erstaunen den Sternenhimmel.
   e) Die Blumen verströmen Duft.

6. Kürze die Satzglieder, indem du die Beifügungen weglässt. Beispiel: Ein junger Sportler trainiert mit großer Ausdauer für den Wettkampf. – Ein Sportler trainiert mit Ausdauer für den Wettkampf.
   a) Der alte Zauberer verblüfft sein begeistertes Publikum mit großartigen Kunststücken.
   b) Der erfahrene Dompteur trainiert den gefährlichen Löwen.
   c) Der lustige Clown bringt die kleinen Kinder mit seinen vielfältigen Späßen zum Lachen.
   d) Der schnelle Radfahrer gewinnt das schwierige Rennen mit großem Vorsprung.
   e) Die heftige Regen trommelt mit großer Wucht gegen die dünnen Fensterscheiben.

7. Wer oder was könnte sich hinter den fett gedruckten Wörtern verstecken? Suche je drei Wörter pro Satz. Beispiel: **Sie** isst ein Eis. – Die Tante / Die Frau / Die Mutter isst ein Eis.
   a) **Er** fährt Fahrrad.
   b) Der Vater begleitet **es** zur Schule.
   c) Die Nachbarin bringt **ihm** das Fressen.
   d) **Sie** laufen in den Wald.
   e) Der Schirm liegt **dort**.
   f) Die Freundin schenkt **ihr** ein Buch.
   g) Der Onkel hat das Geschenk **dorthin** gelegt.
   h) Der Junge bringt **ihn** nach Hause.
   i) Die Tante sich **dabei** das Bein gebrochen.
   j) Das Mädchen findet **sie** im Garten.

8. Ersetze die fett gedruckten Satzglieder durch ein Adverb. Beispiel: Das Geburtstagskind bedankt sich **mit großer Freude** für die tollen Geschenke. – Das Geburtstagskind bedankt sich freudig für die tollen Geschenke.
   a) Der Zug fährt **mit hoher Geschwindigkeit** nach München.
   b) Die Jugendlichen feiern auf der Party **mit großer Ausgelassenheit**.
   c) Der Verkäufer packt das Geschenk **mit großer Sorgfalt** ein.
   d) Der Junge spielt **mit Vergnügen** Fußball im Garten.
   e) Die Mutter bemerkt **voller Ärger** die zerbrochene Vase.

9. Bestimme die Satzglieder. Beispiel:
   Die Kinder   essen   mit den Eltern   auf der Terrasse.
   Subjekt   *präp. Objekt*   *adverbiale Bestimmung*
   a) In der Schule gibt der Junge seinem Freund das Abenteuerbuch.
   b) Im Kaufhaus drängen sich viele Menschen auf der Rolltreppe.
   c) Zum Geburtstag bekommt Peter ein Päckchen von seiner Oma.
   d) Im Herbst ernten die Obstbauern Äpfel und Birnen.
   e) Die Balkonblumen blühen im Sommer in allen Farben.

Webcode: FD233359-050

3.28 Test: grammatische Proben

Lernziele	grammatische Proben richtig anwenden
Klassenstufe	Klasse 6/7
Material	Kopiervorlage
Methode	analytische Verfahren
Sozialform	Einzelarbeit
Dauer	15 Minuten
Inhaltliche Kompetenzen	grundlegende Kompetenz der Satzanalyse

Schreibe fünf einfache Sätze in dein Heft und mache dazu die Proben wie im folgenden Beispiel:

Der Hase sitzt im Garten.

Umstellprobe:	Im Garten sitzt der Hase.
Erweiterungsprobe:	Der braune Hase sitzt im schattigen Garten.
Weglassprobe:	Der Hase sitzt im Garten.
Ersatzprobe:	Er sitzt dort.

3.29 Syntaxbezogene Großschreibung

Lernziele	grammatische Proben einsetzen, um großzuschreibende Wörter im Satz zu identifizieren
Klassenstufe	Klasse 6/7
Material	Kopiervorlage
Methode	analytische Verfahren
Sozialform	Einzel-/Partnerarbeit und Plenum
Dauer	Aufgaben über mehrere Stunden verteilt oder jeweils nur in einem Teil der Stunde
Inhaltliche Kompetenzen	Wörter syntaktisch bestimmen und richtig schreiben

Die Schüler bearbeiten Aufgabe 1 allein oder zu zweit und beurteilen ihre Antworten zunächst selbstständig mithilfe der Lernhilfe *Großschreibung im Satz*. Danach erfolgt ein Austausch im Plenum. Aufgabe 2 lösen die Schüler allein, besprechen das Ergebnis im Plenum und korrigieren bei Bedarf ihre Ergebnisse.

Großschreibung im Satz

Satzanfänge, Eigennamen und den Kern eines nominalen Satzgliedes schreibt man groß. Der Kern eines nominalen Satzgliedes ist mit Attributen erweiterbar. Ist das Attribut ein dekliniertes Adjektiv, so steht der Kern am rechten Rand. Wird der Kern mit einem Nomen erweitert (Genitivattribut, Präpositionalattribut), so bilden diese den rechten Rand. Die nominalen Attribute schreibt man groß. Eine weitere Form der Erweiterung sind Appositionen, zum Beispiel vorangestellte Mengenangaben oder nachgestellte Erklärungen. Ersatzwörter für den Kern eines nominalen Satzgliedes schreibt man klein.

Kern eines nominalen Satzgliedes mit Adjektivattributen:
> Der **sportliche Junge** / fährt / mit seinem **neuen Fahrrad** / mit **großem Vergnügen** / im **hügeligen Gelände**.

Weglass- und Ersatzprobe:

Der Junge	fährt	mit seinem Fahrrad	mit Vergnügen	im Gelände.
Er	fährt	damit	vergnügt	dort.

Nominale Satzglieder mit nominalen Attributen:

Der Junge **aus Wien**	trinkt	im Haus **seines Nachbarn**	ein **Glas** Wasser.
Präpositionalattribut		*Genitivattribut*	*Apposition*

Aufgaben

1. Lies die folgenden Sätze durch. Welches Wort in jedem Satzglied wird großgeschrieben? Vergleiche deine Antwort mit der Lernhilfe „Großschreibung im Satz".
   a) Die fröhlichen Kinder / toben / den ganzen Tag / im großen Garten.
   b) Die kleinen Besucher / betrachten / die bunten Fische / im tollen Aquarium.
   c) Der junge Sportler / bekommt / schlimmen Muskelkater / beim schnellen Laufen.
   d) Die neueste Modefarbe / ist / ein helles Grün.

2. Untersuche die Sätze und unterstreiche die großzuschreibenden Wörter. Schreibe dann die Sätze in dein Heft und begründe die Großschreibung wie im Beispiel:
   In der Hitze des Mittags / halten / die Menschen im Süden / einen erholsamen Mittagsschlaf. Drei nominale Satzglieder:
   Hitze des Mittags = Kern des Satzgliedes + Genitivattribut
   Menschen im Süden = Kern des Satzgliedes + Präpositionalattribut
   erholsamen Mittagsschlaf = Kern des Satzgliedes + Adjektivattribut
   a) Das stündliche schlagen der turmuhr hat eine beruhigende wirkung auf den touristen.
   b) Das grün der bäume im wald erfreut den spaziergänger.
   c) Eine wandertour in den bergen gehört zum alljährlichen urlaubsprogramm meiner familie.
   d) Das schwimmen im meer vermisse ich im winter sehr.
   e) Der kleine junge vergnügt sich beim baden im planschbecken.

3.30 Test: syntaxbezogene Großschreibung

Lernziele	grammatische Proben einsetzen, um großzuschreibende Wörter im Satz zu identifizieren
Klassenstufe	Klasse 6/7
Material	Kopiervorlage
Methode	analytische Verfahren
Sozialform	Einzel-/Partnerarbeit und Plenum
Dauer	20 Minuten
Inhaltliche Kompetenzen	Wörter syntaktisch bestimmen und richtig schreiben

Teile die Sätze des folgenden Textes durch Schrägstriche in Satzglieder ein und unterstreiche die großzuschreibenden Wörter wie im Beispiel:

Meine <u>lieblingstante anna</u> / fährt / heute / mit dem <u>zug</u> / in den <u>sommerurlaub</u>.

Märchen

Früher haben sich erwachsene in langen winternächten märchen erzählt. Die brüder grimm haben viele märchen aus dem volk aufgeschrieben. Ihre sammlung heißt „kinder- und hausmärchen". Heute werden die märchen kleinen kindern vorgelesen. Das märchenhafte gefällt aber auch in unserer zeit jungen und alten. An königinnen und königen, prinzessinnen und prinzen sind vor allem ältere interessiert. Sie lesen mit großem interesse und vergnügen alle neuigkeiten aus den königshäusern. Die zeitungen und zeitschriften können gar nicht genug fotos und berichte bringen. In wirklichkeit haben die meisten adeligen aber nicht so viel glück wie die helden im märchen. Die prinzessin bekommt zwar den prinzen. Aber nicht immer leben sie glücklich bis an ihr ende. Und liebenswerte dümmlinge oder arme müllerstöchter machen nur selten das große glück. Auch gold, silber und edelsteine fallen nicht vom himmel. Das kommt höchstens im kino vor. Aber das träumen von reichtum und schönheit, von liebe und vom sieg über alles böse ist jedem möglich.

Webcode: FD233359-052

3.31 Satzreihe und Satzgefüge

Lernziele	korrekte Satzreihen und Satzgefüge mit Konjunktionen bilden sowie die Verb-stellung erkennen
Klassenstufe	Klasse 6–8
Material	Kopiervorlage
Methode	produktive Verfahren
Sozialform	Einzel-/Partnerarbeit und Plenum
Dauer	Aufgaben über mehrere Stunden verteilt oder jeweils nur in einem Teil der Stunde
Inhaltliche Kompetenzen	komplexe Sätze analysieren und produzieren; dieses Wissen für die Sprach-produktion nutzen

Die Schüler erhalten den Text der Kopiervorlage sowie eine kurze Erläuterung zu den Aufgaben 1 und 2. Danach arbeiten sie allein oder zu zweit. Der Lehrer gibt bei Bedarf individuelle Hilfestellung.

Konjunktionen

- Koordinierende (nebenordnende) Konjunktionen: und, wie, sowie, sowohl … als auch, oder, denn, entweder … oder, aber, nur, sondern, doch, jedoch
- Häufig vorkommende Verbindungen mit Adverbien und Partikeln: und auch, und zu-dem, und dazu, und da, und so, und doch, und dennoch, und darum, und deshalb, und deswegen, und daher, und zwar, und somit, aber auch, aber doch, aber dennoch, aber trotzdem, oder auch, oder vielmehr, denn auch, denn doch
- Subordinierende (unterordnende) Konjunktionen: während, als, nachdem, seitdem, bis, bevor, solange, sobald, ehe, wie, als ob, insofern, insoweit, weil, da, sodass, wenn, obwohl, damit, dass

Der zusammengesetzte Satz

- Sätze kann man mit Konjunktionen bzw. mit Relativpronomen verbinden. Mit koor-dinierenden Konjunktionen werden gleichrangige Sätze (Satzreihen) verbunden (Hauptsätze und Hauptsätze bzw. Nebensätze und Nebensätze). Subordinierende Konjunktionen verbinden Haupt- und Nebensätze (Satzgefüge). Mit einem Relativ-pronomen werden Haupt- und Nebensatz verbunden. Häufig ist der Relativsatz auch eingeschoben.
- Im Hauptsatz steht das Prädikat an zweiter Stelle. Im Nebensatz steht es an letzter Stelle. Beginnt der zusammengesetzte Satz mit dem Nebensatz, so steht das Prädikat im Hauptsatz an erster Stelle.

Beispiele

- Verbindung von Hauptsätzen:
  Der Hahn kräht jeden Morgen und das Huhn gackert nach dem Eierlegen.
- Verbindung von Haupt- und Nebensatz:
  Der Gärtner schneidet die Büsche zurück, damit sie im nächsten Frühjahr wieder gut wachsen. / Damit sie im nächsten Frühjahr wieder gut wachsen, schneidet der Gärtner die Büsche zurück.
- Relativsatz:
  Das Kind schaut dem Feuerwehrauto nach, das mit lauter Sirene vorbeifährt.
- Eingeschobener Relativsatz:
  Der Gärtner, der jeden Tag die Büsche schneidet, ist sehr zuverlässig.
- Verbindung von Nebensätzen:
  Jan macht seine Hausaufgaben, während er Musik hört oder vor sich hin träumt.

Aufgaben

1. Verbinde die Sätze mithilfe von Konjunktionen (auch in Verbindung mit Adverbien und Partikeln). Benutze nur koordinierende Konjunktionen und jede Konjunktion nur einmal. Wo steht das Prädikat in diesen Sätzen?
   Beispiel: Ein Mann schwimmt im Meer. Die Sonne scheint warm.
   Ein Mann schwimmt im Meer und die Sonne scheint warm.
   Die Sonne scheint warm und deshalb schwimmt ein Mann im Meer.
   Ein Mann schwimmt im Meer, denn die Sonne scheint warm.
   a) Zwei Jungen lachen. Sie erzählen sich Witze.
   b) Die Katze jagt eine Maus. Sie fängt die Maus nicht.
   c) Der Hund zerrt an seiner Kette. Er bellt laut.
   d) Die Papageien rufen Schimpfwörter. Niemand lacht darüber.
   e) Der Motorradfahrer hat schicke Klamotten an. Er hat einen teuren Helm auf.

2. Verbinde die Sätze mit einer subordinierenden Konjunktion. Benutze jede Konjunktion nur einmal. Wo steht das Prädikat im ersten und im zweiten Satz?
   Beispiel: Ein Mann schwimmt im Meer. Das Wasser hat eine angenehme Temperatur.
   Ein Mann schwimmt im Meer, weil das Wasser eine angenehme Temperatur hat.
   Ein Mann schwimmt im Meer, da das Wasser eine angenehme Temperatur hat.
   Ein Mann schwimmt im Meer, wenn das Wasser eine angenehme Temperatur hat.
   Ein Mann schwimmt im Meer, solange das Wasser eine angenehme Temperatur hat.
   Ein Mann schwimmt im Meer, sobald das Wasser eine angenehme Temperatur hat.
   a) Zwei Jungen lachen. Sie erzählen sich Witze.
   b) Die Katze jagt eine Maus. Sie hat Hunger.
   c) Der Hund zerrt an seiner Kette. Er möchte spielen.
   d) Die Papageien rufen Schimpfwörter. Niemand lacht darüber.
   e) Der Motorradfahrer trainiert jeden Tag. Er gewinnt das Rennen.

Webcode: FD233359-053

3.32 Test: Satzreihe und Satzgefüge

Lernziele	Einzelsätze mit Konjunktionen verbinden und korrekte Satzreihen oder Satzgefüge bilden
Klassenstufe	Klasse 6–8
Material	Kopiervorlage
Methode	produktive Verfahren
Sozialform	Einzelarbeit
Dauer	20 Minuten
Inhaltliche Kompetenzen	grammatisch korrekte Satzreihen und Satzgefüge bilden

Verbinde die Sätze auf möglichst vielfältige Weise mit koordinierenden und subordinierenden Konjunktionen.

a) Die Katze springt auf die Mauer. Der Vogel fliegt davon.
b) Die Katze springt auf die Mauer. Der Vogel fliegt nicht davon.
c) Der Himmel hat sich mit Wolken bezogen. Die Sonne ist verschwunden.

3.33 Relativsätze

Lernziele	korrekte Relativsätze bilden
Klassenstufe	Klasse 6–8
Material	Kopiervorlage
Methode	produktive Verfahren
Sozialform	Einzel-/Partnerarbeit und Plenum
Dauer	1 Stunde
Inhaltliche Kompetenzen	Relativpronomen korrekt einsetzen

Die Schüler erhalten den Text der Kopiervorlage sowie eine kurze Erläuterung zur Aufgabe anhand des Beispiels. Danach arbeiten sie allein oder zu zweit. Der Lehrer gibt bei Bedarf individuelle Hilfestellung. Die Lösungen werden abschließend im Plenum ausgetauscht und reflektiert.

Relativpronomen

Das Relativpronomen (rückbezügliches Fürwort) steht für das Wort, auf das es sich bezieht, und hat dasselbe Geschlecht wie das Bezugswort. Relativpronomen sind: der, die, das bzw. welcher, welche, welches.

Aufgabe

Ergänze jeweils das Relativpronomen im richtigen Fall. Beispiele:

Der Mann, **der/welcher** einen Witz hört, lacht. Der Mann, **dem/welchem** ein Witz erzählt wird, lacht.

Die Frau, **die/welche** einen Witz hört, lacht. Die Frau, **der/welcher** ein Witz erzählt wird, lacht.

Das Kind, **das/welches** einen Witz hört, lacht. Das Kind, **dem/welchem** ein Witz erzählt wird, lacht.

Das Kind, **das/welches** ein Spielzeug geschenkt bekommt, freut sich,

a) Der Fußballspieler, _____ zwei Tore geschossen hat, wird gefeiert.

b) Der Fußballspieler, _____ zwei Tore geglückt sind, wird gefeiert.

c) Der Fußballspieler, _____ die Fans lieben, muss viele Autogramme geben.

d) Der Fußballspieler, _____ zahlreiche Fans hat, muss viele Autogramme geben.

e) Eine Fangemeinde, _____ kein Spiel versäumt, wünscht sich jeder Verein.

f) Eine Fangemeinde, _____ zu jedem Spiel kommt, wünscht sich jeder Verein.

g) Die Musikfans, _____ ihrer Musikgruppe treu bleiben, sind oft älter.

h) Die Musikfans, _____ eine Musikgruppe viele Jahre lang gefällt, sind oft älter.

i) Das Gewinnspiel, _____ vom Reiseveranstalter angekündigt wurde, ist ein Betrug.

j) Das Gewinnspiel, für _____ der Reiseveranstalter wirbt, ist ein Betrug.

Webcode: FD233359-054

3.34 dass-Sätze

Lernziele	korrekte *dass*-Sätze bilden; *dass* richtig schreiben
Klassenstufe	Klasse 6–8
Material	Kopiervorlage
Methode	produktive Verfahren
Sozialform	Einzel-/Partnerarbeit und Plenum
Dauer	Aufgaben über mehrere Stunden verteilt oder jeweils nur in einem Teil der Stunde
Inhaltliche Kompetenzen	*dass*-Sätze analysieren und produzieren; dieses Wissen für Rechtschreibung und Zeichensetzung nutzen

Die Schüler erhalten zunächst die Aufgabe 1 und überprüfen ihre Sätze anschließend mithilfe der Lernhilfe *Konjunktion „dass"*. Es folgt ein Austausch im Plenum. Dabei soll sichergestellt werden, dass die Schüler die Konjunktion *dass* richtig anwenden und die Kontrolle durchführen können. Aufgabe 2 kann allein oder in Partnerarbeit bearbeitet werden. Bei der Besprechung im Plenum soll den Schülern deutlich werden, dass Relativsätze nur mit *das* anschließen, wenn sich das Relativpronomen auf ein sächliches Nomen im Nominativ oder Akkusativ bezieht.

Konjunktion „dass"

Die Konjunktion „dass" verbindet einen Hauptsatz mit einem Nebensatz. Sie bezieht sich im Unterschied zum Relativpronomen nicht auf das Geschlecht eines Satzgliedes im Hauptsatz. Die Konjunktion „dass" steht häufig nach folgenden Verben: hoffen, meinen, sagen, denken, annehmen, behaupten, merken, bemerken, begreifen, verstehen, verlangen, versprechen, erklären, erzählen, verlangen, davon ausgehen, beschließen.

Aufgaben

1. Bilde zehn „dass"-Sätze mit Verben aus dem obigen Informationstext. Schreibe die Sätze in dein Heft.
2. Forme die folgenden Sätze wie im Beispiel um:
   Das Kind meint, dass der Winter kalt wird.
   Das Kind, das meint, dass der Winter kalt wird, möchte Rodeln.
   a) Die Kinder behaupten, dass sie gar nicht müde sind.
   b) Der Schüler hofft, dass bald Ferien sind.
   c) Das Mädchen sagt, dass es seiner Mitschülerin gern hilft.
   d) Der Musiker gibt vor, dass er drei Instrumente spielen kann.
   e) Die Sportlerin glaubt, dass sie den Wettkampf gewinnt.

3.35 Test: das oder dass?

Lernziele	Schreibung *das/dass* mit der Ersatzprobe herausfinden
Klassenstufe	Klasse 6–8
Material	Kopiervorlage
Methode	produktive Verfahren
Sozialform	Einzelarbeit
Dauer	20 Minuten
Inhaltliche Kompetenzen	Konjunktion *dass* und Relativpronomen *das* im Satz richtig schreiben

Ergänze in den folgenden Sätzen „das" oder „dass". Mach dazu die Ersatzprobe mit „welches" wie im Beispiel:

Das Mädchen, **das (welches)** aus der Schule kommt, erzählt seiner Mutter, **dass** es auf dem Heimweg seine Tante getroffen hat.

a) Ich verlange, _____ ich pünktlich vom Bahnhof abgeholt werde.

b) Sie sagt ihrer Freundin, _____ sie nicht kommen könne.

c) Wir gehen davon aus, _____ der Urlaub schön wird.

d) Das Kind glaubt, _____ das Geschenk vom Nikolaus gebracht wurde.

e) Das Kleid, _____ meine Mutter gekauft hat, gefällt mir gut.

f) Der Autofahrer beschließt, _____ er sein Auto nur noch selten benutzt.

3.36 Kommasetzung

Lernziele	Kommas zwischen Satzteilen, gleichrangigen Sätzen sowie Haupt- und Nebensätzen richtig setzen
Klassenstufe	Klasse 6–10
Material	Kopiervorlage; Lernhilfe *Konjunktionen* → 3.31
Methode	analytische und produktive Verfahren
Sozialform	Einzel-/Partner-, Gruppenarbeit und Plenum
Dauer	Aufgaben über mehrere Stunden verteilt oder jeweils nur in einem Teil der Stunde
Inhaltliche Kompetenzen	Regeln für die Kommasetzung kennen; Kommas richtig setzen

Die Schüler sollen sich die Kommasetzung möglichst selbstständig im Rahmen kleinerer Lerneinheiten aneignen. Das kann in Einzel-, Partner- und Gruppenarbeit geschehen. Der Lehrer steht als Berater zur Verfügung und sichert im Plenum regelmäßig den Lernstand.

Kommasetzung im einfachen Satz

Gleichrangige Aufzählungen, herausgehobene Satzteile, Einschübe und Zusätze werden im Satz durch Kommas abgetrennt. Weiterhin werden Kommas vor entgegensetzenden Konjunktionen wie „aber" und „sondern" gesetzt, nicht jedoch vor anreihenden Konjunktionen wie „und", „oder", „wie", „sowohl ... als auch", „beziehungsweise", „weder ... noch", „entweder ... oder":

> Hunde, Katzen, Meerschweinchen und Wellensittiche sind Haustiere.
> Das liebe, kleine, blonde Mädchen springt, singt und lacht.
> Deine Tante, die ist lieb! Ach, das ist ja toll!
> Der Erfinder der Buchdruckerkunst, Johannes Gutenberg, ist in Mainz geboren.
> Mein Bruder ist nicht nervig, sondern nett.
> Mein Auto ist nicht schön, aber sehr zuverlässig.

Aufgabe 1
Ergänze die Kommas an den richtigen Stellen.

a) Leo unser Hund springt herum bellt und nervt unsere Familie Nachbarn und Freunde.
b) Unsere Katze liegt tagsüber entweder auf dem kleinen Sofa oder auf dem braunen bequemen Lehnstuhl.
c) Unsere Haustiere der Hamster das Meerschweinchen der Wellensittich und die Mäuse machen viel Arbeit nicht aber die Molche im Terrarium.
d) Sowohl auf der Wiese als auch im Stall und beim Ausreiten bin ich mit meinem Pferd nicht nur zufrieden sondern richtig glücklich.

Kommasetzung in Satzreihen

Kommas werden in Satzreihen (gleichrangige Haupt- bzw. Nebensätze) gesetzt, wenn diese nicht durch „und", „oder", „beziehungsweise", „weder ... noch", „entweder ... oder" verbunden sind, außerdem vor und nach einem eingeschobenen Satz.
Gleichrangige Hauptsätze: Alte Menschen gehen langsam, junge Menschen beeilen sich und Kinder rennen.
Gleichrangige Nebensätze: Ich frage mich, ob ich das Licht ausgeschaltet habe, den Herd abgeschaltet habe, das Fenster geschlossen habe und die Tür abgeschlossen habe.
Eingeschobener Satz: Im letzten Sommer, es war im Schwimmbad, hat meine Freundin ihre Uhr verloren.

Aufgabe 2
Begründe die Kommasetzung im folgenden Text.

Manche Menschen mögen Hunde, manche Menschen mögen Katzen und andere wiederum mögen gar keine Haustiere. Ich weiß, dass Haustiere Freude machen, die Gesundheit fördern, den Menschen beschützen und manchmal sogar Leben retten. Eines Tages, es war im Winter, stand ein Reh in unserem Garten.

Kommasetzung in Satzgefügen

Ein Satzgefüge ist eine Verbindung von Haupt- und Nebensätzen. Dabei kann der Hauptsatz oder der Nebensatz vorn stehen bzw. beide können auch ineinander verschränkt sein. Haupt- und Nebensätze werden mit unterordnenden Konjunktionen oder durch Relativpronomen verbunden. Im Nebensatz steht das Prädikat an letzter Stelle, im Hauptsatz an zweiter Stelle, wenn der Nebensatz folgt – und an erster Stelle, wenn der Nebensatz am Anfang steht:

> Ich gehe ins Hallenbad, weil ich gern schwimme.
> Weil ich gern schwimme, gehe ich ins Hallenbad.
> Weil ich gern schwimme, gehe ich ins Hallenbad, das in der Nähe meiner Wohnung liegt.
> Das Hallenbad, das in der Nähe meiner Wohnung liegt, bevorzuge ich, wenn ich zum Schwimmen gehe.

Aufgabe 3
Unterstreiche jeweils die Hauptsätze und formuliere eine Regel für die Kommasetzung zwischen Haupt- und Nebensätzen.

a) Ich weiß, dass Hunde treu sind.
b) Ich mag Hunde, weil sie treu sind.
c) Ich habe einen Hund, damit er mich beschützt.
d) Mein Hund, der mich immer begleitet, ist schon sieben Jahre alt.
e) Ich habe einen Hund, obwohl sein Unterhalt teuer ist.
f) Wenn ich morgens aufwache, freut sich mein Hund.
g) Als mein Hund krank war, ging ich mit ihm zu einem Tierarzt, der mir von meiner Freundin empfohlen worden war.

Aufgabe 4
Bilde fünf Satzgefüge mit Haupt- und Nebensätzen. Achte dabei auf die richtige Kommasetzung. Schreibe deine Vorschläge ins Heft.

Webcode: FD233359-055

3.37 Test: Kommasetzung

Lernziele	Kommas in einfachen Sätzen, Satzreihen und Satzgefügen richtig setzen
Klassenstufe	Klasse 8–10
Material	Kopiervorlage
Methode	analytische und produktive Verfahren
Sozialform	Einzelarbeit
Dauer	25 Minuten
Inhaltliche Kompetenzen	Kommasetzung verstehen und anwenden

Ergänze die Kommas an den richtigen Stellen.

Musik ist bei Menschen aller Altersklassen beliebt aber der Musikgeschmack unterscheidet sich. Während junge Menschen moderne Musik lieben bevorzugen ältere oft klassische Musik. Man kann aber dennoch nicht behaupten dass der Musikgeschmack nur vom Alter abhängt. Obwohl ältere Menschen in der Regel dröhnende Bässe eine große Lautstärke und abgehackte Rhythmen wenig schätzen gibt es aber auch solche die voll auf die Musik ihrer Enkel abfahren. Umgekehrt können auch jüngere Leute klassische Musik von Bach Mozart Beethoven oder Händel genießen und sich dafür begeistern wenn junge Virtuosen wie Nigel Kennedy oder Lang Lang als Solisten auftreten. Das aktive Muszieren das vor allem Pädagogen sehr schätzen wird in der Regel mehr von jüngeren als von älteren Menschen praktiziert. Das kann damit zusammenhängen dass man ein Musikinstrument meistens in der Jugend lernt das Spielen aber nicht bis ins höhere Alter praktiziert. Ob Menschen aktiv spielen oder zuhören Musik kann sie in beiden Fällen glücklich machen.

Register

A

Altenberg, Peter 16, 42
Andersch, Alfred 15, 44
Andersen, Hans Christian 54
Anekdote 38
Anthologien 15
Appell 121
Argumentation 118, 119, 120, 121, 123, 124
Aufklärung 22, 96, 135, 141

B

Barock 72
Belli, Gioconda 102
Bericht 94, 111, 117
Beschreibung 109, 112, 114
Böll, Heinrich 16, 38, 46
Borchert, Wolfgang 15, 41, 44
Brüder Grimm 23, 25, 54
Busch, Wilhelm 46, 51

C

Claudius, Matthias 71

D

Dialog 126
Dickens, Charles 32

E

Ebner-Eschenbach, Marie von 52
Eichendorff, Joseph von 51, 100
Erhardt, Heinz 54
Erörterung 121

F

Fabel 20, 21, 22, 89, 95, 97
Fleming, Paul 71
Fontane, Theodor 91, 98

G

Goethe, Johann Wolfgang von 57, 104
Großschreibung 13, 163, 166, 171, 173
Gryphius, Andreas 71

H

Herder, Johann Gottfried 20
Hoffmann, E. T. A. 70
Hofmannsthal, Hugo von 50

I

innerer Monolog 99, 103
Internetrecherche 18

K

Kaleko, Mascha 55
Kaschnitz, Marie Luise 45
Kästner, Erich 93
Komödie 76, 135
Kriterien zur Textbeurteilung 137, 138, 141
Kunze, Reiner 35

L

Legende 23
Lenz, Siegfried 36
Lesekompetenz 10
Leseprozess 10
Lessing, Gotthold Ephraim 21, 22, 76, 96, 135
Lyrik 48

M

Mann, Thomas 106
Märchen 25, 54, 87, 126
Medienkompetenz 13
Meyer, Conrad Ferdinand 52, 138
Mörike, Eduard 52

O

Oppel, Kenneth 156

P

Peripheriebereich der Rechtschreibung 188, 189
Preußler, Otfried 88

R

Rilke, Rainer Maria 50
Rinser, Luise 15, 39
Roth, Eugen 53
Rousseau, Jean-Jacques 124

S

Sage 28
Satire 46
Satzanalyse 190, 194
Schilderung 117
Schreibkompetenz 10, 12
Schreibkonferenz 126
Schreibprojekt 135
Schreibprozess 11
Spiele 147, 148, 150
Sprachkompetenz 12
Stellungnahme 118, 123
Storm, Theodor 140

T

Textverarbeitung 13, 89

U

Überarbeiten 11, 86, 126

V

Voorhoeve, Anne C. 59

W

Walther von der Vogelweide 107
Weiss, Peter 37
Wortbildung 13, 171
Wortschreibung 13

Z

Zeichensetzung 13